汽车常见深化保养项目实训教材

Qiche Changjian Shenhua Baoyang Xiangmu Shixun Jiaocai

■原阔　著

■ 国内汽车深化保养的第一书

内 容 提 要

本书作为汽车深化保养的第一本专业图书,以实际工作内容为主,全面介绍了汽车深化保养的现状,以及汽车深化保养的具体过程。

全书分为绪论、理论篇和实践篇。绪论部分介绍了目前交通管理部门对于汽车维护的规范现状以及汽车4S店现有的规范汽车保养内容;理论篇介绍了摩擦、磨损以及汽车油品的相关知识;实践篇分别介绍了润滑系统、燃油系统、冷却系统、自动变速箱系统、动力转向系统、空调系统、制动系统、手动变速箱系统、三元催化器系统的深度保养过程。本书实用性强,涉及面广,图文并茂,深入浅出。

本书为汽车维修企业(汽车4S店,修理厂)的学习教材,是汽车深化保养行业从业人员学习提升的基础材料,也可作为成人教育、高职、高专、职大教材,还可供汽车工业部门和汽车运输部门的工程技术人员参考。

图书在版编目(CIP)数据

汽车常见深化保养项目实训教材/原阔著.——北京:人民交通出版社,2013.3

ISBN 978-7-114-10372-8

Ⅰ.①汽… Ⅱ.①原… Ⅲ.①汽车-车辆保养-教材 Ⅳ.①U472

中国版本图书馆CIP数据核字(2013)第030917号

书　　名:汽车常见深化保养项目实训教材
著 作 者:原　阔
责任编辑:夏　韡
出版发行:人民交通出版社
地　　址:(100011)北京市朝阳区安定门外外馆斜街3号
网　　址:http://www.ccpress.com.cn
销售电话:(010)59757973
总 经 销:人民交通出版社发行部
经　　销:各地新华书店
印　　刷:北京交通印务实业公司
开　　本:787×1092　1/16
印　　张:10.5
字　　数:245千
版　　次:2013年4月　第1版
印　　次:2013年4月　第1次印刷
书　　号:ISBN 978-7-114-10372-8
定　　价:25.00元
(有印刷、装订质量问题的图书由本社负责调换)

前言 FOREWORD

汽车已经成为21世纪中国国民经济的支柱产业。中国汽车销量连续多年快速发展，并且在2009和2010年两次超过美国成为全球汽车销售冠军。但中国要想实现从“汽车大国”到“汽车强国”的转变，却依然是任重而道远，这其中最重要的制约因素之一就在于自主技术，这些技术既包括整车的相关技术，也包括汽车零部件技术等与整车性能密切相关的技术。十分值得关注的是汽车后市场中所必需的汽车保养技术，它的提升、普及和应用将会直接影响汽车运用过程的整体技术的进步。

“闻道有先后，术业有专攻”。由于研究方向的差异，整车、发动机、变速器等技术领域的研究人员对汽车后市场的保养与运用技术的深层次原理和最新进展缺乏足够的了解。同时，汽车后市场中汽车保养与运用在内的变革对于汽车产业整体的技术促进有着不可低估的重要作用。在汽车科研人员与汽车后市场的各专业市场、特别是汽车运用中深化保养的专业人员之间，需要建立一座沟通的桥梁，来打破双方多年来形成的信息不对称的状况，从而实现更多的交流与相互促进，让两者对对方的先进技术进行必要的了解和熟悉。

近年来，中国汽车市场进入高速发展期，特别是自2009年以来，中国成为全球销量第一的市场，是世界汽车市场最大的亮点，汽车数量的急剧增加，意味着汽车后市场黄金期的到来。

与此同时，伴随汽车技术的多元化和汽车技术的专业化，汽车质量越来越好，品质越来越高。中国汽车市场在20世纪80年代制订的汽车维修保养规定已经完全不能够满足市场的需求。现实中，汽车4S店内采用的保养维修技术规范与国家制订的“一保”、“二保”、“三保”的内容差异较大，后者虽然具有国家的强制要求，但却未能得到4S店的普便接受。汽车使用的现实情况是：正越来越多接受和认可汽车深化保养行业不断推广的理念——“运行中保养 不解体维修”。越来越多的汽车采用深化保养的方式来改善性能、维持新车感觉。汽车大修的数量和比例呈现急速下降趋势，现行汽车4S店内更多的是深化保养+配件更换+事故维修+车辆报废。深化保养在汽车维修企业中的工作时间、工作量、工作占用比例越来越高。

如今，令人高兴的是，全球汽车深化保养的专业机构——C. A. M. D中国汽车深化保养医师俱乐部正在为汽车深化保养企业与汽车公司，汽车深化保养企业与汽车后市场维修保养企业、汽车深化保养企业与车主间搭建起一座沟通的桥梁，这就是此刻摆在广大读者面前的这本《汽车常见深化保养项目实训教材》。

本书对汽车深化保养的系统技术进行了全面而深入的剖析，同时也介绍了21世纪最前沿的汽车深化保养技术研究成果，是润滑油行业技术研究人员、整车及发动机技术研究人员，以及汽车深化保养企业和部分汽车车主深入了解汽车深化保养奥秘的上佳选择。

《汽车常见深化保养项目实训教材》是C.A.M.D中国汽车深化保养医师俱乐部的原阔总监在日常工作之余，历经一年时间的艰辛努力，为广大读者送上的一份厚礼。

特别需要关注的是，作者考虑到汽车职业教育的需要，在每个章节中都有意地增加了职教培训中需要的部分内容，兼顾汽车4S店、汽车修理企业和职教的需求，满足实际工作的需要。

中国汽车市场方兴未艾，而《汽车常见深化保养项目实训教材》一书的面世，则是对这个深化保养技术的最佳介绍，它将有利于中国汽车制造行业、汽车维修保养行业、汽车深化保养从业人员、汽车职教院校乃至交通管理部门专业人员全面提升认识，并促进整个中国汽车后市场深化保养行业的发展。书中参考引用了部分厂家的结构图，在此表示感谢。

由于作者水平有限，书中难免出现疏漏之处，恳请广大读者批评指正。

作者

2013年1月

目录 CONTENTS

绪 论

汽车是各种零部件组合而成的机械总成的集合。伴随汽车使用时间和行驶里程的增加,汽车各总成的技术状况会随之发生变化,汽车整体性能逐渐变差,并通过各种指标和数据的变化体现出来。因此,掌握汽车使用过程中各个指标的变化,并通过必要的技术方法进行预防性的保养,对于确保汽车整体状况良好,延长汽车各总成使用寿命,确保汽车的动力性、经济性、安全性、舒适性等是十分必要的。

一 汽车技术状况变化

汽车技术状况随着汽车使用的时间和行驶里程的变化而变化。总体而言,其技术状况的变化最终会通过各总成的性能显现出来,最终表现的指标是汽车主要金属零部件的磨损情况。然而,从近几年汽车的整体性能的提升和改善的结果来看,金属零部件的磨损状况以及由此产生的针对性的汽车运用维护的方法正在发生变化。将汽车技术状况指标从结果向过程延伸——对于保证汽车各总成金属零部件减少磨损及降低磨损的各种油液技术状况的关注,以此确保改善汽车技术状况正越来越多的被应用和推广。下面就两个方面逐次进行介绍。

1 金属部件,特别是配合偶件间的磨损特性状况

从摩擦学角度讲,磨损过程通常分为三个阶段。

1)金属部件的磨合期

众所周知,汽车在交付车主使用到首保期间的时间和行驶里程是金属部件的磨合期。目前此磨合期没有统一的规定,因厂商而异,通常的发动机磨合期为3000km。在这个过程中,相互配合的两个金属部件间的磨损量大,会产生一定的金属磨屑。磨合期中的磨损量主要与零件加工工艺质量以及磨合期的使用环境有关。在所有实际使用过程中,磨合期都被认为是汽车后期质量的保证,它一定程度上决定了车辆后都期使用的性能和使用的寿命。

关注:磨合期的重要性被所有的汽车维修技术人员、汽车使用人员所认可。但是以往没有有效的、通用的磨合期性能提升的技术方法,以致于只能够“听之任之”。后面的内容中会适当地添加相应的知识,以解决这里提到的磨合期的技术保证问题。

2)金属部件的正常配合期

金属部件的正常配合期特征是金属配合偶件间的磨损速度随汽车行驶里程的增加而增加。在润滑油的有效工作状况下,相对运动的金属偶件间的间隙基本保持在正常范围内,摩擦基本上是滚动摩擦,磨损量在所有摩擦方式中最小,此时是汽车正常工作时间。

关注:此阶段是最理想的工作技术状况,是最希望延长的工作时段。以往的运用过程中,只能通过必要和可控的驾驶人的技能来保证工作时段,这一要求仅仅适合以往的驾驶人为专职人员的阶段,绝对不适合现在汽车普及阶段的使用要求。如何保证驾驶技能参差不齐的大众驾驶人使用车辆时的技术状况,保证正常配合期的时间更长,下面的知识讲述中会适时地介绍所需要的方法。

3)金属部件的加速磨损期

金属部件的加速磨损期是指汽车各总成的金属部件在经过正常配合期后,相对运动的金属偶件间的间隙达到设计的最大允许使用极限,磨损量开始快速增加。因为间隙的加大,起润滑作用的各种润滑油所形成的油膜不足以在相互运作的零件间产生必要保护,零件间的密封性能下降,冲击负荷增大。特别注意的是:一些车辆,特别是日系车辆的金属配合偶件间隙的设计相对精密,偶件的表层通常会进行必要的特殊处理,以保证在正常配合期内磨损量最小,一旦这层处理层被磨损,其后的磨损速度将难以置信地加快。汽车不能继续使用,只能大修才能恢复其使用性能。

关注:以往的车辆维修工作中,大修是大概率的重要工作。现在的实际状况已全然变化,正常车辆在国家规定的时间内通常行驶里程不足以达到大修的技术状况。在目前的汽车维修企业中,大修的比例小、数量少。更重要的是,现在市场中出现了一系列技术方法规避了汽车的大修,延迟了汽车大修的出现时间,延长了大修里程,尽可能地保持汽车处于第二阶段。详细内容参阅本书第一章——《摩擦与磨损基本知识》。

❷ 汽车技术状况分级

关于汽车技术状况,国家交通主管部门对此有专门的文件进行规范和管理。JT/T 198—2004《汽车技术等级评定标准》是由交通运输部颁发,用以评定汽车技术状况的技术分级标准。它是根据汽车使用年限和在此年限内对汽车动力性、燃料经济性、制动性、转向操纵性、灯光、噪声、废气排放、整车外观等项目测得的技术数据与技术规范要求符合的程度,将汽车划分为一级车、二级车、三级车、四级车4类,每半年核定一次。目的是使运输管理部门和运输单位通过定期车辆综合鉴定,核定其技术状况等级,以便掌握车辆的技术状况,有计划地安排与组织维修或进行合理更新改造。

现将各等级车辆的基本标准说明如下。

(1)一级车,即完好车。指新车行驶到第一次定额大修间隔里程的2/3和第二次定额大修间隔里程的2/3以前的车辆。一级车各主要总成的基础件和主要零部件坚固可靠,技术性能良好,发动机运转稳定、无异响,动力性能良好。燃润料消耗不超过定额指标,废气排放、噪声符合国家标准化;各项装备齐全、完好,在运行中无任何保留条件。上述情况概括起来,一级车的标准有3条:①车辆技术性能良好,各项主要技术指标符合定额要求;②车辆行驶里程必须是在其相应定额大修间隔里程的2/3内;③车辆状况良好,能随时行驶参加运输生产。以上3项中如有一项不达标就不能核定为一级车。

(2)二级车,即基本完好车。车辆主要技术性能和状况或行驶里程低于完好车的要求,但应符合GB7528—2004《机动车运行安全技术条件》的规定,能随时行驶参加运输。

(3)三级车,即需修车。送大修前最后一次二级维护后的车辆和正在大修或等待更新尚在行驶的车辆,其含义是:①凡技术状况和性能较差,不再计划作二级维护作业,即将送大修但仍在行驶的车辆;②正在大修的车辆;③技术状况和性能变坏,预计近期更新但还在行驶的车辆。

(4)四级车,即停驶车。预计短期内不能修复或无修复价值的车辆,其含义是指已不能行驶但又尚未报废的车辆。

以上为交通主管部门对于车辆的规范性使用的技术状况分级情况。

❸ 汽车技术状况的体现

车辆的技术状况随着车辆使用时间和行驶里程的变化而变化,在使用过程中会逐步从不同的角度以不同的指标体现出来。主要的表现在动力性、经济性和汽车安全性能。

(1)动力性下降。表现动力性的具体指标有:汽车的最高行驶速度、加速时间、加速距离、最大爬坡度、牵引能力等。

(2)经济性恶化。表现经济性的具体指标有:燃料消耗量(百公里油耗,每千克燃料的行驶里程、每公里行驶的费用等)。

(3)汽车安全性能下降。表现汽车安全性能的指标有:制动距离。

❹ 影响汽车技术状况的因素

对汽车技术状况产生影响的因素有多方面,最常规的分析如下。

1. 汽车的构造和制造生产工艺的因素

汽车结构的变化,对于汽车技术状况的影响十分明显。例如汽油车直喷技术的应用,使得不同喷射技术发动机的技术状况在动力性和经济性上差别明显,直喷技术的经济性更好。这种差别比同为采用常规电控喷射技术的不同厂商之间的差距要大得多;再例如 CVVT 技术的应用,使得采用此技术的发动机的技术状况,特别是经济性能同样大幅度改善。

2. 汽车用油料和润滑油的影响

油料的影响同样直接且明显。同厂商、同款式、同排量、同里程、同条件驾驶情况下,使用油料的厂商不同、辛烷值不同都会产生直观的差异。同时,润滑油(包括机油、防冻液/冷却液、自动变速器油、动力转向油、手动变速器油、风窗玻璃清洗液、制动液等)因厂商不同、质量级别不同、黏度级别不同、使用环境不同,同样会产生较大的差异,使用 0W40 的机油要比同质量级别的 15W40 的机油更省油,动力更强。

3. 汽车运行条件的影响

汽车运行的地理环境和天气环境不同、运行的城市道路环境不同驾驶人的性格和习惯等不同也会产生较大的影响。

(1)北方的冬季因为气温低,汽油/柴油的雾化状态,如果发动机本身的部件积炭较大会造成起动困难、起动抖动、起动后长时间高怠速运转,燃油经济性明显恶化。

(2)中国汽车保有量的急速上升,使得一些一类城市、二类城市的主要交通路线行驶时速度低、频繁起步停车、长时间低速短途行驶造成油耗增加,燃油经济性恶化。

(3)驾驶人的习惯对于技术状况的影响也是相当明显:长时间的高挡低速行驶、长时间的频繁加减油等都会造成经济性变差,金属磨损加剧等。

5 汽车运用中对汽车技术状况的关注

随着合资企业汽车的推动,中国汽车整体质量快速提升,汽车各总成的质量水平和工艺水平都比以往有大幅的提高,因此,对汽车技术状况的关注不应该只停留在原来的“结果管理”上,特别是汽车的使用者从职业人员到普通大众的变化,更需要普及在实际使用中对汽车技术状况的观察分析和预防保养等方面的知识。

汽车四级分类对于车辆使用者来讲更侧重于在实际使用中如何更好地使车辆技术状况维持在一级车和二级车阶段。所以,深入剖析一、二级车的实际使用技术状况就显得更为必要和实用。

影响汽车技术状况的三个方面的因素,就应该是普通大众车辆使用过程中技术状况的关注焦点。关注汽车技术状况的影响因素,对于积极正面的影响因素多发挥,对于负面消极的影响因素多规避,自然就能保证汽车技术状况始终处于良好状态。

深入分析影响汽车技术状况的各种因素,我们可以清晰地看到:如果在汽车使用过程中,特别是日常保养过程中的保养程度更加深入细化,汽车保养过程中的润滑油和油料的使用能够更有效地提升性能和规避缺陷,汽车的技术状况肯定会保持在理想的状态中。

二 汽车维护的现状

我国现行的汽车维护和修理制度在交通部1990年颁发的《汽车运输业车辆技术管理规定》中有明确的要求。对车辆的技术管理应坚持预防为主和技术与经济相结合的原则;对运输车辆实行择优选配、正确使用、定期检测、强制维护、视情修理、合理改造、适时更新和报废的全过程综合性管理。

汽车维修包括汽车维护和修理,它们是性质不同的两种技术措施。由于目的不同,因此执行的条件也不同。车辆维护贯彻预防为主、强制维护的原则。其任务是保持车辆整洁,降低零件磨损程度,预防事故发生,延长汽车使用寿命。车辆修理贯彻视情修理的原则,即根据车辆检测诊断和技术鉴定的结果,视情按不同作业范围和深度将达到工作极限的汽车恢复工作能力。所以不能将性质不同的两种技术措施混淆。

经过多年努力,交通运输车辆技术管理逐步纳入系统管理轨道,并得到健康发展。1998年4月1日执行的《道路运输车辆维护管理规定》明确了车辆维护的作业内容和技术要求。

我国现行的汽车维护制度贯彻“预防为主,强制维护”的原则。维护分类见表0-1。

汽车维护分类　　表0-1

维护包括两种	定期维护	日常维护、一级维护、二级维护
	非定期维护	季节性维护、磨合维护

季节性维护可以结合定期维护进行。

1. 各类汽车维护作业范围

各类维护的作业范围见表0-2。

各类维护作业范围　　表 0-2

	维护分类	各类维护的作业范围	维护周期
维护的作业范围	日常维护	日常维护是日常性作业，由驾驶人负责完成。其主要内容是清洁、补给和安全检视。它是保持车辆正常工作状况的经常性、必需性的工作	出车前 行车中 收车后
	一级维护	一级维护由专业维修企业负责执行。其主要内容除日常维护工作外，以清洁、润滑、坚固为主，并检查有关制动、操纵等安全部件。坚持“三检”：即检视车辆的安全机构及各部零件连接的坚固情况；保持“四清”：即保持机油、空气、燃油滤清器和蓄电池的清洁；防止“四漏”：即防止漏水、漏油、漏气、漏电等	周期2000～3000km或根据车型要求
	二级维护	二级维护由专业维修厂负责执行。其主要内容除一级维护所包括的工作外，以检查、调整转向节、转向摇臂、制动蹄片、悬架等经过一定时间的使用容易磨损或变形的安全部件为主，并拆检轮胎，进行轮胎换位	5000～10000km 范围内确定或时间间隔为60～90天
	季节性维护	由于冬夏季的温差大，为使车辆在冬夏季合理使用，在换季之前应结合定期维护，并附加一些相应的项目，使汽车适应气候变化了的运行条件	根据地域不同选择不同月份
	磨合维护	汽车运行初期，改善零件摩擦表面几何形状和表面层物理性能、力学性能的过程	新车到首保期间

2. 现行的汽车修理制度

现行的汽车修理制度贯彻视情修理的原则。是指在经过检测诊断的基础上，不以车辆使用者的意愿随意确定的修理。汽车修理作业的分类及定义见表 0-3。

汽车修理作业的分类及定义　　表 0-3

	按作业范围分类	定　义
汽车修理	零件修理	对因磨损、变形、损伤等原因而不能继续使用的零件进行修理。要遵循经济合理的原则，是修旧利废、节约原材料、降低维修费用的重要措施
	汽车小修	用更换或修理个别零件的方法，保证或恢复车辆工作能力的运行性修理，主要在于排除车辆运行中发生的临时故障和发现的隐患及局部损伤
	总成大修	用修理或更换总成任何零部件(包括基础件)的方法，恢复某一总成的完好状况和寿命的恢复性修理
	汽车大修	用修理或更换车辆任何零件的方法，恢复车辆的完好技术状况和完全(或接近完全)恢复车辆寿命的恢复性修理，其目的是恢复车辆的动力性、经济性、可靠性和原有装备，使车辆的技术状况和使用性能达到规定的技术条件

3. 一级维护和二级维护

一级维护和二级维护是目前国家交通主管部门的要求，也是大部分企业开业规范的部分，其相应的内容如下。

(1)一级维护。根据交通部门的规范要求，一级维护一般在汽车行驶到 1500～2000km 时进行。它以紧固、润滑为主。其中主要内容为：检查、紧固汽车外露部松动的螺栓、螺母，按润滑表规定的润滑部位加润滑脂和添加各总成内的润滑油，清洗各滤清器。一级维护作业的项目有：

①在驾驶人做好例行维护的基础上,进行一级维护。一级维护作业前,应将汽车冲洗干净,发动机和底盘擦拭后应无油垢、泥垢。

②清洗发动机机油、汽油(或柴油)、空气滤清器,清除或排除各滤清器中的沉积物,排除储气筒内的油污。

③检查并向发动机油盘、变速器、后桥、转向机添加润滑油、使其润滑油面至标准部位。

④润滑水泵、分电器、转向拉杆球头销、离合器踏板支架销、转动轴、前后钢板弹簧销及车门等各润滑部位(按各车使用说明书规定的润滑点进行润滑),并配齐各润滑点的油嘴。

⑤检查并紧固发动机、底盘、车身外部的连接螺栓与螺母,各锁紧装置应按规定的规格数量配备齐全,紧固可靠。

⑥检查并调整空气压缩机、发电机等各传动带的松紧度。

⑦检查和调整踏板的自由行程、转向盘的游隙以及前轮轴承、转向节;检查调整拉杆的连接情况、前轮的侧滑量和汽车的制动性能。

⑧检查并紧固前后板弹簧U形螺栓、变速器、传动轴、主减速器及半轴各连接螺栓。

⑨检查发动机罩、散热器拉杆和百叶窗操纵机构、驾驶室或客车门窗座椅。

⑩检查轮胎外表、轮胎气压并充气。

⑪检查电气系统,如发电机、起动机及各种仪表工作是否正常;检查蓄电池液面高度和外壳是否渗漏,气孔是否通畅等。电解液应高出极板10~15mm,蓄电池加注孔螺塞应齐全。

⑫检查备胎升降器及备胎的固定情况,润滑备胎升降器各部位。

⑬消除检查中发现的故障和缺陷。

经一级维护后,汽车应达到车容整洁、连接可靠,各滤清器应清洁畅通,各部应不漏油、水、气、电,各润滑部位应得到充分润滑。

一级维护的竣工检验标准如下:

①发动机前后悬架、进排气歧管、散热器、轮胎、传动轴、车身、附件支架等外露螺栓、螺母须齐全、坚固、无裂纹。

②转向臂、转向拉杆、制动操纵机构等工作可靠,锁销齐全有效、转向杆球头、转向传动十字轴承、传动轴十字轴承无松旷。

③转向器、变速器、驱动桥的润滑油面应在检视口下沿0~15mm(车辆处于停驶状态),通风孔应畅通;变速器、减速器凸缘螺母坚固可靠。

④各润滑油脂嘴齐全有效、安装位置正确;所有润滑点均已润滑,无遗漏。

⑤空气滤清器滤芯清洁有效。

⑥轮胎气压应符合充气规定,胎面无嵌入物及其他硬物。车轮轮毂轴承无松旷。

⑦离合器踏板和制动踏板的自由行程符合技术规定。

⑧灯光、仪表、喇叭、信号齐全有效。

⑨蓄电池电解液液面应高出极仮10~15mm,通风孔畅通,接头牢靠。

⑩短途试车,检查维护效果。试车中:发动机、底盘运行正常,无异响,各操纵部位符合技术要求;转向、制动系统灵敏可靠;各部坚固无松动;试车后,检视各部无漏水、漏油、漏气和漏电现象。

(2)二级维护前应进行的检测诊断项目见表0-4。

二级维护前应进行的检测诊断项目

表0-4

分类	序号	测试种类	检测项目
检测部分	1	点火系统参数	触点闭合角、分电器重叠角、点火电压、点火提前角
	2	发动机动力性	无负荷功率、各缸功率平衡
	3	起动系统参数	起动电流、起动电压
	4	汽缸密封情况	汽缸压力、曲轴箱窜气、汽缸漏气、真空度
	5	配气相位	进排气门开启、关闭角度
	6	发动机异响	曲轴轴承、连杆轴承、活塞、活塞销、配气机构
	7	汽缸表面状况	汽缸拉痕、活塞顶烧蚀、积炭、活塞偏磨
	8	机油化验分析	斑痕污染指数、水分、闪点、酸值、运动黏度、铁屑含量
检查部分	1	发动机	发动机机油、水密封件,曲轴前后油封漏油,散热器,水泵水封、水套漏水、曲轴轴向间隙、异响
	2	转向系统	转向盘自由行程、转向机构工作状况及油封密封状况、路试转向稳定性(视情进行)
	3	传动系统	离合器工作状况,变速器、减速器油封密封状态及壳体表面状况,路试变速器、传动轴各轴承、主减速器、差速器异响,变速器、差速器壳体温度
	4	行驶系统	轮胎偏磨、钢板弹簧座、销、套磨损状况,车架裂伤,各部铆接状况
	5	仪表信号	仪表信号、机油压力、冷却液温度、发电机放电指示
	6	其他	车身、驾驶室各钣金件开裂、锈蚀、变形、脱漆;锁上机构状况;牵引机构状况

(3)二级维护项目常规作业项目内容如下:

①进行日常维护和一级维护的全部作业。

②更换汽油滤清器、机油滤清器和空气滤清器等。

③检查发电机和起动机,必要时更换电刷并润滑各轴承。

④检查、紧固进排气歧管及消声器总成螺栓和螺母。

⑤检查、紧固发动机支架螺栓和螺母、散热器支架螺栓和螺母。

⑥检查曲轴主轴承及连杆轴承紧固其螺栓和螺母;检查离合器、润滑分离轴承。

⑦检查变速器、传动轴、万向节和中间支撑轴承及各部紧固情况,润滑变速器第一轴承、万向节和中间支撑轴承。

⑧检查、调整、紧固驻车制动器、前后轮制动器、制动轮缸和制动软管。

⑨检查、调整转向盘的自由转动量。

⑩检查前后减振器及转向节,检查、调整前轮前束。

⑪检查轮胎、并进行轮胎换位。

⑫检查、调整电喇叭、指示灯、照明灯、变光器及仪表线路接头。

⑬更换发动机机油。

(4)特别关注。一级维护和二级维护中的作业项目种类多,但深入分析后就会发现:检查调整和检查紧固工作是大比例工作内容,其核心的目的是保证各部件工作良好。然而实际工作中，非正常情况下可能发生诸如上面所列的各种内容规避问题。为改善发动机技术状况的换油项目只是一笔带过，未作深入阐述，与实际工作状况有很大偏差。如何通过对一级维护和二级维护的核心工作内容深入细化，以适应当前汽车技术的发展和汽车技术状况的现实要求是需要深入认知的问题。

二 汽车维护与汽车的深化保养

汽车维护的内容在上面内容中较为详尽的进行了阐述，从本质上讲，汽车维护是国家交通管理部门对于汽车运用过程的总体规划、定义和管理规范。而汽车保养则是实际运用中汽车维修体系对于主要职能工作的总称；汽车深化保养则是对于汽车保养内容的局部深入强化，简而化之为汽车深化保养。

1 汽车保养

汽车保养则是汽车制造商（国外汽车制造商、国内汽车制造商）以及制造销售商、汽车各品牌4S站/店对于其所销售车辆后期服务的正式定义、规划和管理规范。汽车保养的内容要求因车厂品牌不同、款式不同而在具体数字略有区别，但总体思路、体系一致。以《雪铁龙汽车保养手册》为例，说明汽车公司对于汽车保养的规范要求情况。

第二篇　保养

1. 保养内容周期
2. 汽车部件更换周期
3. 自己动手养护汽车步骤
4. 买了新车之后首次养护不能马虎
5. 汽车保养谨防落入误区
6. 汽车的一级保养，发动机离合器等7项
7. 汽车的二级保养，整车检验电气设备等7项
8. 汽车的三级保养，检查项目及规范
9. 维修站检测项目
10. 平时养车的方方面面
11. 车基本保养指南
12. 高级汽车保养常识
13. 两年必须更换制动液
14. 底盘封塑养护
15. 油路过脏影响动力，清洗油路免去维修之苦
16. 冬季汽车使用环境差，给爱车做次彻底清洁
17. 汽车磨合期保养
18. 别克汽车日常维护常识
19. 富康轿车的保养方法
20. 富康轿车的日常性维护

21. 进口、国产车维修保养费用对比
22. 自己动手为爱车做换季保养有八步
23. 五一自驾游行前车辆的准备工作
24. 出游归来话保修
25. 假日出行,自驾游归来应给爱车做全面保养
26. 雨季保养
27. 夏季爱车清凉三部曲
28. 盛夏日常保养
29. 夏日防开锅
30. 夏季,给汽车降温有四忌
31. 驾车行驶前、中、后 如何进行检查保养
32. 内饰保养
33. 合金轮毂养护
34. 如何延长汽车发动机的寿命
35. 清洗发动机冷却系统水垢
36. 轿车发动机50 万 km 无大修解秘
37. 让汽车心脏保持正常,别忽视发动机积炭
38. 汽车发动机保养的六大要点
39. 养护发动机防止机油污染
40. 润滑对汽车发动机寿命的影响
41. 按照要求更换制动液,保障汽车的行驶安全
42. 润滑系统保养
43. 两年必须更换制动液
44. 机油性能的简易检测法:吸油点滴法
45. 正确维护自动变速器
46. 正确使用自动变速器油,保自动变速器长命
47. 自动变速器换油不简单
48. 汽车例行养护时切记要勤查三水
49. 汽车三滤日常保养
50. 维护保养之空滤清洁篇
51. 燃油滤清器的原理和保养
52. 清洗油路可增加汽车动力
53. 维护保养之机油选择篇
54. 传动轴的保养
55. 制动片更换周期
56. 制动系统
57. 制动系统日常养护
58. 汽车底盘的养护

59. 驻车制动的检测和养护
60. 汽车燃油箱清洗方法
61. 勤换机油保平安
62. 汽车油路和水路的保养
63. 汽车保养莫忘清洁油路
64. 电喷汽车进气系统应该定期进行清洗保养
65. 空调维护
66. 汽车空调:换季时必须清洗
67. 汽车外观的维护
68. 维护保养之打蜡篇
69. 汽车全面养护——如何防止汽车各部件老化
70. 快修划痕要确保质量,请关注五项补漆工艺
71. 如何快速修复划痕
72. 快速修复车身的划痕
73. 秋季爱车美容选封釉
74. 汽车打蜡有诀窍
75. 清洗车窗车身内饰的窍门
76. 让爱车保持干净,中控台的清洁要领
77. 汽车外观的维护
78. 车厢异味如何检查
79. 座椅地毯保养
80. 春季车内清洗
81. 沙尘过后的汽车清理
82. 换铝圈时要注意,以免威胁行车时的安全
83. 怎样给汽车的旧轮胎换件新衣裳
84. 电动车窗保养
85. 刮水器定期检查
86. 你会洗车吗
87. 自己动手维护保养玻璃清洗器
88. 汽车停驶期间的养护措施

通过上述内容我们可以认知:“汽车保养”是目前汽车公司针对该品牌车主的使用过程中遇到的需要保养问题的总体,与上面提到的从交通管理部门角度出发所规范的“汽车维护”完全不同,它的存在对于车主来讲更具有实用性。

❷ 汽车深化保养

汽车深化保养,顾名思义:就是深入细化版的汽车保养,换言之,是以车主为主体的深入细化的汽车保养理念、方法、产品、设备等。

汽车深化保养借助专业的产品、专业的设备、专业的技术对车辆进行免拆、快速、深层

次、彻底、全面的深层次保养,实现全程保养,直至报废。

(1)专业的产品:目前在全球的汽车深化保养市场中,产品分为两大类:一种是专业类产品,一种为超市类产品(在各种超市中销售,产品性能多,功效柔和,专业度差,车主可以随意使用添加属于 DIY 类的产品),这一点和中国医药行业的分类一致。众所周知,中国医院内将药品分为 OTC 类和非 OTC 类,前者是专业类产品,仅供医师处方使用,而后者是非专业类产品,患者可以随意采购,服用。专业类汽车深化保养产品等同于医院的 OTC 类药物,非专业类汽车深化保养产品等同于医院的非 OTC 类药物。

(2)专业的设备:是指专业类的产品必须要在专业的设备配合下才能更加全面、彻底地发挥其作用。此类设备与市场中大批量存在的汽车保修类设备不同,因为其市场范围专一,定位明确,所以生产厂商少。同时,考虑到专业类产品本身配方的不同,所以使用的设备也都有其专业性和独特性,特别是汽车深化保养产品与设备密封材料间的适配性必须要考虑。

(3)专业的技术:因为产品与设备的专业性,以及不同车辆本身的车况、性能和问题各不相同,所以,汽车深化保养过程中,同一类型车辆、同一类型问题,可能采取的技术方案也不相同。比如:对于烧机油的车辆,进行深化保养时,首先要确认烧机油产生的原因,然后要结合不同产品不同的配方与功效,进行有针对性的选择配组才能解决问题。

(4)免拆:是指汽车深化保养的过程是就车保养,不需要解体发动机、变速器、转向机等组件,在车辆总成不拆解情况下,通过日常保养中所涉及的部件进行有别于以往常规保养的工作来达到消除问题解决故障,并在随后时间内预防上述问题和故障继续产生。众所周知,现在的汽车发动机、自动变速器、转向机等总成部件都是在无尘、密封的工作环境中进行专业装配生产而成,任何“解体式”保养与维修都会使总成的整体性能大幅降低,影响车辆的使用性能:驾驶性、经济性和动力性。

(5)快速:因为汽车深化保养采用的是非解体式方式工作,减少了对于专业工具/设备的依赖,降低了技术劳动量,提升了工作效率,解决同样问题或故障所消耗的时间更短。

(6)深层次:与现有普便采用的保养方式大不相同,深化保养的理论、工作原理、工作方式 ,实施效果都大大区别于现有的常规保养。

(7)彻底:是指汽车深化保养的方式能够从根本上解决和处理一系列问题。例如:据美国汽车维修行业协会统计,目前全美市场中,超过 90% 的自动变速器的故障产生都与其使用的 ATF(自动变速器油)有关。而汽车深化保养会从根本上解决油品保养过程中产生的三大问题,从而治标更治本,从根源上消除汽车自动变速器故障的产生。

(8)全面:汽车深化保养是全方位的。例如,威力狮在全球范围内倡导的保养计划涉及汽车的润滑、燃油、冷却、自动变速器、手动变速器、差速器、空调、制动、蓄电池、车辆橡胶与塑料件、车辆金属部件、三元催化排放系统等方方面面,不同的系统/部位/总成,采用不同的深化保养方式。

采用汽车深化保养的目的是为了实现“运行中保养、不解体维修、全寿命使用”以及“三分修、七分养、汽车和人都一样”的理念,为中国车主解决后顾之忧。

第一篇

理论篇

第一章　摩擦与磨损基础知识

Chap 1

本章将概述摩擦与磨损的相关知识。汽车自发明以来，历经一百多年的发展革新，其工作原理和主体结构没有变化，汽车技术的进步与变化主要侧重于汽车的控制相关系统，更多的集中在汽车的电子电器部件、工作原理等。而汽车的主体结构部件，更多的组成都是由金属部件组成，它们是车辆有效工作的最基本保障，是保养和维修中最关注最直接的内容。只要是机械部件的工作，都会存在摩擦与磨损，这是机械零件工作不可回避的问题。

摩擦学现状：摩擦消耗了世界一次性能源的1/3以上，磨损是材料与机械设备失效的3种主要形式之一。润滑则是减少摩擦、降低或避免磨损的最有效手段。在我国，每年因摩擦导致的机械磨损所损耗的材料高达几百亿元，并且由于我国石油资源短缺，造成了经济快速发展与石油需求之间的矛盾，为此，"减少摩擦、降低磨损、提高油品的燃油经济性、改善润滑条件、节约能源"，是解决这一矛盾的有效途径之一并已成为我国各行业科技攻关的重大课题。为了满足现代工业的发展和环境保护的需求，未来新兴润滑剂和润滑技术必须立足高速发展的现代工业，同时兼顾环境友好，即满足绿色、高效、多功能(或多效化)的多重需求。新兴的润滑技术已为现代工业、国防等领域的发展提供了无限可能，相信通过努力会有很多优良的润滑材料出现。

虽然关于摩擦材料的摩擦磨损机理研究很多，但由于摩擦材料中成分和组织以及材料性能的复杂性，迄今为止还没有一个公认的理论能解释摩擦过程中摩擦磨损的机理。例如，在低负荷和低温下，主要磨损机理既有认为是摩擦磨损的，也有认为是黏着磨损或疲劳磨损的。一般来说，摩擦材料中金属对偶件可出现5种磨损类型，即磨粒磨损、黏着—撕裂磨损、疲劳磨损、热磨损和宏观剪切磨损。

由于对磨损机理的认识不尽相同，且各种磨损机理都未能完全解释各种材质和工况下的摩擦学现象，所以很难建立摩擦磨损的计算模型与公式。目前，已有的公式大部分是基于某种磨损机理而建立的，或是根据特定的试验条件而建立的经验公式。

一 摩擦

两个相互接触的物体,在外力作用下发生相对运动或者具有相对运动的趋势时,在接触表面之间产生阻止发生相对运动或者相对运动趋势的阻力,这个阻力称为摩擦力,这种现象称为摩擦现象。为了降低两个相对运动的接触表面间的摩擦与磨损,保证摩擦副长期可靠地工作,节约能源,必须选择良好的润滑。润滑工程已经成为新兴的摩擦学的重要内容。摩擦学是关于摩擦、磨损和润滑的科学。摩擦系统由四个基元组成:一个接触件,对应接触件,上述两者之间的界面和界面上的介质以及环境。在轴承润滑中,润滑剂位于此间隙中。在普通滑动轴承中,摩擦副是轴和轴瓦;在内燃机中,摩擦副是活塞环和汽缸壁,或者凸轮和挺杆,或者曲轴轴颈与轴瓦,或者连杆轴颈与连杆瓦;在机械变速器中是齿轮与齿轮;在自动变速器中是行星齿轮与太阳轮,或者行星齿轮与行星架,或者太阳轮与轴瓦,或者其他种类齿轮与齿轮,再或者是金属带与转轮……互相接触的物体相对运动时产生的摩擦现象,被科学家归纳为三条基本定律:

(1)摩擦与两物体的接触面的大小无关;

(2)摩擦阻力与垂直负荷成正比;

(3)在动摩擦中,摩擦阻力与滑动速度无关。

根据上述定律得出摩擦力 F 与负荷 W 的表达式为 $F=f\times W$,f 称为摩擦系数,在一定条件下摩擦系数是一个常数。在教科书中,摩擦系数通常都会给出,但是,现实中的不同摩擦副间的摩擦系数,则是一个极难获得的重要数据。

随着科学技术的不断发展,在实际生活中,出现了与摩擦定律相矛盾的现象,较明显的是对于非常光滑、清洁的表面,摩擦力是与接触面积成正比的;当滑动速度较大时,摩擦阻力会下降。此外,还发现对于光滑表面,摩擦阻力还随着表面粗糙度下降而变化。总之,摩擦现象是产生在两个摩擦表面之间的,它与摩擦表面的相互作用力有着密切的关系。它可能是物理过程、物理-化学过程(例如吸附、解吸过程),或者本质上是化学过程(摩擦化学)。摩擦计量参数(如摩擦、磨损和温度等)数据可从应力面积获取。摩擦应力是表面和接触几何形状、表面负荷或润滑剂黏度等众多指标的产物。摩擦表面如图 1-1-1 所示。

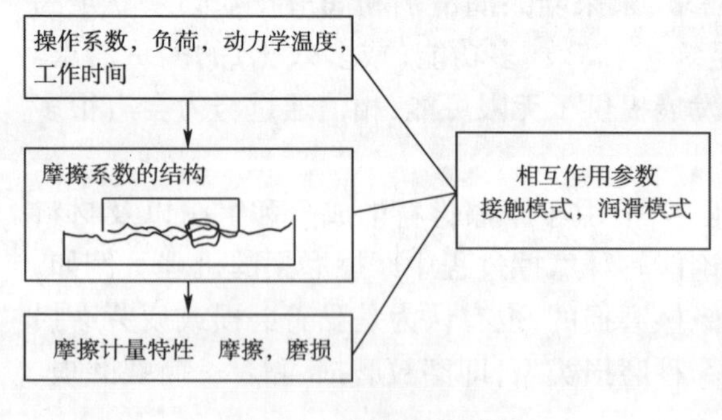

图 1-1-1　摩擦表面示意图

金属加工零件的表面层是由不同物质的薄层构成的,其性质与金属零件材料的基体不同。最外面的一层是脏污物质,如油污、灰尘等,其厚度约为 30nm;第二层是吸附分子膜,是从周围大气中吸附来的气体、液体分子,厚度为 0.3 ~ 3nm;第三层是氧化层,是金属表面与空气中的氧化结合而成,厚度为 10 ~ 20nm;第四层是加工变质层,厚度约为 1000nm,再下面就是金属的基体。(注:nm 表示纳米,$1m=10^3mm=10^6\mu m=10^9nm$)

加工变质层是金属零件在加工过程中,表层受到车削、研磨等机械加工作用而熔化、流动，最后冷却，沉聚在冷的金属基体上，形成一种不定形结构或是微晶结构的硬化层。

由上述可看出，金属零件表面是不平滑的，有凸峰及凹陷，这种高低不平程度用粗糙度来表示。粗糙度的大小由加工方法决定，加工愈精细，粗糙度值愈小。在加注润滑油的条件下，金属表面还附有油膜等，这些情况对金属零件的摩擦、磨损、润滑都有重大影响。

所有汽车制动系统都是运用摩擦原理进行制动的，车轮制动器利用摩擦制动车轮，轮胎与路面间的摩擦力使汽车停驶，可见摩擦的产生和存在对汽车制动系统是非常重要的。摩擦是两接触表面互相滑动时产生的力，分静摩擦和动摩擦，制动控制包含了两种摩擦形式。汽车动力及传动设备中，凡是相互之间有相对运动和相互接触的两个零件就组成一对摩擦副，如轴与滑动轴承、滚动轴承里的滚动体与保持架等。

根据摩擦副的运动形式，可以分为滑动摩擦和滚动摩擦，根据摩擦零件工作条件和润滑油摩擦表面间所起的作用，将润滑分为两种类型：流体润滑和边界润滑。

流体润滑是在两个摩擦表面之间有一个薄层具有一定压力的流体，流体将摩擦表面完全隔开，流体中的压力平衡了摩擦零件所受的外载荷，流体润滑的主要优点是摩擦阻力小。流体润滑还可进一步分为液体动力润滑、液体静力润滑和气体润滑。液体动力润滑是由摩擦面间相对运动，使相对运动缝隙中的黏性液体产生压力，用以平衡外载荷，并使液体形成足够厚油膜，将两摩擦表面完全隔开。也就是说，液体动力润滑不需借助外力作用，而靠部件本身运动，在摩擦表面间建立一高压油膜，使摩擦面分开，减少机械表面的摩擦和磨损。液体动力润滑在工业中有很重要的作用，汽车及机械设备都离不开液体动力润滑。液体动力润滑要靠润滑油，起主要作用的是润滑油的黏度。根据操作条件、油膜厚度及材料性质将润滑分为三个区域：

(1)流体润滑区域，包括弹性流体润滑。此区域内油膜厚度大于两表面的粗糙度，摩擦系数 f 的大小与液体及零件材料的力学性能有关。

(2)混合润滑区域，或称部分弹性流动力润滑区域。此时油膜厚度接近表面粗糙度，较高的微凸体相互接触。

(3)边界润滑区域，油膜厚度仅几个分子层厚或更小，微凸体接触数量增多，此时负荷几乎全部靠接触微凸体的变形所承担，摩擦系数与两接触面液体的力学性能、物理性能和化学性能有关。

液体的黏度表示液体阻止运动的能力，黏稠的液体黏度较大，流动比较困难。液体黏度的物理意义是由黏性液体的牛顿定律确定的，黏性液体中的任何一点，剪切力与剪切速率成正比。测定液体黏度的方法很多，在实验室中应用最多的是玻璃毛细管黏度计，其原理是，一定量的液体流过毛细管的时间 t 与液体黏度 v 成正比，即 $v=ct$。每一支玻璃黏度计的常数 c，可用已知黏度的标准液来测定。

我国石油产品的运动黏度按国家标准 GB/T265—88 进行测定，即一定量的试油在一定温度下流过毛细管的时间，乘上已知系数即得试油的运动黏度，运动黏度的国际单位为 m^2/s。过去，在 CGS 制中，曾以斯托克(简称斯 St)作为运动黏度单位，St 与 m^2/s 之间的关系为 $1St=10^{-4}m^2/s$，$1cSt$(厘斯)$=10^{-6}m^2/s=1mm^2/s$。美国石油学会建议从 1978 年 1 月 1 日起测定黏度的温度为 40℃（工业用油和车辆用油）和 100℃(车辆用油)。

从 Stfibeck 曲线分析看出，摩擦系数随着轴承特性因数的减少而降低，当降到一个临界值时,摩擦系数迅速增大。临界点主要与摩擦表面的粗糙度有关。零件表面加工比较精细,表面的微凸体比较矮小,虽然油膜比较薄,但仍能保证两表面的微凸体不直接接触,因而仍能满足流体润滑条件。相反,如加工粗糙,表面微凸体比较高,虽然油膜厚也保证不了流体润滑要求。

在液体流动润滑中,润滑油膜有效隔开两摩擦面,由于表面不直接接触,因此就不出现黏附和磨料磨损,摩擦阻力的大小仅由润滑油的黏度决定。但是液体动力润滑必须在润滑油的黏度和运动零件的转速、负荷配合适当的条件下才能实现。在负荷增大或黏度、转速降低的情况下,液体动压油膜将变薄,当油膜厚度薄到小于摩擦面微凸体的高度时,微凸体将会直接接触,这会让摩擦系数增大,并出现能控制住的有限磨损。此时对摩擦副的减摩抗磨作用,不仅取决于润滑油的黏度,更重要的是取决于润滑油化学成分与表面的互相作用,这种情况就属于边界润滑。边界润滑大部分摩擦面上存在一层与润滑介质本体性质不同的薄膜,这层薄膜厚度小于表面微凸体的高度,不能防止摩擦面微凸体的接触,但有良好的润滑性能,可减少摩擦和磨损。

边界润滑广泛地出现于摩擦零件中,如齿轮、发动机凸轮等处,汽车起动或停车时均会出现边界润滑,边界润滑的状态决定于摩擦面的性状及边界膜的性质,其形成与表面的特殊性有关,特别是摩擦过程中引起的一系列物理和化学效应,有利于边界膜的形成。边界润滑主要特征是:在摩擦过程中摩擦副的表面要与润滑剂及环境介质共同发生作用。在边界润滑过程中,摩擦产生的机械能所引起的表面效应是起着很重要的作用,在机械能的作用下,摩擦副表面缺陷增多,剥离出具有活性的新鲜金属表面,激发出外逸电子,形成高强度电场,出现瞬时高温、高压等。这些效应激发和促进了摩擦表面间物理和化学作用的进行,使周围介质和摩擦表面相互作用,在表面形成保护膜和改进膜,减缓了零件的摩擦和磨损。具体地说,金属在摩擦过程中会产生塑性变形,导致能量的大量消耗,进而转化成热量,集中在金属表面的热量瞬时温度可达500~1000℃,这么高的温度下,化学反应很容易进行。例如发动机油常用的抗磨剂ZDDP、齿轮油中极压抗磨剂硫化异丁烯、亚磷酸酯胺盐,温度在200℃就开始分解,分解出活性元素,还会与摩擦表面发生化学反应,生成极压膜。因此,为了在边界润滑条件下降低摩擦力,在润滑油中加入极压抗磨剂、摩擦改进剂、油性剂,这些添加剂根据它们摩擦表面的不同作用,能在表面形成吸附膜、沉积膜、反应膜或渗透膜。

吸附膜是润滑剂的极性分子吸附在摩擦表面上形成的,又可进一步分为物理吸附膜和化学吸附膜,前者是由分子吸引力的作用形成,后者是由极性分子的价电子与金属表面的电子交换作用形成。在金属表面形成的吸附膜是物理吸附还是化学吸附,决定于金属表面的活性程度及油中极性分子的性质,化学吸附膜强度较大。当负荷过大或速度过高时,摩擦产生的热量较多,摩擦表面温度逐渐升高,当温度升到吸附膜失效或者熔化时,油膜破裂,摩擦系数迅速增大。

吸附膜和沉积膜在缓和的摩擦条件下工作,而在苛刻条件下工作则选用含硫、磷、氯等元素的添加剂,如硫化烯烃、亚磷酸酯、氯化石蜡,来增强润滑剂的抗磨损、抗黏附作用。硫、磷、氯元素在较高温度下与摩擦面金属发生化学反应,生成能承受较大负荷及剪切强度较低的极压膜。这类反应膜实际上是摩擦面上金属与硫、磷、氯等元素作用生成低熔点无机膜,它们在形成过程中能流动到接触点周围表面,使表面变得平顺光滑,起着化学抛光作用,使单位面积上承载负荷下降。

了解金属表面的性状和负荷与真实接触面的关系，是为了研究产生摩擦与磨损的原因，以及减少摩擦和磨损的方法：汽车燃料燃烧释放的能量中40%用于汽车驱动，30%被汽缸冷却系统消耗，30%的能量由自身散耗；如果单独就摩擦损失来讲，燃料通过燃烧释放的能量中有20%～25%被零件间的摩擦所消耗，降低这部分消耗是节能的关键。

发动机的摩擦部位主要来自阀系、活塞/缸套和轴与轴承，其润滑方式包含了边界润滑、混合润滑和弹性流体润滑，而且在不同的转速、负荷和温度下，各种润滑方式的影响程度也会发生变化。一般而言，轴承主要处于弹性流体润滑状态，阀系和活塞/缸套处于边界/混合润滑状态，要达到降低摩擦和改善燃油效率，就要根据具体的润滑方式采用不同的解决办法。目前，根据发动机的润滑特点进行节能研究主要集中在两方面：在流体润滑和弹性润滑状态下，两摩擦副被润滑油膜隔开，摩擦阻力的大小仅由润滑油的黏度决定，较低的黏度意味着较小的摩擦损失，减少摩擦的关键因素是黏度；在混合和边界润滑状态下，含有减摩剂的润滑油可以在摩擦副表面生成一种剪切强度低、具有层状结构的物理吸附膜或化学反应膜，可以有效降低摩擦损失。关于产生摩擦的原因，有诸多看法，其中黏附理论较为合理。黏附理论认为，金属表面间的摩擦首先是在接触点发生了黏结，当两表面相对运动时，必须有足够大的切向力来剪断这些黏结点。另外，较硬的金属表面的微凸体会陷入较软的金属表面，两表面相对运动时，硬的微凸体会在软的金属面上犁出沟来。黏结和犁沟就是引起摩擦的原因，剪切黏结点和犁沟时所需的切向力就是用来克服摩擦阻力的。

摩擦副在一些部位之所以会发生"黏附"，是因为金属表面压在一起时，仅微凸体的尖端相互接触，由于接触处的面积很小，接触点间的应力很大，大到足以引起接触处的材料产生塑性变形。在接触处产生塑性流动时，摩擦表面的油污等薄膜和氧化层被破坏，暴露出洁净的金属表面，当洁净的两金属表面接触时，表面的原子间会形成较强的金属键结合，出现了两表面金属材料的黏附。黏附理论能解释摩擦定律，还能进一步说明摩擦系数和金属材料性质的关系。该理论还推导出摩擦力与负荷成正比，这是因为摩擦力是与真实接触面积成正比，而真实接触面积又与负荷成正比，最后表现为摩擦力与负荷成正比的关系。至于说古典摩擦定律中提到的摩擦力与接触面积无关，应该说或是与表观接触面积无关，而与真实接触面积是有关的。

两金属表面接触时.硬金属表面的微凸体会刺入软金属表面，当发生相对运动时，硬金属表面的微凸体所经过之处，使软金属表面发生塑性变形而犁出一条沟来，犁沟效应是引起摩擦阻力的原因之一。当黏结作用较轻微时，犁沟效应将是产生摩擦阻力的重要原因。例如，交界面间有润滑油膜的情况就是如此。

黏附—犁沟学说较为成功地解释了金属表面的干摩擦现象，但是摩擦现象是比较复杂的，不能认为黏附和犁沟效应是引起干摩擦的全部原因。实际上除了黏附和犁沟效应外，摩擦还包含表面粗糙度和产生静电等因素。在不太光滑的表面，粗糙度一般情况下给整个摩擦系数的影响为001个数量级或者更小些，在比较光滑的表面上，随着粗糙度值的减小，摩擦阻力反而增大，这是因为在此种情况下黏附的倾向增加了。

滚动摩擦阻力很小，但是滚动摩擦机理却很复杂。滚动时不发生滑动摩擦时的"犁沟"和黏着接点的剪切现象。一般认为滚动摩擦主要来自四个方面：微观滑移、弹性滞后、塑性变形、黏着作用。

温度对黏度的影响较大。液体黏度基本上由分子间吸引力决定，当温度升高时，体积膨胀，分子间的距离增大，分子间吸引力减弱，导致液体黏度的下降。几种润滑油基础油黏度随温度变化的情况如图 1-1-2 所示。

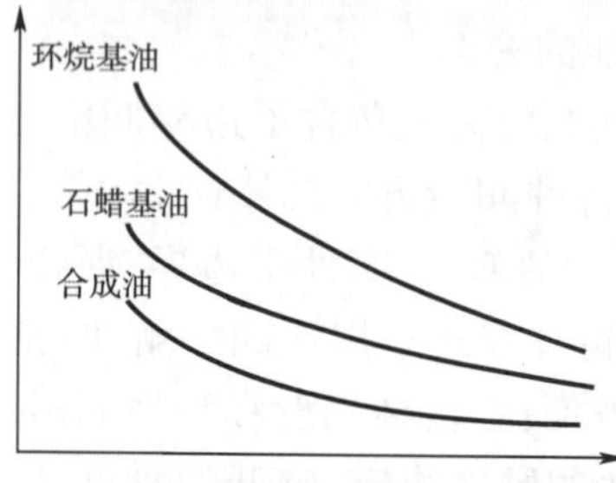

图 1-1-2　基础油黏度与温度的关系

润滑油的黏度随温度升高而变小的性质为黏温特性，特别对在宽温度范围使用的汽车润滑油来说尤为重要。黏温特性是评价润滑油性质优劣的主要标志之一，黏度指数是用来衡量润滑油黏温特性优劣的指标。

黏度指数是人为地选择两种标准油与之比较而得出的质量标准，选择一种黏温性能好的石蜡基原油，由它制取的基础油黏度指数Ⅵ定为 100；再选择一种黏温性能差的环烷基原油，由它制取出的基础油黏度指数定为 0；要求某一润滑油黏度指数时，先测出此油 40℃和 100℃的运动黏度，根据推导出来的计算公式，换算出油品的黏度指数。在实际工作中多不采用计算法，而采用比较简单的查表法。我国计算石油产品黏度指数的方法 GB/T 1995—88 与国际标准组织的方法一致，以 40℃及 100 的℃运动黏度来计算黏度指数。从基础油黏度与温度关系图（图 1-1-2）看出，三种油的黏度在 100℃相同，但由于黏温特性不同，低温时黏度差别很大，高黏度指数的合成油黏温性能好，低温时黏度变化不大，反之，黏度指数小的环烷基油低温黏度变化相当大。黏温性能较好、黏度指数较高、价格较低的石蜡基基础油广泛用于汽车润滑油中。

润滑油降低摩擦、减缓磨损的能力统称为润滑性能。润滑油的此种性能可以使摩擦表面的摩擦系数减小，从而降低摩擦损失，提高工作效率，并且能减缓摩擦表面的相互磨损，使机械的使用寿命延长。在其他条件相同的情况下，黏度较大的润滑油，在摩擦表面间形成的油膜厚度，较之黏度较小的润滑油所形成的要大。总之，液体的润滑性能仅与液体黏度有关：在选择润滑油时，应根据机械的工作状态来选择黏度适当的润滑油，以保证在设计规定的工作状态下，能形成足够厚的油膜，防止摩擦面直接接触。同时，还应避免黏度过大，以造成过大的摩擦损失。在液体润滑中，除可按油膜厚度、运动速度、承受压力等计算所需要的润滑油黏度外，还可利用经验数据和图表等来估计所需润滑油的黏度。

在流体润滑中，润滑油的润滑性能可由黏度来判别，而在边界润滑中，润滑性能不能只用一些简单的理化指标来判别，因为边界膜的形成很复杂。即使不考虑其他因素的影响而单纯从油的成分来分析也是比较复杂的，如油中所含极压剂、油性剂，甚至胶质和沥青等都有影响。

由于这些反应膜的熔点、剪切强度低，又能降低单位表面的负荷，所以它们能减少金属黏结、磨损并提高承载能力，这类添加剂对于齿轮油而言是至关重要的，齿轮油配方中 90%以上都是含硫、磷元素的极压抗磨剂。选择添加剂来增强边界膜的润滑作用时，除了要求在界面上形成的牢固边界膜能起到良好的润滑作用外，还要求形成的边界膜必须稳定，不易被氧化或水解而产生酸性物质或胶质等。此外，还要考虑到边界膜与接触材料的配伍性，有的边界膜在形成过程中要与金属表面发生化学反应，但是反应不能过强，以免引起金属的化学腐蚀，例如在车辆齿轮中，亚磷酸酯（T304）是相当好的抗磨剂，但其化学活性太强，致使腐蚀、锈蚀严重。因此,齿轮油中多选用活性温和的磷酸酯胺盐类的 T305、T307 和 T308。因此,在选择添加剂时,必须根据具体的油品、金属材料等进行实验室模拟试验,使生成的边界膜在润滑性、稳定性、配伍性等各方面能满足使用要求。如果要求润滑油在边界润滑的缓和及苛刻条件下都能起到良好的润滑作用,应加入多种油性剂和极压抗磨剂,以适应较宽的温度范围。

任何摩擦和磨损的过程都可分为极压和抗磨两个过程,只是对于不同的过程,两者各自所占的比重不同而已。例如,四球磨损试验机测得的钢球磨斑直径既与抗磨性有关,也与极压性有关,如下式所示:

$$d = f(0.60a_w + 0.4a_{EP})$$

式中:d——是在(1470 ±50)r/min、400N、1h 条件下磨斑直径;

a_w——与抗磨性有关的系数;

a_{EP}——与极压性有关的系数。

在目前所使用的润滑油添加剂中,任何一种添加剂都很难同时满足极压性和抗磨性的要求。不同结构、不同活性的极压剂、抗磨剂以及油性剂各自在不同的摩擦过程中起作用,油性剂在较低的温度下起作用,而在这温度下,极压剂、抗磨剂基本上不起作用;对于极压剂而言,主要取决于金属表面的反应,而这种反应则属于化学腐蚀,常温下难以进行。因此,为了取得较好的综合抗磨效应,将不同的化学活性的极压剂、抗磨剂、油性剂混合使用,取得协同效应。图 1-1-3 给出了极压剂与油性剂对摩擦系数的影响。

摩擦过程是一个十分复杂的过程,摩擦系数不仅随着材料的不同而不同,而且还受其他因素的影响,即摩擦系数不是材料的固有特性,而是材料和工作条件综合的特性。通过实验证明负荷、粗糙度、滑动速度、温度、表面膜等因素对摩擦系数都有相当的影响,同一种摩擦副在不同的因素影响下会有极不相同的摩擦系数。如同发动机活塞与缸壁间的摩擦时,同一发动机在不同机油、不同转速、不同油温等情况下的摩擦系数都不相同。

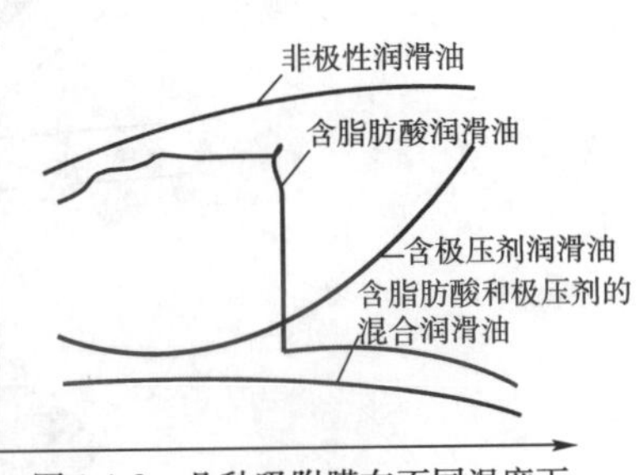

图 1-1-3　几种吸附膜在不同温度下对摩擦系数的影响

二 磨损

磨损是伴随着摩擦而产生的必然结果,是摩擦副在做相对运动时,表层材料不断发生损耗的过程。汽车运动部件失效模式中,磨损失效约占 60%,所以人们极其关注磨损机理以及影响磨损的因素和降低磨损的措施等问题。磨损同摩擦一样,是十分复杂的现象,也是一种微观和动态的过程。在这个过程中,表面材料含有弹性变形、塑性变形,摩擦表面和表层也会发生一系列物理性能、化学性能和力学性能变化。

1 磨损的分类

两个相互接触的金属表面相对运动时,便会产生摩擦和磨损。磨损的分类方法很多,有的按磨损的现象分类,有的按磨损件的运动方式分类,有的按磨损的机理分类,目前尚无统一的分类方法。按照磨损的机理可将磨损分为黏附磨损、磨粒磨损、疲劳磨损、分层磨损、电蚀磨损等几个基本类型,见表1-1-1和图1-1-4。

四种基本磨损类型

表1-1-1

类　型	内　容	特　点
黏附磨损	摩擦副相对运动时,表面的材料由一个表面转移到另一个表面的现象,即黏着磨损	接触点黏着剪切破坏
磨粒磨损	在摩擦过程中,因硬的颗料或硬的凸出物,冲刷摩擦表面而引起材料脱落的现象,即磨粒磨损	磨粒作用于材料表面而破坏
疲劳磨损	两接触表面做滚动或滚动复合摩擦时,因周期性载荷作用,使表面产生变形和应力,从而使材料导致裂纹和分离出微片或颗粒的磨损,即疲劳磨损	表层或次表层接触应力反复作用而疲劳破坏
腐蚀磨损	在摩擦过程中,金属同时与周围介质发生化学或电化学反应,产生材料损失现象,即腐蚀磨损	有化学反应或电化学反应的表层腐蚀破坏

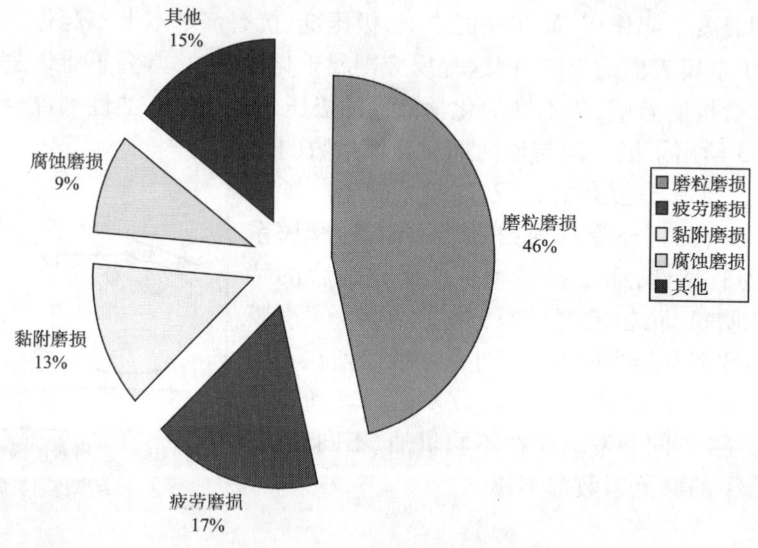

图1-1-4　基本磨损类型

磨损是指摩擦副相对运动时表面物质不断损失或产生残余变形的现象。摩擦副的磨损过程可分为磨合阶段、稳定磨损阶段和剧烈磨损阶段。磨合阶段与常常提到的磨合期相吻合,它是必要的过程和阶段。稳定磨损属于正常润滑情况,剧烈磨损阶段说明润滑失效,需维修摩擦副或换润滑油。

1)黏附磨损

从微观结构的角度来看任何很光滑的金属表面都是很粗糙的。两个摩擦副只靠少数孤立的微凸体相接触,当加上负荷时,在互相接触的凸出处,局部压力很高。如超过屈服强度时,微凸体产生塑性变形,直到真正的接触面积增大到足以支持所加的负荷为止。在没有其他表面膜存在情况下,这些接触面互相黏结在一起,因而接触处会出现冷焊现象。摩擦面继续滑动时就会剪断黏结点,同时又产生新的黏结点,在进一步受到摩擦时,一些转移的金属会被摩擦下来，金属表面便会出现磨损，即黏附磨损。

根据黏附磨损理论可推导出简化的黏附磨损定律，说明磨损量与摩擦经历的路程成正比，磨损量与负载成正比，磨损量与较软材料的屈服强度成正比。黏附程度不同，黏附磨损类型也不同。若剪切发生在黏附结合面上，表面转移的材料极轻微，称为"轻微磨损"，如汽缸缸套与活塞的正常磨损。当剪切发生在软金属浅层里面，转移到硬金属表面上，称为涂抹，如重载涡轮副的磨损。若剪切发生在软金属接近表层的地方，硬金属可能被划伤，称为"擦伤"，如发动机活塞环与汽缸缸套的异常磨损，缸套被拉伤即"拉缸"。当剪切发生在摩擦副一方或两方金属表面较深的地方，称为"撕脱"，如在主轴和滑动轴承中的严重磨损及滑动轴承表面可以看到这种现象。若磨损再继续严重发展，它们之间会咬死，不能相对运动，称为"咬合"。

2）磨粒磨损

外界硬颗粒或者表面上微凸体在摩擦过程中引起的表面材料脱落的现象称为磨粒磨损。通常，磨粒磨损是硬的物质使较软的金属表面擦伤而引起的磨损，可分为两种类型：一种是粗糙的硬表面在软的表面擦过引起的，另一种是硬的颗粒在两个摩擦面间滑动引起的。在摩擦面间出现磨损性颗粒物时，如果金属的弹性变形足以能容许颗粒通过，那么，表面的永久性擦伤是能避免的。例如汽车发动机曲轴的合金轴承，由于合金较软，能容许细小的颗粒杂质嵌入合金中不产生不良影响，因而减缓了曲轴轴颈的磨损。

3）疲劳磨损

黏附磨损和磨粒磨损的机理是基于固体表面的直接接触，磨损在摩擦一开始就出现，并且在整个摩擦过程中持续下去。但这两种磨损机理却不能解释摩擦副被油膜隔开，表面间无尘埃及金属等颗粒的磨损，这种类型的磨损称之为疲劳磨损。设计、制造很好的滚动轴承的磨损即属于这种情况。滚动轴承在滚动过程中，滚动零件之间有一层润滑油膜，两个零件的表面虽然不直接接触，但对面的强大应力可通过油膜传递过来。疲劳磨损与剪切应力的大小和剪切的次数有关，当剪切应力超过了材料所能承受的限度时，材料会出现裂纹，在周期性的剪切力作用下，裂纹扩大，并沿着最大剪切应力的方向扩展到表面。当剪切次数达到临界值时，裂纹就发展到使少量的材料从表面上脱落下来，金属表面出现点蚀、剥落。此时，滚动轴承的使用寿命也就终结了。而滑动轴承的黏附磨损和磨粒磨损在一开始运转时就出现，并使轴承逐渐损坏，可用磨损量来衡量磨损情况。

滑动接触会产生黏附磨损和磨粒磨损，是由于两微凸体接触时，一个微凸体或者两个同时在压力下产生塑性变形而让过，不发生黏结和擦伤。经过多次的这种接触，就会出现疲劳而折断，形成磨损碎片。

影响疲劳磨损的因素很多，有金属的质量、表面硬度、粗糙度和润滑油的品质等。由于金属质量差，在金属中就会含有杂质及空隙等，当受到交变应力的作用时，杂质、空隙的尖角处容易产生裂纹，形成早期破坏。润滑油的品质对疲劳磨损有影响，在其他品质相近的情况下，增大黏度能延缓出现损坏的时间。四球机试验结果表明，当黏度从 $50mm^2/s$ 增加到 $650mm^2/s$ 时，损坏时间比原来的长 3 倍，在有润滑油的滚动接触过程中，材料表层受到周期性载荷作用引起表层塑料变形，致使表面硬化，最后在表层出现初始裂纹。初始裂纹向与滚动方向呈小于45°的倾角方向发展，并由表及里扩展。当润滑油浸入裂纹中后，若滚动物体的运动方向与裂纹端部方向一致，滚动物体接触到裂纹口时，将裂口封住，使裂纹内的润滑油产生很大压力，迫使裂纹扩展，最后扩展到一定深度，在载荷继续作用下，裂纹与表面间的小金属块折断，形成痘斑状凹坑。

当两个滑动表面接触时，通过接触点传递正向和切向力。较硬表面的微凸体，在滑动时会使软表面发生塑性变形，由于传递力的反复作用，表面的塑性变形增大，因而引起次表面出现空隙。在力的反复作用下，空隙增大，并与相邻的空隙连接形成裂纹，当裂纹发展到一定长度就会延伸向表面，最后使表面层脱落，形成长而薄的磨损碎片。

4）腐蚀磨损

在摩擦过程中，表面金属材料与周围介质发生化学反应或电化学反应，引起金属表面的腐蚀产生剥落，称为腐蚀磨损。腐蚀磨损经常发生在高温或潮湿的环境中，更容易发生在有酸、碱、盐溶液等特殊介质环境中。按腐蚀介质的不同类型，又可分为氧化磨损和特殊介质下的腐蚀磨损。当摩擦是在腐蚀性环境中进行时，摩擦表面会发生化学反应，并在表面上生成反应物。一般情况下，反应物与表面黏结不牢，容易在下一步的摩擦过程中被擦掉，露出新的金属表面又生成反应物，这样不断循环下去，金属表面便被逐渐磨损。腐蚀磨损过程极为复杂，反应物的生成与环境中含有的成分有关。

使用润滑油能防止金属表面遭受环境中腐蚀物质的损害，但是如果有水分或者腐蚀性物质落入油中，以及油品氧化变质都会使油的腐蚀性增大。

腐蚀作用会增大机器的磨损，但在一定条件下又可利用腐蚀作用来减少磨损。例如，在齿轮油中加入化学活性高的腐蚀性极压添加剂，其中含有相当比例的硫、磷、氯元素，能与金属作用生成保护层——极压膜，防止因金属直接接触而出现烧结。

❷ 影响磨损的因素

磨损是一个多因素在摩擦表面相互作用的过程，摩擦副的材料及加工处理方法不同，其工况条件不同，磨损的形式和磨损速度就不同。影响零件表面磨损的因素有表面膜的状态、温度、负荷、金属的结晶构造等。实际工作中这些因素之间关非孤立的，相互间都有影响。

1）表面膜的影响。

摩擦磨损是发生在机械零件的表面层，因此覆盖在零件上的表面膜对磨损有很大影响。多数金属都是覆盖着氧化膜，即使刚刚经过机械加工裸露的清洁金属表面，在很短的时间内就能在表面生成5~50个分子层厚的氧化膜。当覆盖于表面的氧化层在摩擦过程被擦去时，几乎与此同时就会在新露出的金属面上产生一单分子氧化层。只有在负荷很小的情况下，氧化层才可能防止金属的直接接触，氧化层能防止金属接触面积的增大，因而能降低摩擦及磨损。

（1）边界润滑。边界润滑是指两摩擦面间有油膜，但油膜厚度又不足以完全防止微凸体接触的情形。很多机械是在边界润滑条件下工作的。有的机械虽然设计在液体动压润滑条件下工作，但油膜厚度是速度的函数，在起动和停车过程中速度较低，油膜厚度变薄，不足以使两摩擦面完全隔开，就会出现边界润滑。润滑油中的添加剂与金属表面生成的吸附膜能够限制金属表面微凸体的接触和限制接触面的扩大，因而可减缓机械的磨损。边界润滑剂的效能与其流变性关系不大，主要取决于它的化学性能。例如液态脂肪酸的效果就比碳链长度相同的醇类好，因为活性较强的脂肪酸，化学吸附作用更强，在金属表面形成了一层固态金属皂膜。在润滑条件更加苛刻的双曲线齿轮中，脂肪酸及醇会因接触处的局部温度过高而失效，因此在齿轮油中加入了含硫、磷、氯等元素的化合物，它们在正常温度下是稳定的，但在温度较高的接触点会与金属作用，生成硫化铁、磷化铁、氯化铁等保护膜，防止微凸体烧结，使黏附磨损降到最低的程度。

(2)固体润滑剂。固体润滑剂多使用于轴承表面，可采用树脂黏附的方法，或以粉状形式在低负荷下加入摩擦面间，被吸附在金属表面，最后形成完整的连续覆盖膜。也可以将粉末状的固体润滑剂加在润滑油中，最后摩擦面同样获得一固体润滑剂的覆盖层。固体润滑剂也可以用于汽车发动机的磨合过程，将它加在发动机机油中，在金属表面生成薄膜，减少金属接触及防止连接点的扩大，并能形成一低剪切强度的界面。固体润滑剂可用于润滑油、润滑脂不适用的情况，如高温高真空等，也可用于像汽车发动机漏油等紧急情况的短期润滑。

(3)其他表面层。在金属表面镀上一层抗磨的金属能降低摩擦面间的磨损。钛和铬都是很硬的金属，它们的镀层曾成功地用来保护汽缸衬筒及曲轴等。这类以钛、铬、铁等为基础的硬表面的抗磨层，具有很好的热—硬性能及抗腐蚀性能。软金属膜(如铟、铅等)曾经用在硬金属基体上，以降低摩擦及磨损。

除了在金属表面喷镀和熔结一层耐磨金属外，还有多种使金属表面起化学作用的方法可用来增强金属的抗磨性。如钢的磷化及硫化；铁的表面可用渗碳及渗氮的方法使之变硬；热处理也可以获得硬的表面层。

2)温度的影响

温度可以改变摩擦副材料的性能，金属材料的互溶性与温度有关。温度导致材料相变，对金属的摩擦、磨损性能也有极大的影响。摩擦面温度对磨损的影响主要有三个方面：

(1)温度升高使材料硬度降低，磨损增大；

(2)高温下周围气体的影响，大气中的氮与金属表面发生作用，形成硬表面层使磨损降低；

(3)温度升高润滑油易变质，限制了润滑油降低磨损的作用。

润滑油的氧化、热解是不可逆变化，所以高温下必须慎重考虑润滑剂的选用问题。

3)外界机械作用的影响

摩擦类型不同，可引起金属表面层塑性变形的特性变化和表面的磨损过程及磨损形式的变化。例如，滚动摩擦时，容易引起表面的疲劳破坏，最后表现为疲劳磨损；滑动摩擦时，可能导致黏着现象和氧化过程的发展，最后表现为黏着磨损和腐蚀磨损的结合。相对滑动速度对磨损过程也有很大影响，可导致不同的磨损形式。因为相对滑动速度可使摩擦时金属表面变形速度改变，也使因摩擦而产生的温度梯度改变，而这两种改变则对摩擦表面的黏着和氧化过程的产生和发展具有决定性的作用，通常存在着由一种磨损形式过渡到另一种磨损形式的临界速度。

载荷对金属表面层所发生物理过程的特性也有很大影响，载荷的大小将改变摩擦表面实际接触面积的大小，并直接影响摩擦和磨损过程的表面层厚度以及磨损的过程，也同样存在着由一种磨损转化到另一种磨损的临界单位压力。负荷增加会使摩擦力增加，进而引起温度升高;负荷增大会使摩擦面的磨损增大。载荷和转速对发动机磨损强度影响的规律表明,单位时间内的磨损量随速度和载荷的提高而增大,载荷又随着汽车总质量的增加和道路条件的恶化而增加。在其他条件一定时,发动机单位行程磨损量与曲轴转速相关,在转速大于或小于最佳值时,单位磨损量可增大25%。

4)金属相容性的影响

摩擦副材质及其加工方法对磨损的影响与材质本身的力学性能、物理性能和化学性能有关,也与这些材料的性能及在摩擦和磨损过程的变化有关。金属相熔性是指金属互相熔解的能力,同类的金属互相熔解的能力最大。摩擦副的金属材料,应选择相容性小的,这样金属不易相互黏结,磨损也就小。因此,在边界润滑条件下工作的轴承,其摩擦副的材料不应选择同类金属。由于轴颈材料一般是钢或铸铁,与钢体有低黏着趋势的材料是银、镉、铟、锡、金、铅、铋等,而其中以锡、铅最适合作为轴承材料,它们质地柔软,弹性变量低,嵌入性和适应性好。

上述磨损类型以及影响因素等,在实际工作中都不是独立的发生,而是以综合的形式出现,例如:在发动机中的磨损就是这样的。一台新的发动机,在运转前,各摩擦副并未配合好,这有许多因素,如装配不当,摩擦表面有凸出点等;而且轴承间隙开始很小,致使具有润滑、冷却、密封三重作用的润滑油流量不足,摩擦较大,轴承温度比正常时高。

发动机的磨合就是消除表面的凸出点,使摩擦副的表面能密切配合,并使表面硬化,以获得较高的抗磨性。在磨合期内,发动机的磨损比正常运动时大很多,这是因为加工后零件表面有较多凸出的微凸体接触;装配不当使接触不均匀,局部接触处承受压力增大,较高的温度也使磨损率增大等原因造成的。如果磨合过程顺利的进行,摩擦面的凸出点就会被黏附磨损和塑性变形逐渐消除;零件经磨合接触面逐渐地增大,当其等于设计的接触面积时,接触压力就会降低;在磨合期内,摩擦损失逐渐减小,轴承间隙也逐渐增大,润滑油流量增大,使表面温度降低,直到达到发动机正常稳定状态的磨损率。另外,在新发动机中,还有铸造过程遗留在机器中的少量砂粒,机械加工过程中留下的磨屑等都必须从润滑油中滤掉,以防止擦伤零件。

经过磨合的发动机,磨损的主要来源是擦伤及腐蚀。磨粒磨损可用防止外部颗粒进入和有效地过滤润滑油等办法使之降到最低水平,而腐蚀磨损虽然由于近代的润滑油制造工艺能使它大为减小,但仍然是发动机汽缸、活塞环等磨损的主要原因。油品中的硫是产生腐蚀的原因之一,燃烧产物二氧化硫和三氧化硫与水反应生成亚硫酸和硫酸。在发动机冷却下来以后,这些酸性物质凝结在汽缸壁上,生成亚硫酸铁和硫酸铁等磨损性产物。再次起动发动机时,活塞就会将腐蚀产物磨下来,特别是开开停停的短途行驶车辆更容易造成腐蚀磨损。

发动机的这种磨损原理,曾用两台发动机进行过程对比试验而得到验证,一台连续运转,一台间歇运转,其余条件都相同:间歇运转的发动机在每次停车后均让其冷却下来。试验结果表明,后者汽缸的磨损率比前者大许多倍。在连续运转中曾发现活塞与汽缸之间,除上止点及下止点外,均能存在液体动压润滑,上下止点位置时,活塞运动速度为零,属边界润滑,磨损量较大,而且上止点位置的磨损量更大,因为下止点的温度较低,可利用的润滑油也较多。

发动机活塞与汽缸之间的磨损,说明不同类型的磨损机理在不同程度下的综合作用,摩擦表面间的材料受到黏附、擦伤、腐蚀及疲劳等作用被磨损下来。各种磨损机理在磨损过程中所起的作用,随所处位置、环境情况、速度、负荷、温度及润滑效能等而异。

❸ 减少磨损的途径

从磨损理论研究和生产中所获得经验表明,可以从以下几个方面着手分析减少磨损的途径。

1)材料的选配

磨损失效是机械零件中失效的重要模式,因此在选择零部件的材料时,不仅要考虑强度、工艺性、经济性等,还要把材料的耐磨性作为重要的选材依据。材料的耐磨性,是指材料在一定工况条件下抵抗磨损的能力,考虑耐磨性,并不是认为材料硬度愈高愈好,而是要综合考虑材料的硬度、韧性、互溶性、耐热性、耐腐蚀性等性质。

发动机运转中小磨损是不能避免的,设计轴承时将轴承的一种元件选用磨损率低的材料,与之相匹配的另一元件是替换的,则选用磨损率较大的材料。例如,发动机的曲轴是较硬的钢材,与之相配的轴瓦是较软的且价廉的金属,如铅—锡合金,铜—铅合金,铝—锡合金等。当曲轴轴颈形状略有不规则或装配不当时,会在局部区域产生较高压力,而软金属轴瓦容易变形,使局部区域的较高压力重新分布,它还能吸收外来的磨损性磨粒,防止发生磨料磨损。软金属的熔点较低,一旦发生润滑系统故障时,轴承缺油润滑,温度上升,轴瓦表面的软金属先熔,不至于使较贵重的曲轴遭到损坏。

2)润滑

润滑状态对磨损值有很大的影响,试验证明,边界润滑时磨损大于流体动压润滑;而流体动压润滑时磨损又大于流体静压润滑。在润滑油/脂中加入油性和极压性添加剂能提高润滑油膜吸附能力及油膜强度,因而能提高抗磨损能力。

3)强化处理

在选用通用材料的基础上,为了使材料表面强化,耐磨损,使高性能与经济性较好的结合起来,可采用各种表面强化方法。例如滚压加工表面强化处理,即能降低表面粗糙度值,又可以提高表面的硬度20% ~50%和增加表面层的残余应力40%以上,延长零件的使用寿命。采用各种热处理方法,如渗碳、氮化、氰化等以及电火花强化或塑料涂层,也可以提高摩擦副的耐磨性和抗腐蚀性。

4)结构设计

摩擦副正确的结构设计是减少磨损和提高耐磨性的重要条件,为此,结构设计要有利于摩擦副间表面保护膜的形成和恢复,压力的均匀分布,摩擦热的散发和磨屑的排除,以及防止外界颗粒灰尘等的进入。此外,结构设计中还可以应用转换原理,即允许系统中一个零件磨损以保护另一个重要的关键零件。

5)精心使用和维护

汽车发动机及传动机构中较常见的故障,如机油灯亮、驱动桥齿轮异常磨损、噪声大等,这都与用油不当或超载运行有关,都会降低车辆的使用寿命。还有违规操作,没有按时维护等人为原因,也会加剧汽车摩擦副的早期磨损。因此要求车辆操作者精心维护,正确操作。

1. 本章节首先简单介绍了摩擦学的现状，并告知以往课本中的摩擦学知识在实际工作中的应用切合度较差。

2. 本章节第一部分介绍了摩擦相关的内容，包括摩擦的产生、摩擦分类、影响因素等。

3. 本章节第二部分介绍了摩擦相关的内容，包括磨损的分类，并介绍了较常见的四种磨损、磨损的影响因素及减少磨损的途径。

复习题

1. 减少磨损的途径有哪些？分别用通俗的语言加以阐述。

2. 影响磨损的因素有哪些？

3. 分别写出磨粒磨损、疲劳磨损、黏附磨损、腐蚀磨损及它们在发动机工作中出现的条件。

4. 分别介绍流体润滑、混合润滑、边界润滑的内容。

1. 进入汽车4S站/店或修理厂，从活塞缸壁处观察磨损情况，分析摩擦原理工作情况。

2. 查阅相关部件组成的汽车发动机轴瓦曲轴，活塞及缸壁等处配合偶的磨合情况。

3. 回顾所学相关知识，找出课本中内容在实际应用中容易产生的认识误区并加以分析。

4. 从汽车4S站/店或修理厂中找到因为润滑不良引起的“拉缸”、“划瓦”等发动机部件，加以观察并写出分析。

第二章 汽车深化保养相关油品知识

一 发动机机油

❶ 机油的功用

发动机工作时,各运动部件的接触表面间必然产生摩擦。一方面摩擦会使工作表面磨损,消耗发动机的功率;另一方面由于摩擦而产生大量的热可能使某些零部件变形,严重时可能导致发动机无法正常工作。因此,必须对各摩擦副进行有效的润滑。发动机润滑系统的作用是将清洁、并具有适宜压力和温度的机油送到摩擦表面。为保证发动机的正常工作,机油具有下面几个作用(目前中国国内看到的各种书籍中,对于机油的讲法各不相同,有四种功能、五种功能、六种功能之说,而且即使同样功能数的说法也不相同,但其核心内容是一样的。在此按使用频度最高的观点进行阐述)。

1)润滑作用

发动机曲轴的转速在2000~5000r/min,活塞的平均线速度达10~15m/s,在其摩擦表面形成油膜很困难。随着发动机功率的不断提高,负荷越来越大。发动机主要的摩擦副,有曲轴与主轴瓦、连杆与连杆轴瓦、活塞环与缸套、挺杆与凸轮等,发动机因摩擦副摩擦而损失的能量比例如图1-2-1所示。由于油膜覆盖使摩擦副间的相对运动具有较低的阻力,并使其磨损减至最低程度。活塞与缸套的工作条件恶劣,在其高温表面下,油黏度小,不易形成油膜,同时其往复运动的机械载荷不均匀,在做功行程其承压表面侧应力很大,供油方式是飞溅润滑,可靠性差,易产生“拉缸”;轴瓦的润滑靠油楔作用保证,在油膜很薄或因油路堵塞供油不

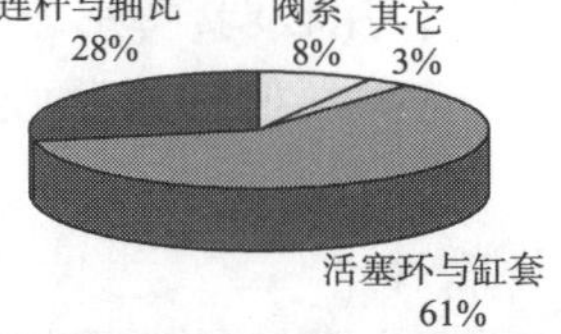

图1-2-1 发动机因摩擦损失能量比例

足时,易于磨损及至“划瓦”。减少摩擦阻力、降低磨损、减少动力消耗是机油的首要作用。

事实上,许多说法将此功能说成为“润滑与减摩”或“减摩抗磨”等。事实上应该是几种表现的一个综合。

2)冷却作用

发动机产生的热量,不论来自燃料的燃烧,还是来自金属零部件的摩擦都必须排出机体之外,否则,发动机会因温度过高而损坏。在发动机工作时,机油不断从汽缸、活塞、曲轴等摩擦表面吸收热量,并把热传递到温度较低的零件上。其中一部分热量消耗在曲轴箱中,大部分热量则传导至与冷却液接触的汽缸壁上,经冷却液带出机体散掉。一般的发动机的热效率是30% ~40% ,约三分之一的功率来驱动汽车行驶,约三分之一的热量被循环机油带走,约三分之一的热量被冷却系统散掉。值得注意的是:

(1)冷却作用是机油十分重要的功能。冷却功能在不同季节(春夏秋冬)的表现不同。

(2)随着汽车技术不断进步,发动机的功率不断增加的同时,发动机的零部件体积越来越小,对机油的冷却作用要求也越来越高。

3)清洁作用

发动机工作时,吸入空气所带来的尘土,燃烧后形成的积炭、机油氧化形成的胶质、摩擦产生的金属杂质聚集结合在一起就形成了所谓的油泥。而这些油泥会逐渐沉积在零件的摩擦表面上,使零件的磨损增大,活塞环黏结,发动机不能正常运转。含有清静分散剂的机油能把摩擦副表面的油泥带走,进入到曲轴箱中,再通过机油滤清器滤掉,这样往复循环可以保持发动机的清洁及正常运转。

4)密封作用

发动机的活塞和汽缸之间、活塞环与环槽之间都有一定的间隙,保证不同温度下活塞在汽缸中收缩或膨胀,都能灵活自如地运转。有了间隙就需要密封,如果间隙得不到密封 ,燃料蒸气就会通过间隙进入发动机曲轴箱,产生“窜气”(世界上所有的发动机都存在窜气现象,它不可能避免。所以在发动机上有一个汽油与机油消耗指标的对应关系,以后会详细提到),“窜气”即降低了发动机功率,又加速了机油氧化衰变。机油的功能之一就是起到密封作用。它添满了活塞与汽缸之间的间隙,形成油封阻止汽缸窜气,减少或避免曲轴箱机油内受燃料污染,同时保证了发动机的输出功率。

5)防锈防腐作用

发动机运转或存放时,机油中混进的水分及燃烧产生的酸性气体窜入曲轴箱中,对发动机产生锈化腐蚀作用,造成发动机提前损坏。同时机油自身氧化产物也会加剧上述问题。机油能吸附在零件金属表面,其组成中因为加有高碱值磺酸盐、酚盐,具有中和燃料燃烧时的酸性产物及机油氧化产生的有机酸和对氧化产物增溶的作用,从而防止酸性物质对金属的腐蚀.普通机油的防锈作用较弱,特别加有防锈保护剂的机油对金属表面的保护作用被大大加强。防锈分子的极性一端能够紧紧吸附在金属表面,形成密集排列,防止水对金属的接近。

6)消除冲击负荷/缓冲

机油能够消除轴承和发动机其他零件间的冲击负荷作用。在发动机压缩行程终了时,汽缸压力急剧上升到16MPa,这相当于一个几万牛顿的作用力突然加到活塞、活塞销、连杆、曲轴和其他轴承上,这个冲击负荷经过轴承传递时,轴承间隙里的机油承受了冲击负荷,起到缓冲作用。

随着汽车发动机技术的不断发展,机油的工作环境越来越苛刻。机油在发动机中经常与高温零件接触,如汽缸壁上部温度在 180～270℃,曲轴箱中平均油温为 90℃。在这样高的温度下机油会剧烈氧化变质。燃烧产生的废气在汽缸密封不严的时候会串入曲轴箱,和冷凝的水分一起形成酸性物质,严重污染并腐蚀发动机。此外,由于灰尘、磨损下来的金属碎屑、燃烧后产生的积炭等都会严重污染机油,因此,要求机油必须经过深度精制,并加有各种改善机油使用性能的添加剂。对机油的性能主要要求如下:①适宜的黏度;②清净分散性能好;③酸中和性能好;④氧化安定性好;⑤抗磨性好;⑥抗腐蚀、防锈性好。

❷ 发动机机油的分类和规格

机油严格按照黏度等级和质量等级进分类,即描述一种机油即要说明黏度等级,又要说明质量等级。国际上机油产品标准含有黏度标准和质量标准两部分内容。黏度标准在国际上已完全统一,均执行美国汽车工程师学会(SAE)分类,而质量标准则因发动机使用工况的不同而有不同的分类和规格。机油产品质量标准是随发动机工业发展而变化的,而环境保护法规、节能要求和交通行驶条件的变化又直接影响和推动发动机工业的发展。节能、环境保护、延长换油周期,又推动了机油质量标准的升级换代。美国石油学会(API)标准和欧洲汽车制造商协会(ACEA)标准已被世界上绝大部分国家认可并采用。目前中国的标准与 SAE 和 API 标准几近相同。

1)SAE 黏度分类法

目前国际上机油黏度等级均执行美国 SAE J300 标准。而此标准分别在 1984、1987、1994、1997、2001 年中都进行了不同内容的变化,美国和欧洲现在使用的是 SAE J300—2007 标准,中国是 SAE J300—1994(注意:表面看中国机油都是满足 SAE 的黏度等级标准,但事实上,国内标准与国外标准的确定时间不同,内容也不同)。按照 SAE 黏度分类法,机油有单黏度级和多黏度级之分。只能满足一组黏度要求的机油为单黏度机油,包括单级冬季机油和单级夏季机油。能满足两组黏度需要的机油则为多级油。

冬季用油有:5W、10W、15W、20W、25W,符号 W 表示冬季,W 前的数字越小,其低温黏度越小,低温流动性越好,适用的气温越低。夏季用油:20、30、40、50,数字越大,黏度越大,适用气温越高。

多级油:5W/20、5W/30、5W/50、10W/40、15W/50、20W/40 等。代表冬季部分的数字越小,代表夏季部分的数字越大,则黏温特性越好,黏度指数越高,适用的温度范围越广。国内现在全部采用多级机油。

注意:车用机油的性质由添加剂、黏度等级和质量等级决定。尽管车用机油的台架评定是机油行业和 OEM 已经接受的规则,但新标准的推出越来越快,发动机评价的项目越来越多,费用越来越贵。如 CH—4 机油台架一次全部通过的费用近 30 万美元,更不用讲多次通过一个台架。所以现在的机油企业基本上采用黏度延伸准则和基础油互换准则生产机油。因此,标注同一标准的国内机油的质量相差也较大。

2)API 质量分类法

机油质量标准不断变化，目前被普遍认可的是API、ACEA、ILSAC三种规格。ACEA、ILSAC是在API基础上分别增加了各自的要求。API是美国标准，ACEA是欧洲标准。总体来说，欧洲规格比美国更严格，这与欧洲汽车行驶速度快、机油油底壳小、比功率大、热负荷高、工作条件比美国更苛刻有关。

美国汽油机机油质量等级分类是按SAE J183即API标准进行，评定的关键的指标是MS程序台架评定试验。按照API质量分类法，发动机分为汽油机机油系列（即S系列）和柴油机机油系列（即C系列），每个系列的油品按英文字母顺序排列分为若干级别，如：SA、SB、SC、SD、SE、SF、SG、SH、SI、SL、SM和CA、CB、CC、CD、CE、CF、CH等。按英文字母顺序越靠后的字母，表示的级别越高。目前，汽机油最高级别为SN级，柴机油为CH-4。SN级别机油是从2010年开始认证，用于2011年的新款车。

欧洲汽车制造商协会于1995年颁布了汽机油的ACEA TG标准，并在1996、1998年修订了相关内容。它比美国API标准增加了许多内容，诸如：①高温沉积；②阀系磨损；③黑色油泥；④高温高剪切黏度；⑤剪切安定性；⑥磷含量等。

国际润滑剂标准化及审查委员会ILSAC标准是美国汽车制造商协会AAMA制订的规格，除了要达到API相应油品等级的要求外，增加了节能台架实验（MS程序Ⅵ）和限制机油磷含量等性能要求。如2008年新颁布的GF—4规格中变动如下：①提高了燃料经济性要求；②为满足排放处理装置和抗磨性要求，硫和磷含量指标变得更加苛刻；③增加了乙醇汽油相容性试验：规定将机油与10%蒸馏水和10% E85溶液混合，要求在0℃和25℃下分别静置24h后没有分层，并且要求加热到110℃时无添加剂析出；④在老化油低温黏度试验中，要求更严格；⑤增加了橡胶相溶性试验，指标见表1-2-1。

橡胶相溶性试验指标要求 表1-2-1

项　目	橡胶类型 SAE J2643					试验方法
	聚丙烯酸酯 ACM—1	氢化丁腈橡胶 HNBR—1	硅橡胶 VMQ—1	氟碳橡胶 FKM—1	乙丙橡胶 AEM	
体积变化率（%）	-5~5	-5~5	-5~40	-2~3	0~30	ASTM D471
硬度变化 pts①	-1~10	-5~5	-20~10	-4~6	-10~10	ASTM D2240
抗拉强度变化率（%）	-30~30	-20~10	-45~0	-65~10	-30~30	ASTM D412
扯断伸长变化率（%）	-45~5	-35~0	-40~0	-60~10	-45~5	ASTM D412
伸长50%时抗拉强度变化率（%）	-20~65	-10~35	-50~10	-30~40	-20~65	ASTM D412

①美国橡胶硬度单位。

❸ 机油品质的判定标准/方法

机油品质的判断是通过一系列测试评定方法来确定的。每一个试验结果反映了油品的某一标准，综合各项试验数据，即可以全面衡量一个油品的品质。具体的讲，可以通过理化性能和使用性能来衡量。理化性能指油品的静态特性，如黏度、密度、酸碱值、机械杂质、组成分析、元素分析等；使用性能指油品的动态特性，即油品在实际使用中表现出来的特性，如润滑性、清净分散性、防腐防锈性。由于理化性能指标的测定比较简单，所需仪器也简单，消耗的人力物力较少，因而主要用作油品生产过程的质量控制手段，对于储存和使用过程中的油品，可以通过理化性能指标的测定来了解油品品质变化情况，因为使用性能发生了变化必然引起理化性能指标的变化。油品从研制到定型生产一般需要以下四类试验，这也是目前市场使用过程中需要的试验方法：

1）理化试验

这是检查油品品质的基本手段，油品的接收、储存、发运都必须有相关的理化性能数据。一旦油品定型生产，其理化性能指标也相应确定，如调配成成品油的基础油不同，则成品油的各项理化性能指标也有一定差异。

2）仪器分析试验

油品的化学组成不同，其性质也不同。不同的原油即使在相同条件下生产出来的成品，由于其化学组成不同，在理化性能和使用性能上也会出现差异，用仪器分析的方法就可以对油品内在的性能进行分析评定。使用精密仪器分析方法，如色谱法、原子光谱法、质谱法等，可对油品的化学组成、元素组成、分子结构及功能进行准确的分析。

3）性能试验/台架试验

油品在实验室专用试验机上，以固定或可变的负荷、转速及接近实际使用条件进行的试验称为性能试验。模拟试验具有设备结构简单、试验条件容易控制、试验时间短、费用低等优点，是新油品研制和质量改进的必不可少的手段，通过模拟试验筛选，淘汰性能差的油品，性能较好的再用台架评定和试验进一步验证。

台架试验往往是实际的全尺寸机械，并配合以试验仪表及设备，试验按工况进行，以消除油品在实际使用时的某些可变因素，便于及时发现问题、分析问题。试验结束后，要对油品进行分析，并测量与试油有关的主要零部件的磨损情况。台架试验对油品的研制和签定有重要的使用价值。

4）使用试验

在试验条件下通过试验使用来考察油品对发动机、车辆的适应性，找出油品质量衰变规律，这种试验消耗的人力、物力多，试验周期长，只有新油品在通过台架试验后，定型批量生产前才按要求进行。

使用试验影响因素很多，为获得可靠的符合实际的结果，应尽可能做到试验车辆的技术状态、工作条件、操作水平基本相同。此外，使用试验还应包括不同季节、不同地区、不同使用条件的试验。

4 机油的主要指标及其在使用上的意义

1）黏度

液体受外力作用移动时，液体分子间产生内摩擦力的性质，称为黏度。黏度是机油的一个主要指标，也是机油分类和选用的依据。机油的黏度过大或过小都不好。黏度过大时，发动机低温起动困难，并且起动时易出现短暂的干摩擦或半液体摩擦。机油黏度过大，还要多消耗能量，降低发动机功率，且其冷却作用和洗涤作用都要降低。机油黏度过小则不易形成足够厚度的油膜，零件得不到正常的润滑，会加大磨损。此外，黏度小的机油密封性能也不好，并使机抽的消耗增大。所以，选择机油时，黏度要适宜，即所选机油在发动机摩擦面上能够形成足够厚的油膜，在保证发动机正常润滑的情况下，尽可能选择黏度低一些的机油。

2)黏温特性

机油的黏度随温度的变化而变化。温度升高黏度变小，温度降低黏度变大。普通机油的这种特性正好和发动机对机油黏温性质的要求相反。机油的黏温特性用黏度指数来表示，黏度指数越高的机油越符合发动机的特性要求。

3)凝点

机油的凝点是指机油在一定试验条件下受冷后开始失去流动性的最高温度。机油的疑点直接影响发动机的低温起动性能。降低机油凝点的方法有两种：一是脱蜡，二是添加降凝剂。

4)抗氧化安定性

机油的抗氧化安定性是指机油在一定的使用条件下，抵抗氧化作用并阻止产生胶质的能力。机油氧化的速度和程度主要取决于机油的化学组成、温度，及空气接触面积的大小和金属的催化作用，温度越高、油层越薄，机油的抗氧化安定性越差。

5)机械杂质和水分

机油中混入机械杂质，会增加发动机零件的磨损和堵塞滤清器，机油中有水时，不但会引起发动机零件的腐蚀，而且水和高于100℃的金属零件接触时会形成蒸气，破坏润滑油膜，产生泡沫，使机抽乳化变质。严重时，还会使机油中的添加剂分解沉淀，所以，应严格限制机抽中机械杂质和水分的混入。

6)灰分

油品在规定条件下灼烧后所剩的不燃物质称灰分。灰分会增加发动机的积炭，增大零件的磨损，所以，机油中的灰分越少越好。

7)闪点

闪点表示机油蒸发强度及馏分组成。机油内易蒸发的轻馏分越多，其闪点越低。轻馏分在发动机工作过程中将蒸发和烧掉，增大机油的消耗，增加积炭的形成，因此要求机油有较高的闪点。

5 机油主要添加剂成分介绍

在汽车的发动机、自动变速器或手动变速器以及后桥使用的润滑油中部含有添加剂成分，同时，添加剂还应用于动力转向液、减振液和车用润滑脂中，满足特殊的润滑需要。添加剂在工厂设备的润滑中也得到应用。例如液压系统、机床、齿轮和其他机器上使用的润滑油和润滑脂中都有一定比例的添加剂。谈到添加剂的作用机理自然要和它的成分连在一起。总的来讲. 其成分主要有以下类型：

(1)黏度指数改进剂；

(2)清净剂；

(3)分散剂；

(4)抗磨剂；

(5)抗氧化剂；

(6)防锈剂；

(7)泡沫抑制剂；
(8)抗极压添加剂；
(9)摩擦改进剂；
(10)金属钝化剂；
(11)降凝剂；
(12)稳定剂。

1)黏度指数改进剂

润滑油的黏度指数是衡量润滑油黏度随温度变化而改变的参数,黏度指数改进剂是一种用来提高黏度变化比率的化合物,这些化合物能够随温度的变化而改变机油的黏度。低温时,黏度指数改进剂对机油的黏度影响较少;高温时,能够显著增加机油的黏度,拓宽机油正常使用的温度范围,使车用油品能够在各种气候条件下使用,而无须随季节进行调整。

黏度指数改进剂的配方含有多种成分,综合考虑了各种情况。某些单一的化学成分具有较好的增黏效果,但在低温条件下会引起机油不必要的稠化,起到相反的作用。同时,单纯提高黏度指数的成分会在机械剪切力的作用下失去作用,加入某种辅助成分会使黏度指数改进剂的抗剪切能力有显著的提高。此外,高级的黏度指数改进剂都具有多种功能,能同时起到清净分散剂和降凝剂的作用。

黏度指数增进剂在实际使用过程中要经受高温氧化,导致其热氧化分解。在发动机环槽周围,特别是在增压柴油机及高负荷汽油机中,聚合物在强酸、氧气存在下,要经受250℃以上的高温作用,在这种条件下引起聚合物解聚、裂解、氧化,造成黏度下降、酸值增加、环槽积炭增多、黏结等系列问题。大量的发动机台架试验证明,聚合物明显的对环槽周围的清净性造成负面影响,所以对多级油来说,要想等到比单级油同样的性能,必须多添加5%～10%的清净剂和抗氧化剂。所以热氧化安定性好的黏度指数增进剂对于多级机油是十分重要的。

黏度指数改进剂在机油、自动变速器传动液、动力转向液、后桥齿轮箱润滑油和手动变速器油中都有广泛的使用。

2)清净剂

清净剂起源于第二次世界大战以前,现在使用的清净剂的主要成分是金属盐。盐中的金属离子通常是钙、镁、钡等离子(例如磺酸钙)。

清净剂有两种主要的功能:一是它们可以和燃烧产生的固体杂质以化学方式结合,防止这些杂质在发动机内部集结形成沉积物。二是清净剂又是有效的酸中和剂,它能将由燃烧和氧化形成的酸性物质中和成无害的盐。衡量清净剂酸中和能力的指标是它的“TBN”数值,即碱性物质储备。TBN的数值越高,中和酸的能力越强。清净剂的TBN数值在0～400之间。

清净剂最主要的用途是添加到发动机曲轴箱的机油中,同时在自动变速器传动液、手动变速器润滑油及底盘润滑脂中也有使用。清净剂的作用是显而易见的,使用清净剂的发动机活塞有效地防止了积炭和胶质在活塞环区域的生成。在汽油发动机中,清净剂能有效地防止清漆在活塞裙部、气门挺杆、机油泵限压阀和其他发动机部件上生成。清净剂同时能够防止发动机关键部件生锈。

早期的发动机机油中广泛应用的清净分散剂是含有金属的磺酸盐、烷基酚盐、烷基水杨酸盐,称之为金属清净分散剂,其后发现了一种不含金属的添加剂,它具有优异的分散性能,为区别它们称为无灰分散剂。现在的主流是采用无灰分散剂。

3)分散剂

分散剂和清净剂的共同之处在于它们都含有清洁成分。但是,组成它们的化学成分却迥然不同。分散剂是无灰分物质(不含金属离子),清净剂却是金属盐。分散剂的主要功能类似磁力的排斥作用,它能防止机油中的微细杂质聚集成较大的颗粒,然后以油泥和清漆的形式沉积下来。

分散剂能抑制油泥、漆膜和淤渣等沉积,并能使这些沉积物以胶体状态悬浮于油中,分散剂提供的油溶性基体比清净剂大,能有效的屏障积炭和胶状物集聚,可使0~50nm的粒子胶溶,也可通过电荷斥力胶溶更大的离子使之分散于油中。分散剂的分散作用相当于清净剂的10倍,而聚合型分散剂,能在离子间形成较厚的屏障膜,胶溶高达100nm的离子。

分散剂又是一种表面活性剂,将一些油溶或不油溶的固体和液体溶解到胶束的中心去,即增溶作用。机油,特别是汽油机机油中的油泥是一些氧化产物进行聚合与冷凝水、杂质混合后生成,影响油泵和机油滤清器正常工作,而分散剂把它们络合成油溶性的液体而分散在油中。清净剂与分散剂能形成混合胶束。

分散剂在汽车工业中的应用相当广泛,在发动机曲轴箱的机油、自动变速器传动液、手动变速器润滑油、后桥齿轮润滑油和动力转向液中都有使用。

4)抗磨剂

抗磨剂可以被金属吸收,在金属摩擦表面扩展成膜。在重载条件下,使金属表面以化合物和化合物接触的形式摩擦,而不是金属和金属的直接接触。

抗磨剂的应用范围很广,在发动机曲轴箱的机油、自动变速器传动液、手动变速器润滑油、后桥齿轮润滑油、动力转向液和预加润滑油脂中都有使用。

5)抗氧化剂

抗氧化剂主要用来防止在高温或搅动情况下,油脂和空气中的氧气发生化学反应而变质,并能够抑制机油因氧化而造成的稠化。因为稠化的机油会加大泵油时的阻力,使机油泵不能泵出足够的油量,导致发动机轴承因润滑不足而磨损。尤其在冷起动的时候,因机油稠化造成的磨损更加严重。

抗氧化剂的应用极其广泛,几乎所有汽车工业的润滑产品中都含有这种成分。在发动机曲轴箱机油、自动变速器传动液、手动变速器润滑油、后桥齿轮润滑油、动力转向液、车身底盘润滑脂,减振液和预加润滑油脂中都添加抗氧化剂。

6)防锈剂

许多车主为车身外壳上的生锈和腐蚀问题所困扰。其实,发动机内部的生锈是更为严重的问题。发动机内部生锈会造成液压挺杆卡死、泄压阀无法启闭以及其他机械故障,并最终导致发动机、变速器、传动齿轮和轴承的损坏。

防锈剂极强的通用性和非凡的效果使其在汽车工业中的用途极为广泛。在发动机曲轴箱机油、自动变速器传动液、手动变速器润滑油、后桥齿轮润滑油、动力转向液、车身底盘润滑脂、减振液和预加润滑油脂中都添加防锈剂。

7)泡沫抑制剂

对发动机来说,机油起泡是一种潜在的危害。泡沫能够破坏金属摩擦表面间的液体油膜,使发动机零件因润滑保护不足造成毁坏性磨损。要想消除或减少这种危害就必须在机油中加入泡沫抑制剂,通过减少油品的表面张力抑制泡沫的生成。此外,泡沫抑制剂还能够防止机油从油底壳中溢出,并通过减少系统中夹带的空气来防止机油的氧化。

泡沫抑制剂在以下润滑油品中得到应用:发动机曲轴箱机油、自动变速器传动液、手动变速器润滑油、后桥齿轮润滑油和动力转向液。

8)抗极压添加剂

抗极压添加剂,顾名思义就是一种在极大的压力负荷下减少零部件磨损,保护发动机的添加剂产品。这些化合物的功能如同抗磨添加剂一样,通过在金属表面形成一层黏附性的保护膜,像固体润滑剂那样在高温和极压条件下防止金属之间的摩擦接触。所不同之处在于抗极压添加剂形成的保护膜能承受更高的压力和温度。

抗极压添加剂主要在齿轮、变速器的润滑油或润滑脂中使用,同时在发动机机油、动力转向液、车身底盘润滑脂和减振液中使用。

9)摩擦改进剂/油性剂

现在关于摩擦改进剂的研究越来越多,因为几乎所有人都注意到减少发动机和齿轮箱润滑油摩擦阻力所带来的经济上的好处,在经历了石油危机之后,摩擦改进剂的地位更加重要。摩擦改进剂在自动变速器传动液、动力转向液、限滑差速器润滑油和减振液中得到普遍使用。

油性剂在边界润滑条件下起增强润滑油的润滑性,降低摩擦系数和防止磨损,通常是动植物油或在烃链末端有极性基团的化合物,对金属有很强的亲和力,通过极性基团吸附在摩擦面上,形成分子定向吸附膜,阻止金属间相互接触,目前把能降低摩擦面的摩擦系数的物质称为摩擦改进剂,其定义范围比油性剂更为广泛。油性剂吸附膜大多数是物理吸附膜,物理吸附膜是可逆的,温度升高后将脱附,因此油性剂只能在温度较低、负荷较小的情况下有效。

10)金属钝化剂

金属钝化剂是一类特殊的化合物,主要用来消除其他添加剂的副作用,保护非铁类金属(主要是铜)不受润滑油中其他添加剂可能带来的腐蚀性侵害。金属钝化剂通过两种方法达到上述目的:在金属表面形成带有极性的保护膜或钝化其他添加剂的腐蚀作用。

金属钝化剂通常在自动或手动变速器中使用,在后桥齿轮润滑油和动力转向液中也有使用。

11)降凝剂

降凝剂主要用来控制低温条件下油品中蜡质的结晶趋向,防止润滑油在整个系统中凝固。含蜡油品在低温下失去流动性,使高熔点的固体烃分子的定向排列,形成板状或牌状结晶互相连接,形成三维的网状结构,同时将低熔点的油通过吸附或溶剂化包于其中,致使整个油品失去流动性。降凝剂不能改变油品析出石蜡的数量,但能够吸附在蜡表面或共晶,对蜡晶的生长方向及形状产生作用,从而阻止蜡晶粒间的黏接作用,抑制了蜡形成三维网状结构,使倾点降低。降凝剂的降凝效果与基础油有密切的关系,同一降凝剂在不同基础油中的感受性不同。降凝化学结构对降凝效果影响很大。

降凝剂在大多数汽车润滑油品中得到应用,在发动机曲轴箱机油、自动变速器传动液、手动变速器润滑油、后桥齿轮润滑油和动力转向液中都添加有降凝剂。

12)染色剂和稳定剂

染色剂的功能是改变润滑油的颜色,以便于区分润滑油的不同种类和用途。稳定剂的作用是保持润滑油原有的色泽,防止润滑油因氧化变质而颜色变暗。染色剂多用在自动变速器传动液和动力转向液中,作为颜色标志指示正确的应用。同时,染色剂还起到指示系统渗漏的作用。相对润滑油而言稳定剂更多地应用于燃油中。

13)抗泡剂

泡沫是指油品生成泡沫的倾向性及泡沫的稳定性。润滑油容易受到配方中的活性物质的影响,特别是含有极强性添加剂的车辆齿轮油,在曲轴、连杆等的搅拌作用下,会混入空气,在界面张力作用下形成泡沫。

抗泡沫剂的作用机理是有效降低泡沫的表面张力,常用的硅油抗泡剂不溶于油,以高度分散的胶体粒子状态存于油中,吸附在泡膜上,然后浸入泡膜,继而在泡膜上扩张,使膜越来越薄而破裂。

14)抗乳化剂

乳化是一种液体在另一种液体中紧密分散形成乳状液的现象,它是两种液体的混合而并非溶解。抗乳化剂是从乳化物质中把两种液体分离开的过程。润滑油的抗乳化性是指油品遇水不乳化,或虽乳化但经过静置,油水能迅速分离的性能。常用的润滑油的抗乳化剂是胺化物的环氧乙烷等。

以上关于添加剂的种类和应用主要针对轿车而言,因为读者对此类汽车更熟悉一些。但整个汽车工业包括各种各样的汽车:旅游车、货车、大客车、农业汽车和设备、建筑专用车以及摩托车、高尔夫汽车和雪地汽车等。在许多方面,它们对润滑的要求和轿车相比差别不大,所以,添加剂配方只须做部分调整就可以适应广泛的用途。

二 自动变速器油

我们常讲的自动变速器油(ATF)事实上是液力传动油的一个部分。液力传动基于欧拉方程,以液体动量矩的变化来传递动力。液力耦合器或液力变矩器由于可以平稳传递动力,在汽车传动领域得到广泛应用,矿物油是其最常用的工作介质,称为液力传动油。ISO曾在20世纪80年代将液力传动油按照用途分为HA和HN两种,其中HA油用于自动传动系统,HN用于联轴节和转换器。API和ASTM对于含自动变速系统的润滑油曾提出了一个建议规格。

1 常规自动变速器油

液力传动油发展最快的是汽车自动传动液,ASTM和API将自动传动液按使用分类,参见表1-2-2。

自动传动液的使用分类　表 1-2-2

分　类	相应规格	适用范围
PTF-1	通用汽车公司 GM:DEXRON Ⅱ-D、Ⅲ、Ⅳ;福特汽车公司的 FORD:MERCON,NEW MERCON	适用于轿车、轻型货车的自动传动装置
PTF-2	埃列逊公司 ALLISO:C-3、C-4;汽车工程学会:SAE J1285—80	适用于重负荷货车、农业用车、越野车的自动变速器,多级变矩器和液力耦合器
PTF-3	约翰狄尔公司:J-20B、J-14B、JDT-303;福特汽车公司:M_2CA	适用于农业、建筑和野外机械的分动箱传动装置及液压、齿轮、制动和发动机共用的润滑系统

由于汽车自动变速器技术不统一,汽车自动传动液(ATF,俗称自动变速器油)规格以变速器厂商 OEM 各自的规格为主,其内在质量要求很高,主要规格包括德国的 ZF 规格,美国的 Allison C－4 规格,美国的 Caterpillar TO－4 规格,美国 GM 公司的 DEXRON 规格,以及美国 FORD 公司的 MERCON 规格。表 1-2-3 列出了国外主要的液力传动油规格和性能要求。

国外主要的液力传动油规格和性能要求　表 1-2-3

项　目	Allisonc-4	Caterpillar TO-4	DEXRON Ⅲ	MERCON Ⅴ
运动黏度(mm^2/s)	满足 SAE J300 要求,ATF 满足 DEXRON Ⅲ	满足 SAE J300 要求	—	6.8(100℃)
低温布氏黏度	报告 3500mPa・s[①]时的温度	—	不大于 20000mPa・s(－40℃)	不大于 20000mPa・s(－40℃)
铜片腐蚀	不变黑	1a(100℃,3h)	1b(150℃,3h)	1b(150℃,3h)
潮湿箱试验	40℃,50h,通过	175h,通过	—	—
锈蚀试验	通过	—	通过	通过
氧化试验	通过 THOT	通过 THOT	通过 THOT	通过 THOT
泵失重最大(mg)	(Vickers 104c)15	(Vickers vq25a)90	(Vickers104c)15	—
抗磨试验,FZG	—	10 级,20h,,磨损小于 100mg	—	—
摩擦特性试验	SAE No. 2 片式	Caterpillar VC70	SAE No. 2,片式,带式	SAE No. 2 片式

注:①黏度的法定计量单位,毫帕・秒。

各规格反映了液力传动装置对油品的性能要求,体现在黏度、氧化安定性、摩擦特性、抗磨性、腐蚀和锈蚀,只是评价方法略有不同而已。以最有影响的 GM 公司的 DEXRON 规格为例,在过去的 20 多年里,DEXEON 从Ⅱ到Ⅲ,再到Ⅲ H,现在到Ⅵ。整个过程就是向以与车辆同寿命为最终目标的更长使用寿命、以节能为目标的更低黏度方向发展。

传统的自动变速器经过几十年的发展,目前已有相对比较成熟技术,各汽车厂家的设计原理基本一致,但是在具体的设计细节上仍有各自的特点,这也是汽车生产厂家间追求所谓个性和风格不同的表现。具体主要体现在摩擦片选择上的不同,和密封件上的橡胶材料的不同。体现在 ATF 上，密封件的配伍性还好解决，而摩擦片的选择材料上的差异，即部件的摩擦系数不同，对 ATF 的影响要大一些。随着自动变速器性能的提高及各 OEM 发展的风格不同，对 ATF 的要求越来越高，且各 OEM 规格间的差异性也越来越大。为了防止用户用错油造成车辆的损坏，现阶段的市售产品规格应为 DEXRON Ⅲ + NEW MERCON + Allison C4 + JASO 1A，目前确实有这样的产品满足此种规格要求。

汽车自动传动液的分类规格比较复杂，由各汽车和变速器生产厂家制订专用规格。具有代表性的 ATF 规格有：适用于轿车的 DECRON 和 MERCON 规格，适用于重负荷车辆的 Allison C 规格和 Caterpillar TO-4 规格，具体要求参表 1-2-4、表 1-2-5（其他标准略）。

美国通用汽车公司汽车自动传动液规格指标

表 1-2-4

序号	项 目	DEXRON ⅡD	DEXRON ⅡE	DEXRON Ⅲ	试验方法
1	颜色	无要求	6.0～8.0 号	6.0～8.0 号	ASTM DI500
2	元素分析	无要求	报告 Ba，B，Ca，Mg，P，Si，Na，Zn，Cu，S，Al，Fe，Pb，$\times 10^{-6}$	同左，增加 CI（ASTM D808）N（ASTM D3228）	ASTM D4951，ASTM D129
3	红外光谱	无要求	报告	同左	ASTM DE168
4	混溶性	与参考油 GM factory Ⅲ试验结束无分享及颜色变化	同左	同左	FTM791C3470 方法
5	运动黏度	新油无要求，但氧化试验后 100℃黏度应低于 5.5mm^2/s	报告 40℃运动黏度	同左	ASTM D445
6	闪点	不低于 160℃	同左	不低于 170℃	ASTM D92
7	燃点	不低于 175℃	同左	不低于 185℃	ASTM D92
8	布氏黏度	－23.3℃不超过 4000mPa·s；－40℃不超过 5000mPa·s	－10℃报告；－20℃不超过 1500mPa·s；－30℃不超过 5000mPa·s，－40℃不超过 20000mPa·s	同左	ASTM D2983
9	铜片腐蚀	无变黑剥落	同左	1B	ASTM D130（150 3n）
10	钢棒锈蚀	通过	同左	同左	ASTM D665（A）
11	锈蚀	试验面无任何锈蚀或腐蚀（38℃，50h）	同左	同左	ASTM D1748（喷砂表面）
12	泡沫	95℃无泡沫，135℃泡高不超过 10mm，135℃消泡不超过 23s	95℃无泡沫，135℃泡高不超过 10mm，135℃消泡时间不超过 15s	同左，135℃泡高不超过 10mm	GM 6137《M 附录 G Ⅱ D》，GM 6137《M 附录 A Ⅱ E》
13	磨损试验	原用动力转向泵试验后改用维克斯泵，总失重不大于 15mg	维克斯泵总失重不大于 15mg	同左	ASTM D2882（6.9MPA，80℃）

续上表

序号	项　目	DEXRON ⅡD	DEXRON ⅡE	DEXRON Ⅲ	试验方法
14	橡胶试验	V(%)硬度(Pts)丁腈胶1~5　0~5 聚丙烯酸酯0~10　0~5;硅橡胶0~5　0~10	V(%)硬度(Pts)聚丙燃酸酯5~12　-8~1 丁腈胶0.5~5　-3~6 聚丙燃酸酸2~7　-4~4 氟橡胶0.5~5　-5~6 硅橡28~45　-30~13 乙燃—丙烯酸酯橡胶19~30　-18~-9	同左	ASTM D471《ⅡD》 ASTM D471ⅡE
15	片式离合器试验	A 通过100h运行 B 离合器片无异常磨损或剥落, C24-100h 期间:(1)中点动转矩在115~175N·m之间;(2)静转矩不超过动转矩14N·m;(3)啮合时间应在0.45~0.75s之间	A 通过100h运行 B 离合器片无异常磨损或剥落,C24-100h 期间:(1)中点动转矩在150~180N·m之间;(2)最大转矩与中点转矩差不超过动转矩30N·m;(3)啮合时间应在0.45~0.60s之间;(4)最大转矩必须大于150N·m;(5)报告结束转矩	A 通过100h运行 B 离合器片无异常磨损或剥落, C10-100h 期间:(1)中点动转矩在150-180N·m之间;(2)最大转矩与中点转矩差不超过动转矩30N·m;(3)啮合时间应在0.45~0.55s之间;(4)最大转矩必须大于150N·m;(5)报告结束转矩	SAE NO.2 试验机
16	带式离合器试验	不要求	A 通过100h运行 B 离合器与鼓无异常磨损或剥落,结果等于或优于参考油C24-100h 期间:(1)中点动转矩在145~220N·m之间;(2)最大转矩与中点转矩差不超过动转矩80N·m;(3)结束转矩必须大于150N·m;(4)啮合时间应在0.45~0.60s之间;(5)报告结束转矩	A 通过100h运行 B 离试验部件无异常磨损或剥落, C10-100h 期间:(1)中点动转矩在185~230N·m之间;(2)最大转矩与中点转矩差不超过动转矩80N·m;(3)结束转矩必须大于170N·m;(4)啮合时间应在0.35~0.55s之间;(5)报告结束转矩	SAE NO.2 试验机
17	氧化试验	A 通过300h试验 B 传动部件清洁,其状态应等于或优于参考油状态 C 总酸值增加小于7.0 D 羧基吸收峰增加小于0.80 E 排气氧含量不低于2% F 试验后油在-23.3℃黏度小于6000mPa·s G 试验后油100℃黏度大于5.5mm²/s H 冷却器铜合金无腐蚀	A 同左 B 同左 C 总酸值增加小于4.5 D 羧基吸收峰增中小于0.55 E 排气氧含量不低于4% F 试验后油的-20℃黏度小于3000mPa·s G 同左 H 同左	A 同左 B 同左 C 总酸值增加小于3.25 D 羧基吸收 峰增加小于0.45 E 排气氧含量报告 F 试验后油在-20℃黏度低于2000mPa·s G 同左 H 同左	ⅡD-THM-350 传动装置,ⅡE-4L-60 传动装置

续上表

序号	项　目	DEXRON ⅡD	DEXRON ⅡE	DEXRON Ⅲ	试 验 方 法
18	周期试验	A 通过 20000 周期运行 B 传动部件清洁，其状态应等于或优于使用参考油的状态 C 0.35s < 1—2 换挡的时间 <0.7s D 总酸值增加小于 6 E 羧基吸收峰增加小于 0.7 F 使用后油的 100℃ 黏度大于 5.5mm²/s	A 同左 B 同左 C 0.3s < 1—2 换挡时间 < 0.75s D 0.3s < 2—3 换挡时间 < 0.75s E 报告 3—4 换挡时间 F 羧基吸收峰增加小于 0.35 G 试验后油的 100℃ 黏度应大于 5.0mm²/s H 使用后油在 −20℃ 黏度不大于 2000mPa・s	A 同左 B 同左 C 同左 D 同左 E 同左 F 总酸值增加小于 2.0 G 羧基吸收峰增加小于 0.30 H 同左	ⅡD-THM-350 传动装置，ⅡE-4L-60 传动装置
19	换挡感觉	应与使用参考油时相同	应与使用参考油时相同	应用使用参考油时相同	ⅡD 采用 1988 年 (4L-60 传动装置)，ⅡE 采用 1991 同类产品

美国福特汽车公司汽车自动传动液规格指标　　表 1-2-5

序号	项　目	MERCON	NEW　MERCON	试 验 方 法
1	混溶性	两种参考油在试验后无分享和颜色变化	同左	
2	元素分析	报告 Zn,P,Mg,Ca,B 的含量	报告 Al,B,Ba,Ca,Ci,Cu,Fe,Mg,N,Na,P,Pb,S,Si,Zn 含量	
3	运动黏度 100℃	不低于 6.8mm²/s	同左	ASTM D445
4	闪点	不低于 180℃	不低于 177℃	ASTM D92
5	布氏黏度	−18℃ 不超过 1700mmPa・s −40℃ 不超过 50000mmPa・s	−10℃ 报告 −20℃ 不超过 1500mPa・s −30℃ 报告 −40℃ 不超过 20000mPa・s	ASTM D2983
6	蒸发损失	无要求	蒸发损失结果及试验后样品的 −40℃ 布氏黏度	NOACK(150℃,h)
7	钢片腐蚀	不大于 1b	同左	ASTM D130 (150℃,3h)
8	锈蚀	无明显锈蚀	同左	ASTM D665 (A 程序,24h)
9	颜色	6.0 ~ 8.0 号	同左	ASTM D1500
10	威克斯泵磨损	总失重不大于 15mg	总失重不大于 10mg	ASTM D2882 (6.9MPa,80℃)
11	抗泡性 Ⅰ、Ⅱ、Ⅲ、Ⅳ150℃ ±3℃	空气流量 200ML/min,5min 泡高不超过 100mL,静止 60s,泡沫 0mL	同左	ASTM D892

续上表

序号	项　目	MERCON	NEW　MERCON	试验方法
12	橡胶适应性 ATRR100（丁腈橡胶） ATRR200（聚丙燃酸酯） ATRR300（硅橡胶） ATRR400（氟橡胶） ATRR500（乙烯—丙烯酸酯橡胶）	体积变化（%）硬度变化（%） 1～6　±5 3～8　±5 不变质 无要求 无要求	体积变化（%）硬度变化（%） 1～6　±5 3～8　±5 不变质 无限值（至1992年10月1日） 无限值（至1992年10月1日）	ASTM D412/D2240 150℃，168h 163℃，70h 163℃，240h 163℃，168h 163℃，168h
13	铝杯氧化试验	通过300h试验 200h样品的戊烷不溶物低于1% 250h样品的酸值变化不小于5.0 250h样品的羰基吸收峰差值不超过50 250h样品的黏度变化不超过50% 50h和300h样品的铜片腐蚀不大于3b 300h样品铝片无漆膜 300h无油泥	通过300h试验 250h样品的戊烷不溶物低于1% 250h样品的酸值变化不小于4.0 250h样品的羰基吸收峰差值不超过40 250h样品的黏度变化不超过40% 50h和300h样品的铜片腐蚀不大于3b 300h样品铝片无漆膜 300h无油泥 报告试验结束样品的－40℃布氏黏度 报告试验后样品的失重	ABOT试验 ASTM D64 ASTM D445 ASTM D130 CRC man14 ASTM D2983
14	摩擦耐久试验	通过5～4000周期操作 5～4000周期动转矩在120～150N·m之间 200～400周期静止断开转矩应在90～130N·m 5～4000周期啮合时间就在0.8～1.0s之间 200周期静转矩与中点动转矩比应在0.9～1.0之间 周期的低速摩擦系数峰值不大于155N·m	通过5～4000周期操作 25～1500周期中点动摩擦系数应在0.13～0.16之间（转矩127～157N·m） 100～1500周期静态断开摩擦系数应在0.1～0.15之间（97～147N·m） 25～1500周期啮合时间应在0.75～1.0s之间 200～15000周期低速摩擦系数与中点摩擦系数比在0.9～1.0之间 报告25～15000周期间静态断开摩擦系数与中点摩擦系数比 25～15000周期低速动摩擦系数应在0.1～0.16之间 使用后的油报告：戊烷不溶物，△TAN，△IR，100℃和-40℃黏度	SAE NO.2试验机

续上表

序号	项　目	MERCON	NEW　MERCON	试验方法
15	周期试验	通过20000周期运行 传动部件必须清洁，其状态应等于或优于使用参考油时的状态 0.35s＜1—2换挡时间＜0.7s 总酸值增加小于6 羰基吸收峰增加小于0.7 使用后油的100℃黏度应大于5.5mm²/s	通过20000周期运行 传动部件必须清洁，其状态应等于或优于使用参考油时的状态 0.35s＜1—2换挡时间＜0.8s 0.35s＜2—3换挡时间＜0.8s 总酸值增加小于2.5 羰基吸收峰增加小于0.35 使用后油的100℃黏度应大于5.0mm²/s 使用后油的－20℃布氏黏度应小于3000mPa·s 报告使用后油的－40℃布氏黏度	THCT试验Mercon采用汽化器内液压透平传动装置 THM-350new mercon采用直喷式TPI传动装置4L60
16	换挡感觉	必须与使用参考油时相当	必须与使用参考时相当	FORD TAURUS

随着汽车自动变速器的发展，用于润滑、冷却、动力传递、液压控制、传动装置保护以及有助于平滑变速的ATF也在同步发展。ATF规格比较复杂，在美国主要由各大汽车公司或变速器和液力传动装置制造厂制定自己公司的专用规格，有代表性的ATF规格主要有适用于商务车、轿车自动变速器的通用汽车公司的DEXRON规格和福特汽车公司的MERCON规格；用于重负荷动力转向系统的Allison C规格和用于动力转换、直接驱动传动、末端驱动、差速器和温式盘式制动的Caterpiller TO系列规格。

目前自动变速器车辆越来越普及，安装率在发动国家高达90%。ATF作为一种必备品，须满足如下性能要求。

1）适宜的高低温黏度

较高的黏度指数和优良的低温性能，使用温度范围一般为－25～170℃。作为传递介质要求黏度低，而作为润滑介质又要求黏度高。两者兼顾需要一个合适的黏度范围，低温黏度除满足自动变速器启动性和泵送效率外，还要考虑离合器低温烧结的危险，DEXRON Ⅲ要求－40℃和布氏黏度不超过20000mPa·s。ATF的低温特性主要决定于选择合适的基础油和多功能稠化剂。

2）优良的抗氧化性能

汽车行驶中ATF温度通常在80～90℃，苛刻条件下可达150～170℃，油品温度升高，氧化产生油泥、漆膜和酸性物质，黏度的变化都会对离合器产生不良影响，随着变速装置的不断改进，对ATF的抗氧化性能要求不断提高，反映在规格中氧化条件越来越苛刻，控制指标更加严格。一般情况下，不同类型的高温抗氧化剂，金属减活剂复合使用才能满足ATF的抗氧化性能。

3）特殊的摩擦特性

在ATF的诸多特性中，摩擦性能是最重要而又最难达到的性能，摩擦特性实际上是换挡感觉、动力矩、负荷和摩擦耐久性的综合平衡性能，主要取决于ATF与摩擦副相匹配的静、动摩擦系数。优良的ATF希望动摩擦系数尽可能高，静摩擦系数要小于1；离合器的啮合时间要尽可能短；在全部操作温度范围内摩擦特性保持不变。合适的摩擦改进剂是ATF最重要的组分，所有的 ATF 规格都要求使用 SAE No. 2 摩擦试验机来评定 ATF 的摩擦特性。

4）优良的抗磨性能

ATF 具有防止齿轮、轴套、止推垫圈、油泵、离合器组件和制动器传送件磨损的性能，以保证泵的使用寿命和全部运转部件的接触外型。

5）优良的橡胶密封适应性

ATF 需与多种橡胶密封材料具有优良的适应性。

6）优良的剪切性

ATF 要通过液压自动循环台架评定，试验后 100℃运动黏度不低于 5.0mm^2/s，除此外，ATF 还应具有优良的抗腐防锈性、抗泡性和清净分散性。

基础油对 ATF 十分重要。一般石蜡基基础油具有黏度指数高的优点，但由于倾点太高，需深度精制，脱蜡后才能部分采用，石蜡基油对某些橡胶也有收缩作用，环烷基油虽然低温性能可得到改善，但黏度指数太低，影响高温黏度，同时氧化安定性差，对橡胶有溶胀作用；合成油具有黏度指数高，黏温特性好，不加稠化剂就能满足 ATF 高低温黏度要求，且氧化安定性好，挥发性小等特点，但价格昂贵，不能广泛应用。一般多采用Ⅱ、Ⅲ类基础油掺和少量合成油及石蜡深制低凝油作为 ATF 的基础油。

ATF 各方面性能主要靠添加剂来实现，需要加入黏度指数改进剂、清净分散剂、抗氧化剂、抗磨剂、摩擦改进剂、防锈剂、抗泡剂等多功能添加剂，总剂量达10%左右。占添加量一半的黏度指数改进剂采用具有增黏、降凝、分散功能的低相对分子质量聚甲基丙烯酸酯，以保证优良的高低温性能和剪切稳定性；采用酚型（T501）、胺型及 ZDDP 等复合，以保证优良的抗氧防腐性能；加入磷酸酯/亚磷酸酯及烯基羧酸、油酸酰胺改善 ATF 的抗磨性能和摩擦特性，使油品中点摩擦系数及中点转矩保持在较高水平，还有一些其他的成分，见表 1-2-6。

功能添加剂的类型及作用　　表 1-2-6

类　　型	添　加　剂	作　　用	加入量（%）
清净分散剂 抗氧化剂	磺酸盐，烯基丁二酰亚胺，硫化烷基酚盐，二硫代磷酸锌，烷基酚，芳香胺	控制油泥与积炭生成，抑制油品氧化	1～3；0.5～1
抗磨剂，摩擦改良剂	磷酸酯，亚磷酯酯，胺类，二硫代磷酸锌	防止金属磨损，控制动静摩擦系数，改善换挡感觉	1～2
防锈剂 抗泡剂 密封材料溶胀剂 金属减活剂 染料	磺酸盐，脂肪酸类，酰胺 硅油及非硅抗泡剂 磷酸酯，芳烃化合物 有机氮杂环化合物 红色染料	防锈防腐 抑制泡沫生成 防止橡胶收缩，溶胀 抑制金属腐蚀 ATF 识别	0.1～0.3 10～50mg/kg 0.1～0.3 0.01～0.1 0.01～0.02

ATF 使用温度一般为 −25～170℃，因此要求具有较高的黏度指数和较低的倾点。ATF 受油度的影响极其大。

我们看到，如果 ATF 始终处于 90℃温度的工作范围时，它的有效工作里程是 50000km，这一点与车厂设计的换油周期相吻合。但如果 ATF 油的工作温度处于 170℃时，它的有效工作里程只有短短的 325km。当然，在不同的温度下它的有效工作里程差异甚大。所以，同样品牌的车辆,同样行驶的里程,但 ATF 的实际保护效果差异甚大,就在于车辆平时的工作温度是多少。

注意:

(1)许多汽车公司推出了终生不用更换的全合成的 ATF,然而事实上,这种车辆的自动变速器的损坏比率更大,更明显。因为温度不可控。

(2)我们看一组数据:美国专业公司测定了出租轿车和自用小轿车自动变速器中的油温。他们发现:家庭自用车在高速公路上行驶时 ATF 的油温为 82.2 ~ 87.8℃,而出租车在市内停停走走时的油温却更高,一般在 93.3 ~ 111.7℃之间。这说明,ATF 的工作温度不与行驶速度成正比,而一种正波形,随转速提升而升高的 ATF 油温只存在于一定的范围内,高于这一转速和低于这一转速都相反。

(3)由于路况、驾驶因素等影响,亚洲与之有一定差别。但据科学估计,其 ATF 油温保持在 100℃左右,极端情况下可能会达到 150℃。而在离合器片表面温度可达 393℃。加之目前整个中国汽车驾驶人员的驾驶习惯更缺少训练,因此亚洲车辆自动变速器的工作状况更为恶劣。

❷ 无级变速器油

近几年内,汽车技术的不断提升,使得低油耗和操作性优越的金属钢带型无级变速器(CVT)的应用也在不断地增加。国内超强的学习能力再次发挥出来,国产车辆的应用比例更高。由于 CVT 锥盘加压,传动与调速是靠专用高压油实施的,CVT 油同时起到润滑和传递动力与调速的作用。所以 CVTF 除了应具有良好的润滑性外,还必须有合适的黏度、黏度指数、剪切安定性、摩擦系数、牵引系数、低温动力性及黏温黏压性等,以满足金属带传动的要求,保证合适的滑差率。传统的自动变速器传动液不能完全适用 CVTF,CVTF 必须选用性能优异的基础油和添加剂,通常要求使用寿命在 100000km 以上。汽车需要一年四季南北通行,因此对低温性能和黏度指数要求很严格,其倾点要求在 -50℃以下。目前在用的 CVTF 的主要技术指标见表 1-2-7。

CVTF 油的参考指标 表 1-2-7

项　目	技术指标	测试方法
外观	清亮透明	目测
运动黏度(40℃)	26 ~ 36	GB/T267—88
运动黏度(100℃)	6.5 ~ 8.0	GB/T267—88
黏度指数	≥170	GB/T267—88
闪点	≥150	GB/T261—2008
倾点	≤ -45	GB/T3535—2006
Pb(N)①	≥680	GB/T3142—1982
Pd(N)②	≥2000	GB/T3142—1982
D200N30min/mm	≤0.48	GB/T3142—1982
D400N30min/mm	≤0.62	GB/T3142—1982

续上表

项 目	技术指标	测试方法
摩擦系数	实测并根据实际要求进行修正	
牵引系数	实测并根据实际要求进行修正	
实机系数	匹配良好,满足 CVT 工作特性最佳化	

注:①最大无卡咬负荷,是表征润滑油抗磨性能的典型指标。

②烧结负荷。

CVTF 是汽车公司,CVT 制造厂开发的专用油,与普通服务不同,CVTF 主要是装车用油,属终生或半终生用油。不同品牌、不同型号的 CVTF 油不能通用。CVTF 油的主要特点如下:

1)牵引特性(摩擦传动性能)

CVT 的钢—钢摩擦形式和薄膜要求与扭矩转换器的摩擦形式基本一致,牵引特性是全部性能中最重要的也是最难达到的性能,实际上它是一个复合的性能,须确保动力矩负荷和摩擦耐久性的综合平衡,且牵引系数必须在 0.05 以上,实际使用的多为 0.09 ~ 0.095。石蜡基油牵引系数比环烷基油低而不宜采用,合面酯更低,也不宜采用。牵引系数的提高与传输转矩成正比,且还可以大大延长耐疲劳寿命。

2)黏度,黏度指数

无级变速器油采用黏温性能好,100℃运动黏度为 5 ~ 10mm^2/s 的基础油,其黏度指数须大于 170。

3)抗剪切性能

由于无级变速器滑块与滑轮间剪切力矩大,油中不能辅加高聚物黏度指数改进剂。

无级变速器属滚动摩擦与滑动摩擦的混合摩擦。正常运转时大体上处于弹性润滑和流体润滑状态,但起动和停车时则处于边界润滑和混合润滑状态,在配方中必须有油性剂和极压抗摩剂。除此外,还要求好的热氧化安定性、密封材料的适应性、防腐防锈性、抗泡沫性和低温流动性,有些性能大致与自动传动液有类似之处。

CVTF 的主要性能是有更大的金属间的摩擦系数和必要的足够长的防振寿命。CVTF 是在基础油中添加抗氧化剂、黏度指数改进剂、清净分散剂、抗磨剂和摩擦改进剂等多种添加剂调配而成,其中影响 CVTF 摩擦系数的主要是清净分散剂、抗磨剂和摩擦改进剂。值得注意的是:并不是所有的上述添加剂都能提高摩擦系数,必须谨慎的从多种添加剂中筛选。选择摩擦改进剂是 CVTF 配方研究的关键,应尽可能选择降低摩擦系数少的化合物。

目前世界上尚无评价无级变速器油的标准,美国西南研究所(SWRI,southwest research institute)建立了多种评价不同类型 CVT 的方法,但没有被 OEM 接受。最近 GM 开发了一个评定无级变速器油摩擦传动性能的台架,该台架可能会出现在通用汽车传动液标准 GM DEXRON Ⅳ中。由于无级变速器具有良好的燃油经济性,世界各大汽车公司已陆续着重生产备有 CVT 的轿车。随着 CVT 技术的进一步的发展,一些新的评价油品的台架和试验方法也会陆续建立和完善。CVT 将从低转矩、低容量发动机向高转矩、高容量的发动机发展,福特、菲亚特、奥迪等汽车公司纷纷推出大排量的 CVT,意味着 CVT 无级变速器将会得到进一步应用,其规格也会迅速发展成功。

❸ 自动传动液(ATF)的选用

ATF作为变矩器的工作油液,液压操纵系统的工作油液以及行星齿轮机构的润滑都是一种专用的液力传动液。它是一种特殊的高性能润滑油,不仅具有润滑、清净、冷却的作用,还具有传递转矩和液压控制自动变速器的离合器和制动器工作的功能,由于自动变速器的工作环境比较恶劣,因而对自动传动液的选用、加注、用油量、维护检查方法和换油等均应严格按规定执行。否则,不但容易发生故障,且影响自动变速器的使用寿命。

目前世界上各国普遍使用美国生产的自动传动液,主要有GM公司的DEXRON、DEXRONⅡ、DEXRON Ⅱ D、DEXRONⅡE、DEXRON Ⅲ、DEXRON Ⅳ以及FORD的MERCON、NEW MERCON等。我国部分国产汽车多采用上述标准的ATF。

自动传动液ATF的型号不同,其摩擦系数也不同。因此,用油时一定要按照自动变速器使用说明书中规定的型号使用,不能错用,也不能混用。如果规定使用GM的DEXRON Ⅱ油而错用了TYPE F级油,会使自动变速器出现换挡冲击、制动器及离合器突然啮合等现象,反之,则会出现制动器与离合器打滑,加速摩擦。

❹ 特别增加——油液监测技术

液压系统油液在机构中的作用至关重要。调查显示,系统故障的70%~80%是由液压油液的污染造成的,而这些故障的80%则是由固体颗粒污染物所引起的磨损故障。因此,对于这些起到各种作用的油液进行必要的油液检测是十分必要的。

油液检测技术提供了设备/总成等润滑的全程服务。就是通过分析被监测机器在应用润滑剂或者其他油液工作介质的性能变化和携带的磨损微粒的情况,获得机器的润滑和磨损状态的信息,评价机器的工况和预测故障原因的技术。通过油液监测技术的实现,可以对机器实现主动维修,提前发现问题,避免重大事故的发生。

油液监测技术是实现设备润滑状态监测与磨损故障诊断的重要技术手段,其主要是通过对设备在用润滑油理化性能指标和油中磨损金属颗粒及污染产生的分析来获取设备摩擦副润滑和磨损状态的信息,从而对设备的润滑状态及磨损故障进行诊断。如同人体身状况可以通过对血液的化验来对人体部位病患进行诊断,油液监测技术就是把人体血液诊断病理学移动汽车故障诊断上来。因为汽车中使用的各种油液是设备的血液,设备差不多所有的摩擦副都需要润滑,其在用的润滑用油液携带了摩擦学系统丰富的状态信息,通过这些状态信息的综合分析,并参考其运行工况、摩擦副材料、以往的维修保养记录,可以有效的实现各总成的磨损故障诊断,指出设备故障发生的部位,确定故障的类型,解释故障发生的原因,预告故障可能发生的时间,所以油液监测技术已成为国内外机械部件润滑故障诊断的重要技术手段。

油液监测技术是由各种油液分析方法组成,主要有理化分析、光谱分析、铁谱分析、红外分析、污染分析等。表1-2-8列举了油液监测技术的主要方法、原理和目的。这些分析方法各有所长,需针对具体的监测对象来选择合理的分析方法。在日常的油液监测工作中要根据企业设备的特点及运行状况,确定合理的油品监测项目、取样点、取样方法和取样周期。另外,油液诊断的关键所在是根据各种分析方法得出的分析结果,对于机械部件的润滑磨损故障进行综合诊断,提出合理的视情维修建议。

油液监测技术的主要方法、原理和目的　　表 1-2-8

分析方法	简要原理和分析内容	分析目的
理化分析	分析油品的常规理化性能指标,主要有:黏度、黏度指数、闪点、水分、酸值、腐蚀性、抗泡沫性、破乳化性和不溶物等	新油品质、油品变质、油品误用、油品污染等
光谱分析	主要用于分析油中磨损金属,污染元素和添加剂元素的浓度,能在1min的时间内分析出24种元素的含量	磨损故障、污染来源、油品变质等
铁谱分析	用物理方法(磁性法)将油中磨损金属颗粒、污染杂质颗粒分离出来,用显微镜分析形貌、尺寸和数量	磨损故障的部位、原因和程度,污染来源
红外分析	分析油品在使用过程中所产生的氧化物、硝化物、胶质和积炭颗粒的相对含量以及添加剂分子结构的变化	油品劣化程序,新油品质评定等
污染分析	主要用于分析油中固体污染颗粒的数量,液压油常用颗粒计数器法	油品污染程序,设备磨损程度等

目前全世界范围内,通常汽车用油的销售都不作为普通的日用消费品来处理,而是作为具有专业知识的消费品销售,而实现产品支持的就是产品的技术服务来支撑。对于这一点,国内外著名石油公司都有深刻的认识并给予了高度重视。例如壳牌的“shell care”、埃克森美孚“exxon mobile care”都是以技术服务来提升企业产品的竞争力,而这些技术服务程序中的技术核心就是油液监测技术,这些技术服务程序中的关键点在于人员的经验和专业水准。油液监测技术对于汽车用油类的技术支持主要表现在以下四个方面:

(1)了解潜在客户存在的设备润滑磨损问题,从技术角度找出润滑油销售的商机。

(2)对用油客户发生的润滑、磨损故障进行分析诊断,找出客户使用和维修上的原因。

(3)对重大客户建立长期油液监测制度,提高油品公司的技术服务形象和销售品位。

(4)对上游供应商的油品进行定期抽验把关,对油品品质心中有数,以便采用对策。

二　汽车冷却液

1　冷却液的功用

发动机在工作过程中,燃烧室内温度可达2000℃以上,直接与高温燃气接触的零件(如汽缸体、汽缸盖、活塞和气门等),不断吸收热量而使温度升得很高。这些零件若得不到及时的冷却,则其中运动零件将因高温膨胀而破坏正常配合间隙,使活塞等运动零件可能卡死在汽缸中而“拉缸”,甚至溶化;润滑油也因受热而失效,使润滑系统工作不良,零件磨损加剧;各零件因高温导致机械强度降低,甚至损坏。因此,要想维持发动机正常工作,必须对这些高温工作的零件进行冷却。发动机冷却系统的功能就是将受热零件吸收的部分热量及时散发出去,使发动机在任何工况下都 得到适度的冷却,防止发动机过热或过冷,保证发动机在最适宜的温度(80～90℃)范围内工作。因此,冷却系统已成为发动机正常运转的不可缺少的一部分。

冷却液,又称防冻液或不冻液,它是冷却系统中的传热介质,具有以下作用。

1)冷却作用

冷却是冷却液的基本作用。发动机工作时产生大量的热量,使零件温度升高,特别是直接与高温燃气接触的零件(如汽缸体、汽缸盖、活塞和气门等)温度更高,因此,要想使发动机正常工作,必须对这些高温工作的零件进行冷却。冷却液的基本作用就是将受热零件吸收的部分热量及时散发出去,使发动机在任何工况下都得到适度的冷却,保证发动机在正常的温度范围内工作,过冷和过热现象都应该避免。

发动机过热会降低充气效率,使发动机功率下降,早燃和爆震的倾向加大,使零件因承受额外的冲击性负荷而造成早期损坏;运动件的正常间隙被破坏,运动阻滞,磨损加剧,甚至损坏,润滑情况恶化,加剧了零件的摩擦磨损,零件的力学性能降低,导致变形或损坏。

发动机过冷会使进入汽缸的混合气(或空气)温度太低,可燃混合气品质差,使点火困难或燃烧迟缓,导致发动机功率下降,燃料消耗量增加;燃烧生成物中的水蒸气易冷凝成水而与酸性气体形成酸类物质,加重了对机体和零件的侵蚀作用。未汽化的燃料冲刷和稀释零件表面(汽缸壁、活塞、活塞环等)上的油膜,使零件磨损加剧。

2)防沸作用

沸点是指汽车发动机冷却系统与外界在气压相平衡的条件下,冷却液开始沸腾的温度。发动机冷却液应在较高的温度下不沸腾,蒸发损失小,以保持发动机的正常工作。水的沸点是100℃,不能满足现代汽车发动机正常水温高(95～100℃)的要求。夏季会经常出现发动机"开锅"现象,冷却液的沸点通常在106℃以上,这样在夏季使用,冷却液比水难"开锅",能起到良好的冷却作用。

3)防腐蚀作用

发动机冷却系统是由各种金属制造的,其材料成分有钢、铸铁、黄铜、纯铜、铸铝、焊锡等。这些金属在高温下与冷却液接触时间长了都会遭到腐蚀或锈蚀,影响发动机正常工作,甚至造成事故。因此要求冷却液具有防止金属部件腐蚀的作用和除锈的功能。

4)防垢作用

水中的钙、镁等正离子在热负荷条件下,容易与水中的负离子(如硫酸根离子、碳酸根离子等)反应形成水垢。另外,冷却液中添加剂的浓缩物和分解物等也会形成水垢,水垢附着在散热器、水套的金属表面,会大大地降低冷却系统的散热效率,导致不均匀的热量分布,引发"热点",引起缸盖等零部件的炸裂,对发动机造成严重损害,因此要求冷却液含有适量的防垢剂,抑制水垢的生成。

5)防冻作用

为了防止汽车在冬季停车后,冷却液结冰而造成散热器,发动机缸体胀裂,要求冷却液的冰点应低于该地区的最低温度10℃左右。但水的冰点是0℃,当气温低于0℃时,使用水会结冰,而冻裂汽缸体和散热器,发动机冷却液因加入了防冻液,使其冰点可达到-15～68℃,保证在低温的天气情况下冷却系统不会结冰,可有效的防止冬季结冰冻裂汽缸体和散热器。

此外,冷却系统还具有了防泡和消泡的作用。冷却系统中如果存在大量的气泡,由于氧气的存在而产生氧化腐蚀,还会使液体导热性能降低,水泵泵水工作压力下降,对发动机冷却、传热极为不利,而且空气进入冷却系统将大大地降低冷却液的冷却效率。因此,冷却液中应有一种消泡和防泡剂,在发动机工作过程中,不断消除、抑制冷却液中产生的空气泡或泡沫。

❷ 冷却液的分类

冷却液的分类方法很多,按照基础液类型可分为乙二醇型冷却液或丙二醇型冷却液(也有用二乙二醇、丙三酮的冷却液)。按照缓蚀剂的化学组成不同,可分为无机盐为主的常规型发动机冷却液和以有机酸为主的有机型发动机冷却液;按照使用寿命的不同,可以将冷却液分为普通类型的发动机冷却液和长寿命的发动机冷却液,按照发动机负荷的不同,可分为轻负荷的发动机冷却液和重负荷的发动机冷却液。

❸ 冷却液的选择标准

国际上比较先进的冷却液标准属于美国的 ASTM 标准,欧洲和日本冷却液标准均是在 ASTM 标准的基础上发展而来的。目前 ASTM 的冷却液规范主要可分为轻负荷发动机冷却液规范和重负荷发动机冷却液规范两种。

ASTM 轻负荷发动机冷却液的规范为 D3306《汽车及轻型货车用二元醇型发动机冷却液规范》,包括四种类型的冷却液:①乙二醇型浓缩液;②丙二醇型浓缩液;③乙二醇预稀释液(体积分数 50%);④丙二醇型预稀释液(体积分数为 50%)。在性能试验中,由于相同冰点乙二醇和丙二醇溶液中的乙二醇和丙二醇的浓度不同,所以性能测试溶液浓度不根据冰点而根据二元醇 的浓度配制。其中玻璃器皿腐蚀试验中二元醇 含量为 33%,模拟使用试验中二元醇含量为 44%,传热腐蚀试验中二元醇含量为 25%,泡沫倾向试验中二元醇含量为 33%,铝泵气穴腐蚀试验中二元醇含量为 17%。

ASTM 的重负荷发动机冷却液规范有 D4985《需要预加补充添加剂(SCA)的低硅酸盐乙二醇 型重负荷发动机冷却液规范》和 D6210《全配方二元醇重负荷发动机冷却液规范》。D4985 标准是在轻负荷冷却液基础上建立的。在浓缩液硅含量低于 250mg/kg 的轻负荷发动机冷却液中预先加入 SCA 补充添加剂,就可以作为重负荷发动机冷却液使用。由于重负荷发动机冷却液在使用过程中需要定期加入 SAC,ASTM 制定 了补充添加剂 SCA 的规格标准 D5752。D6210 重负荷冷却液标准规定冷却液使用前不需要预加 SCA,但在第一个维护期需加入一定剂量的 SAC 以达到继续保护冷却系统的作用。D6210 标准也包括四种类型的冷却液规范:①乙二醇型浓缩液;②丙二醇型浓缩液;③乙二醇预稀释液(体积分数 50%);④丙二醇型预稀释液(体积分数为 50%)。重负荷发动机冷却液容易发生气穴腐蚀和发动机热表面等问题,ASTM 正在研究评价气穴腐蚀和热表面结垢的试验方法。冷却液生产者和用户通过大量试验已证实有几种化学成分能有效减少发动机缸套的气穴腐蚀。所以在 D6210 标准中对冷却液化学成分有强制性要求,规定浓缩液水溶液中亚硝酸根离子含量不低于 1200mg/kg,或者冷却液中亚硝酸根离子或钼酸根离子的总含量不低于 780mg/kg。而且其中任一种离子的含量不能低于 300mg/kg。

目前中国的汽车发动机冷却液标准主要有两个：一个是JT225—1996《汽车发动机冷却液安全使用技术条件》，这是对冷却液能够满足汽车使用必须达到的最低要求；另一个是SH/T0521—1999《汽车及轻负荷发动机用乙二醇冷却液》。这个标准等效采用ASTM D3306—1994《轿车及轻型货车用乙二醇型发动机液》。因为ASTM D3306中只有浓缩液标准，中国标准中增加了不同冰点的冷却液规格，包括：-25、-30、-35、-40、-45、-50号六个牌号。

我国的重负荷发动机冷却液的使用和研制与国外发动国家相比还有一定的差距，主要表现在重负荷冷却液和丙二醇型冷却液产品标准尚未建立 。

❹ 冷却液的主要组成

发动机冷却液一般由防冻剂、水、添加剂三部分组成。下面分别简单介绍相关的内容。

1）防冻剂

冷却液中最初采用的防冻剂为甲醇、乙醇和甘油。甲醇由于沸点较低、容易蒸发、易燃等因素，现已被淘汰。甘油降低冰点效果不如甲醇、乙醇，黏度大，不利于散热。甘油还有一个缺点是在加热条件下还容易分解产生酸性物质，加剧腐蚀，所以现在也已经被淘汰。

乙二醇具有优异的降低冰点的效果，同时还具有稳定性好、沸点高、黏度适中、与橡胶相容性好的特点，成为目前应用最广泛的冷却液防冻剂。

丙二醇也具有非常优异的防冻功能，毒性小，但由于价格较高，以前很少作为防冻剂应用到冷却液中。近年来，由于对环境保护的逐渐重视，以及石油和化工行业的发展，丙二醇作为防冻剂在冷却液中的应用逐渐增多，因此，目前冷却液中通常使用的防冻剂主要为乙二醇和丙二醇。

乙二醇和丙二醇同样存在着工业级和绦纶级两种。工业级的产品中含有多种不同的其他醇类甚至酮类物质，且可能超过20%，所以优秀的冷却液生产厂家中都不会采用这些工业级的产品（但国内绝大部分采用的是这类二元醇作防冻剂）。

2）水

水是冷却液中的重要组成部分，占冷却液的30%～60%，因此水的质量将直接影响冷却液的性能。使用硬度大、腐蚀性离子（如氯离子、硫酸根离子）含量高的水调配的冷却液会在传热表面产生锈蚀和结垢，并对金属产生严重的腐蚀作用。因此水质非常重要，在冷却液的生产和冷却系统补加水的过程中，必须使用蒸馏水或去离子水。在ASTM的产品标准中，对水的硬度、腐蚀离子含量做了具体的规定，总硬度≤170ng/g，氯离子≤40ng/g，硫酸根离子≤100ng/g。

3）添加剂

冷却液中使用的添加剂主要有缓蚀剂、缓冲剂、防垢剂、消泡剂和染色剂等。

（1）缓蚀剂。发动机冷却系统是由各种金属制造而成的，要求冷却液具有一定的防腐蚀功能，缓蚀剂是冷却液中最主要的添加剂，是一类能使汽车冷却系统的金属部件减缓或防止腐蚀产生的物质。缓蚀剂对保护作用具有选择性，即对某种有良好的保护作用的缓蚀剂。对另外一种不一定具有缓蚀作用，因此冷却液中的缓蚀剂多采用复合剂形式，以满足对多种金属的缓蚀要求，缓蚀剂在冷却液配方中般占0.5%～5%，用量少，保护效果好，持续作用时间长。按化学组成可分为无机型和有机型缓蚀剂。无机型缓蚀剂是传统的冷却液缓蚀剂，主要有亚硝酸盐、硝酸盐、苯甲酸钠、磷酸盐、钼酸盐、钨酸盐等，有机型缓蚀剂有苯并三氮唑、硫基苯并噻唑、甲苯基并三氮唑、三乙醇胺、庚酸、辛酸、2－乙基乙酸、柠檬酸、叔丁基苯甲酸、肉桂酸、辛二酸、癸二酸、琥珀酸、戊二酸、壬二酸、对苯二甲酸及辛二酸等。

（2）缓冲剂。冷却液在使用过程中，一般要求其 pH 值为 7.5～11，这样容易使冷却系统金属部件得到保护。但冷却液在使用过程中所含的乙二醇 会分解产生酸性物质，同时酸性燃气有可能窜入冷却液中，使体系内的 pH 值降低。为了使冷却液在使用过程中维持一定的 pH 值，防止酸化，冷却液中通常都加入缓冲剂，配成缓冲体系，具有一定的缓冲能力，冷却液常用的缓冲剂有磷酸盐、硼酸盐和有机酸盐。

（3）防垢剂。通常使用的防垢剂有配合型和分散型两种，配合型防垢剂主要是金属配合剂，通过与金属离子配合，防止金属离子与负离子结合形成水垢。分散型防垢剂是水溶性有机聚电解质。它们能使形成的水垢分散成微小的颗粒悬浮在冷却液中，从而起到防止冷却系统中沉积结垢的作用。

（4）消泡剂。冷却液在冷却系统中工作时，通常会产生泡沫，不仅影响传热效率，而且会加剧铝质散热器的气穴腐蚀，因此需要加入消泡剂来解决泡沫产生的危害。常用的消泡剂有硅油、聚醚、甲基丙烯酸酯等。

（5）染色剂。冷却液要求具有醒目的颜色，这样在冷却系统发生故障时，通过观察冷却系统外部管路就能判断出渗漏位置，染色剂主要有水溶性颜料或有机染料，而且要求染色剂水溶性好，着色力强，而且有良好的热稳定性。

乙二醇型发动机冷却液浓缩液配方组成为：乙二醇 90%，水 5%，腐蚀抑制剂（包括硅酸钠、芳香酸盐、硼砂、苯三唑铜盐、氢氧化镧等）5%。

❺ 冷却液的选用与注意事项

现在汽车通常是一年四季使用冷却液。冷却液不仅能防止冷却系统在冬季结冰，也可以提高其沸点，防止冷却系统“开锅”，损坏零件。同时冷却液具有不同功能，配方也是千差万别，所以不能随便选择。

尽量选择汽车公司指定的冷却液。现在不同汽车公司指定的冷却液差异很大，不是单纯的颜色来区分和判断。所以不能随便更换汽车公司指定的冷却液，更不可以把不同品牌的冷却液进行混用。

目前市场中冷却液中，包括绝大部分的汽车公司 OEM 产品，包括世界知名汽车公司的产品，基本上都是高硅酸盐配方，而日系车辆（包括丰田、本田、日产等国内国外车辆），特别是本田车却极其特殊，它是低硅类配方。这种区别在使用时差异极大，但单纯从颜色上我们无法分别和判断。下面我们从两个证明看一看它们之间的区别：

证明一 表 1-2-9 是摘自一世界知名品牌公司关于冷却液的材料介绍（LLC 是 long life coolant 长效冷却液）。

LLC 冷 却 液　　表 1-2-9

LLC 种类		国产品牌	日本 LLC	欧洲 LLC	北美 LLC
外观		淡蓝色透明	红色透明	黄色透明	黄色透明
pH 值		8.9	7.4	7.2	10.5
推定浓度(%)		50	50	50	50
重要添加成分	苯骈三氮唑($C_6H_5N_3$)	0.1	0.08		
	甲基苯骈三氮唑 TTA($C_7H_7N_6$)			0.1	0.06
	巯基苯骈噻唑 MBT($C_7H_5NS_2$)		0.1		
	磷酸(PO_4^{3-})		0.35	<0.01	0.12
	硝酸(NO_3)	<0.1	0.05	0.09	0.06
	硅酸(SiO_3^{2-})	0.3		0.04	0.06
备注		高硅酸 LLC	磷酸 LLC	硅酸 LLC	硅酸 LLC

从上面我们就可以轻松的看到:日本车中硅酸盐含量比其他车型低的多。

证明二　在上海某权威检测机构测试冷却液中的硅含量,其结果如下:

东风本田:1.8mg/kg;

广州本田:0.7mg/kg;

普通冷却液:26785mg/kg。

最初的硅冷却液是专为铸铁发动机而设计,而现在市场中大量流通的冷却液中添加硅的目的是为了防止铝制发动机腐蚀。然而事实与最初的设计并不相符合。

硅酸盐保护铝合金是采取消耗自身的方式来达到的,硅酸盐产生的铝合金保护膜是疏松容易脱落的,因此需要不断的修复,这样硅酸盐在一段时间后消耗殆尽而使冷却液失去防腐蚀功效。所以,常规的硅酸盐冷却液,推荐更换周期是 2 年,也不能长期存储。

本田北美研究发展中心和 CCI 的测试证明,有研磨能力的硅和/或硼酸盐在大部分的美国车内会引发下面的问题:

(1)硅趋向于凝结成胶状在冷却系统部件内集聚,引起散热器的堵塞甚至于过热。

(2)硅在水泵机械密封部件的表面相结合,像研磨剂一样的破坏密封件表面,引发水泵漏水。请参看图 1-2-2、图 1-2-3、图 1-2-4。

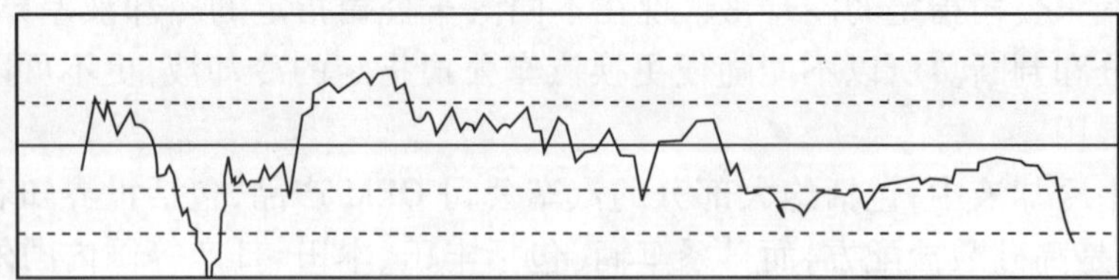

图 1-2-2　高硅冷却液

本田车机械密封内部密封材料暴露在高硅冷却液中,很明显的水泵出现损坏,而暴露在本田专用冷却液中的密封材料,只有极微小的磨损。从水泵机械密封经泄水口渗漏的冷却液的容量如图 1-2-4 所示,左侧为渗漏容量;两条线中,上面的一条线为典型的高硅酸盐冷却液,另一条线为本田冷却液。

解释如下:硅酸盐在加热情况下不稳定,一旦冷却液沸腾,硅酸盐就会析出硅,并和其他

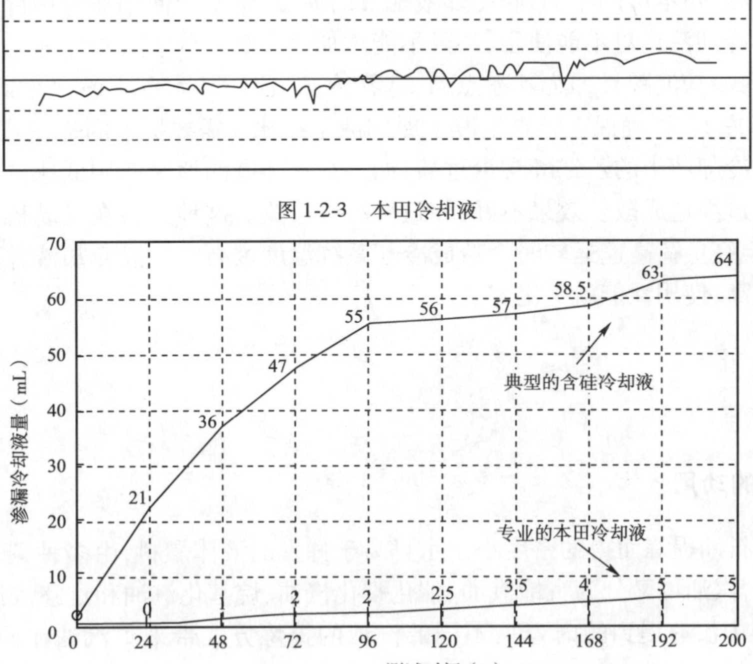

图1-2-3 本田冷却液

图1-2-4 高硅冷却液和本田冷却液渗漏容量

成分生成絮状物(温度是产生析出的关键因素,温度越接近沸腾,硅的析出可能越大),这些絮状物会沉积到水泵密封环、管道中,当温度下降后就会变成坚硬的水垢状物质,就如同研磨剂或者像砂纸一样磨损密封环的表现,使之表面凹凸不平,造成冷却液渗漏。

(3)与硼酸盐结合引起汽缸头的腐蚀,如图1-2-5所示。

冷却液	外观	放大的外观	评价
本田			没有明显变化
市场品牌1			有白灰色的腐蚀(小于1mm)深度
市场品牌2			有白灰色的腐蚀(1~2mm)深度
市场品牌3			有白灰色的腐蚀(大于2mm)深度

图1-2-5 汽缸头的腐蚀

很明显,本田冷却液低硅配方决定了它只能不能与其他的高硅配方来代替。更换冷却液的新液数字约为2.68%,与上面提到的本田原厂冷却液相比,有数千倍的差距。这就是许多本田车辆水泵在换用非车厂指定冷却液后的结果。

总之,对于广州本田的车辆,因冷却液配方的原因,绝不能使用非专用冷却液,特别是高硅酸盐含量的冷却液绝对不能使用,甚至不能添加含有高硅分子的添加剂。

牌号选择:冷却液牌号即为其冰点值,选择冷却液时,其冰点应该比车辆运行地区的最低温度低10℃左右,以确保在特殊情况下冷却液不结冰。需要提示的是:不是冰冻点越低的冷却液越好。冷却液中的乙二醇含量越高,如果在高纬度的地区使用低冰点冷却液,会由于乙二醇的浓度过高造成散热效果不好,导致发动机过热。这种危害在发动机中,小负荷运转时不太明显,但高负荷高速运转时会造成冷却系统温度过高。所以冷却液并不是冰点越低,乙二醇含量越高,使用性能就一定好。

四 汽油

1 汽油的功用

汽油是由石油提炼而得的密度小于水且易于挥发的液体燃料,由多种碳氢化合物组成。按照提炼方法,汽油可又分为直馏汽油、催化裂化汽油、烷基化汽油和重整汽油(后两种是一般《汽油构造》中没有提到的内容),不同的汽油的提炼方式带来了汽油在使用过程中对于汽车不同部位产生不同的影响,诸如油泥、积炭等(会在下面详细介绍)。目前使用最为普便的是催化裂化汽油。汽油的使用性能指标主要是蒸发性、热值和抗爆性,它们对发动机性能有很大的影响。

1)汽油的蒸发性

在发动机中,汽油只能先从液态蒸发成蒸气,并与一定比例的空气混合成为可燃混合气后才能在汽缸中燃烧。对于高速发动机,形成可燃混合气过程的时间很短,一般只有百分之几秒。因此,汽油的好坏即蒸发的程度,对于所形成的混合气质量有很大的影响。

汽油的蒸发性可用燃料的蒸馏试验来测定。将汽油加热,分别测定蒸发出10%、50%、90%馏分时的温度及终馏温度(分别称为10%蒸发温度、50%蒸发温度、90%蒸发温度及终馏点)。

汽油工作时,其汽油供给管路可能受热升温。当温度升高到使汽油蒸气压达到饱和值,即等于管路系统压力时,汽油泵和管路中将产生大量汽油蒸气泡,妨碍液态汽油流动,使汽油流量减少到不足以维持发动机正常运转,导致发动机失速。发动机的这种故障称为气阻。发动机所用的汽油蒸发性越好,越易发生气阻。

2)燃料的热值

热值是指1kg燃料燃烧后所产生的热量。汽油的热值为44000kJ/kg。不同的燃料其热值不同,当使用代用燃料进行工作时会发现汽车性能发生变化。比如:乙醇汽油。乙醇汽油是目前全世界范围内都有使用的一种替代性清洁燃料,在美国加州,超过10%的销售汽油是乙醇汽油。在中国,不少的省份也在使用乙醇汽油或甲醇汽油。因为乙醇与汽油的热值不同,所以车主就明显会感觉到乙醇汽油的动力性比汽油差,原因就在于此。

3)汽油的抗爆性

汽油的抗爆性是指汽油在发动机汽缸中燃烧时,避免产生爆震的能力,即抗自燃能力,是汽油的一项主要性能指标。

汽油抗爆性能由汽油的辛烷值来表示。在一台专用可变压缩比的单缸发动机上,先用被测汽油作为燃料,使用发动机在一定的条件下运转。试验中逐步提高试验发动机的压缩比,直到试验发动机产生标准强度的爆震为止。然后在该压缩比下,换用一定比例的异辛烷和正庚烷的混合而成的标准燃料,使用其在标准的环境下工作直到达到标准强度的爆震为止(正庚烷是一种抗爆能力极弱的碳氢化合物,规定其辛烷值为0,异辛烷是一种抗爆能力很强的碳氢化合物,规定其辛烷值的能力为100)这样,最后一种标准燃料中的辛烷值含量的体积百分数即为被测汽油的辛烷值。例如:被测汽油和用异辛烷含量为93%的标准燃料的试验结果相同,即可认为这种汽油的辛烷值为93。(注:这是研究的辛烷值测定方法)

为了提高汽油的抗爆性能,以前在汽油中加入少量的抗爆剂——四乙铅,但因为四乙铅在燃烧后易形成固体的氧化铅,沉积在燃烧室、活塞、气门和火花塞上,从而引起气门漏气、火花塞电极短路等现象而破坏发动机的正常工作。因此,向汽油中添加的四乙铅中还混合有一种称为“携出剂”的物质,如溴乙烷等,使铅变成挥发性的盐类,随废气排出。这种四乙铅与携出剂的混合物称为乙基液。四乙铅有毒,通常加入四乙铅的汽油呈现红色,以便识别。同时,汽油中的铅还有一个功能是润滑和保护气门。铅是一种优秀的抗磨剂。现在汽油中加入的四乙铅的含量极少。为了保证汽油的抗爆性能,现在汽油改用锰、氯作为抗爆剂来使用。锰的成分可以通过汽油的金属成分测试来看到。

目前中国汽油是90、93、97号、而美国汽油的标号中:87号是regular级/普通级,89是sliver级/银级,93号是gold级/金级。中国的90号汽油相当于美国的82号汽油,中国的93号汽油相当于美国的85号汽油,中国的97号汽油相当于美国的87号汽油。原因是美国采用的是马达法辛烷值(MON),中国采用的是研究法辛烷值(RON)。它们间的转换公式:MON = 0.8 × RON + 10。所以,90 × 0.8 + 10 = = 82号,97 × 0.8 + 10 = 87号。

注意:中国现在使用的所谓最高级别汽油也只是美国的普通级汽油而已。

❷ 乙醇汽油

车用乙醇汽油是指在不含MTBE含氧添加剂的专用汽油组分油中,按体积分数加入一定比例(我国目前暂定为10%)的变性燃料乙醇,由车用乙醇汽油定点调配中心按国家标准GB18351—2004的质量要求,通过特定工艺混配而成的新一代清洁环保型车用燃料。

乙醇俗称酒精,但燃料乙醇与一般的商品酒精不同,是以玉米、小麦、薯类、高粱、甘蔗、甜菜等为原料,经发酵、蒸馏制得乙醇,脱水后再添加变性剂变性的乙醇。车用乙醇汽油是把变性的燃料乙醇和组分汽油按一定比例混配形成的一种新型汽车燃料。按照我国2001年4月2日发布的标准,车用乙醇汽油是用90%的组分汽油与10%的燃料乙醇调和而成。按研究法辛烷值的大小,车用乙醇汽油的牌号可分为90号、93号和97号三个牌号,与GB17930—1999《车用无铅汽油》的牌号相同。

车用乙醇汽油的特点是:

(1)增氧性强,助燃效果好。燃料乙醇按10%的比例混配入汽油中,可使氧含量达到3.5%,助燃效果好,汽油燃烧充分,使汽车的有害尾气排放总量降低33%以上。并可使辛烷值提高2~3个单位,提高了油品的抗爆性。

(2)溶解性好,清洁油路。车用乙醇汽油中的燃料乙醇是一种性能优良的有机溶剂,能有效地消除汽车油箱及燃油供给系统中沉淀和凝结的杂质,具有使油路疏通的作用。

(3)燃烧充分,减少积炭。由于车用乙醇汽油燃烧充分,可有效地预防和消除火花塞、气门、活塞顶部及排气管、消声器等部位积炭的形成,延长发动机和主要部件的使用寿命。

(4)亲水性强,使用不当可能分层。乙醇是亲水性液体,易与水互溶,如果油箱中沉积有水分或在车用乙醇汽油中混入水分,使油品水分超标,可能会出现燃料乙醇与调和组分油分层现象,影响发动机正常工作。首次使用时,应对油箱进行一次检查。

车用乙醇汽油的腐蚀性与普通汽油相当,但对少量橡胶、塑料件有溶胀现象。乙醇对金属的腐蚀性大于汽油,但添加少量的金属腐蚀抑制剂后,对黄铜、铸铁、钢、锌和铝等金属进行腐蚀试验结果表明,未发现有明显的腐蚀现象。对橡胶件的浸泡试验表明,车用乙醇汽油对绝大多数橡胶件无溶胀现象,只有少数几种不适应,但溶胀作用缓慢,只能一次性更换耐溶胀的橡胶件。因为不同汽车公司采用的材质不同,所以表现不同,比如奥迪汽车的电动泵就易被乙醇汽油所影响。

3 注意要点

氯丁胶、顺丁胶、丁苯胶、丁腈胶和硅橡胶的耐油性和抗乙醇汽油的溶胀性较好,可在燃用乙醇汽油的汽车上使用;氰化丁腈胶、氯化聚醚和丁基橡胶的耐油性和抗乙醇汽油的溶胀性较差,不宜在用乙醇汽油的汽车上使用。

按国家现行标准生产的车用乙醇汽油与普通汽油具有良好的互换性,可以混用。部分车辆在夏季加用车用乙醇汽油时,需注意车用乙醇汽油中乙醇含量对油品蒸气压的影响。车用乙醇汽油与普通汽油如以1:1的比例同时混用时,油品中乙醇含量降至5.7%左右,蒸气压增大,如排气阀不畅通,或有堵塞,油路气阻产生的概率就会增大。因此,夏季时一是要注意检查排气阀的畅通;二是在夏季的高温时间最好待一种油品基本用完时,再加入另一种油品。

同牌号的乙醇汽油与普通汽油相比,它能够提高研究法辛烷值(RON)2~3个标号;提高马达法辛烷值1个标号。

乙醇汽油的密度比普通汽油大,所以同一标号的汽油,在1t油中,乙醇汽油要比普通汽油的体积少20L左右。

五 汽车动力转向液

1 动力转向液的功用

动力转向液是一种可流动的矿物油,它与橡胶软管和密封圈相适应,在高温时能抑制稀释和分解,通常含有倾点抑制剂,以便在-20℉(华氏温度)时能保持足够的流动性。

尽管大多数汽车制造商认可普通的自动变速器液作为动力转向液,但也有一些汽车制造商只认可专用的动力转向液,经常查寻使用手册或通过其他正规渠道来决定选择合适的动力转向液类型。对于不同类型汽车的动力转向系统本书最后的附表中列出了,其动力转向液推荐使用如表 1-2-10 所示。

不同类型汽车动力转向系统推荐使用的动力转油品　　表 1-2-10

生产厂商	年代/型号	推荐使用的动力转向油品
ACURA	全部	本田专用转向液
奥迪	1989 年以后车型	奥迪专用转向液
	1989 年以前 W/0 central hydralics	自动变速器油
宝马	全部	自动变速器油
	W/self leveling suspension	宝马产品
克莱斯勒	全部	自动变速器油
福特	1997 年的 aspire，escort，tracer，	TYPE F
	1996 年的上述车型	TYPE F
	1996 及以后车型	自动变速器油
	1996 年以前	TYPE F
通用	全部	动力转向液
本田	全部	本田专用动力转向液
现代	全部	自动变速器油
无限	全部	自动变速器油
五十铃	全部	自动变速器油
美洲虎	全部	自动变速器油
吉普	全部	动力转向液
契亚	全部	自动变速器油
凌志	全部	自动变速器油
马自达	全部	自动变速器油
奔驰	全部	动力转向液
三菱	全部	自动变速器油
尼桑	全部	自动变速器油
标致	全部	动力转向液
保时捷	全部	自动变速器油
绅宝	全部	动力转向液
土星	全部	动力转向液
铃木	全部	自动变速器油
丰田	全部车型(除 MR2 车)	自动变速器油
	全部 MR2	丰田专用油
大众	所有车型(除 vanagon)	动力转向液
	所有的 vanagon	自动变速器油
沃尔沃	所有 1989 年 4 月以前欧洲生产的车辆	自动变速器油
	全部	自动变速器油

❷ 动力转向液的组成

动力转向液的组成如下：

(1)石蜡基或环烷烃基基础油。

(2)无灰分抗磨配方。

(3)抗氧化剂。

(4)倾点抑制剂。

(5)分散剂。

(6)密封圈膨胀剂。

(7)黏度指数改进剂。

六 制动液

❶ 制动液的分类

制动液按其组成和特性不同，一般可分为醇型、矿油型和合成型制动液三类。其中合成型制动液是目前广泛应用的主流类型。

我国汽车用制动液按照国家标准 GB 12981—2003《机动车辆制动液》进行分类。按机动车辆安全使用要求分为 HZY3、HZY4、HZY5，对应的国际通用产品为 DOT3、DOT4、DOT5 或 DOT5.1。实际在售的制动液通常采用的是国际通用的编号来识别制动液，即以 DOT×型式来标注。

❷ 制动液的选择

(1)制动液的选择十分简单，只需要按照汽车制造厂商车主手册要求的级别使用即可，不需要关注环境、车辆速度等外在因素，因为车厂在选择时作为参考因素已经考虑。

(2)制动液选择时，必须要确保使用的制动液与原来车内加注的是同一级别、同一厂商。

第二篇

实践篇

项目一　Chap 1

润滑系统深化保养

一 项目说明

❶ 润滑系统概述

汽车发动机润滑多采用压力润滑和飞溅润滑相结合的润滑方式。压力润滑是利用机油泵将润滑油以一定压力输送到摩擦副表面的润滑方式。主要用于负荷大、相对运动速度高的摩擦表面:如主轴承、连杆轴承、凸轮轴轴承、配气机构摇臂等处。飞溅润滑是利用发动机工作时运动零件飞溅起来的油滴和油雾来润滑摩擦表面的润滑方式,主要用于外露表面和负荷较小的摩擦表面:如汽缸壁、活塞销、凸轮、挺柱、偏心轮和连杆小头等。润滑脂润滑是通过定期加注润滑脂来润滑零件工作表面(如水泵、发电机、起动机和分电器轴等)的润滑方式。

发动机润滑系统的组成包括:油底壳、机油泵、限压阀及旁通阀、机油滤清器、机油散热器、机油压力表/温度表和机油油尺等。

❷ 润滑系统作用

发动机的润滑是由润滑系统来完成的。它的功用是将清洁的、定量的机油不断的供给各运动零件的摩擦表面,其具体内容是润滑、清洗、冷却、密封、防锈和缓冲等。

❸ 润滑系统结构

发动机润滑系统是传统的机械部件,原理一致如图2-1-1所示。

图 2-1-1　发动机润滑系统

④ 润滑系统深化保养项目介绍

1)磨合期深化保养

磨合又称走合。汽车磨合期是指新车或大修后的初驶阶段,一般为1000～1500km,这是保证零件充分接触、摩擦、适应、定型的基本里程。在这期间可以调整提升汽车各部件适应环境的能力,并磨掉零件上的凸起物。汽车磨合的优劣,对汽车的寿命、安全性、经济性将会产生重要的影响。

出厂后的新车,虽然已经进行过磨合,但是零件的表面依然较粗糙。另外在加工、装配时存在一定的偏差和一些很难发现的隐患。新零件与配件间,有很多金属粒脱落,这些金属粒不仅使零件间的磨损加剧,而且落入机油后还会使机油的质量下降,影响了润滑的效果。由于新的零件在运行时摩擦阻力比正常时期大,所以油耗也会比较高。

磨合期的特点:

(1)零件磨损快。汽车出厂前虽然按规定进行了磨合处理,但零件表面仍然较粗糙,加之新零配件间有较多的金属粒脱落,使磨损加剧。

(2)易出故障。由于零件在加工、装配时存在偏差,同时还包含着一些难以发现的隐患,在磨合期间很可能出现零件卡死、发热和渗漏等故障。

(3)润滑油易变质。由于磨合期内零件配合间隙较小,油膜质量差,温升大,机油易氧化变质。加上较多的金属粒混入机油,使机油质量下降。

(4)耗油量大。零件之间较大的摩擦阻力会使油耗增加。同时,磨合期的车辆行驶速度慢,长时间处于混合气过浓状态,也造成油耗过高。

(5)紧固件易松动。

正因为上面的原因,所以磨合期必须要进行非人为的保护。磨合期深化保养的特殊配方能够实现下面的功能:

(1)协助磨合,不含大量的减磨抗磨成分,从而保证磨合有效进行。

(2)对磨合期产生的金属磨屑能够借助无灰金属分散剂将它们分散悬浮于机油中并被机油滤清器过滤出来,避免由于金属磨屑存在产生对金属表面的拉伤。

(3)适量的油性剂而非极压剂,能够减缓磨合期过程中可能造成的金属凸起物嵌入拉伤,为后期的发动机性能打下良好的基础。

2)润滑系统清洗深化保养

一般机油循环次数每小时可达到110次,在这个过程中,机油不断的与金属表面和空气接触,促使机油不断的氧化变质。于是在润滑系统的不同位置产生不同结构的污垢。

在发动机内部,按照温度的高低可划分为三个区域,在各个区域里生成的沉积物性质是不同的。

(1)燃烧室高温区。燃烧时火焰温度可以高达1500～1800℃,这样的高温足以使进入燃烧室后落在活塞顶、汽缸盖及汽缸壁等部件表面上的机油和未燃尽的燃料发生化学变化,生成焦状固体或疏松的烟灰状物,主要覆盖在活塞顶排气门、导管、火花塞及喷油嘴上,这类高温沉积物通称为积炭。

(2)连杆活塞组为中温区。一般汽油机的活塞部位温度在175～260℃,柴油机活塞部位温度要高很多，第一环槽温度可达到315℃，活塞裙的上部最高温度大约是200℃，下部是150℃。从最上面的活塞环槽到活塞裙部、内外表面及连杆表面通常都覆盖着黄褐色甚至黑色的漆状物，通常叫做漆膜，漆膜里常夹有焦炭状的固体颗粒或油状物质。

(3)曲轴箱为低温区。曲轴箱机油的温度一般不超过90℃，冬季或经常时开时停运行时，温度会更低，在曲轴箱油底壳底部侧面及油泵等处，产生一种油泥状沉淀，通常叫低温油泥或油泥。

积炭、漆膜和油泥的组成和性质均不同，使用金属清净剂和无灰分散剂进行清洁的效果也不一样。

积炭。积炭有密实、疏松柔软等各种状态。其组成和性质随发动机的工况、燃油、机油性质及随空气进入燃烧室的杂质而异。在同一燃烧室内，不同零件上积炭性质和组成也不同。积炭主要包括：燃料和机油燃烧生面的炭质沉积物、汽油抗爆剂(四乙基铅)生成的铅化物、燃料中的硫燃烧后与金属生成的盐类、机油中金属添加剂燃烧后形成的金属氧化物、空气中携带的灰、沙等硅化物、发动机零部件磨损下来的金属屑及其化合物。

当积炭的表面层增长到接近高温区时，落在上面的有机物将被烧净，这时积炭便停止增长而达到平衡状态。积炭增长到平衡状态的时间，取决于发动机的结构和温度状况、机油的质量和耗量、燃油性质及混合气的组成等。机油耗量大，残炭值高，热稳定性差，达到平衡状态的时间会短，发动机经常以浓混合气工作会形成较多的烟灰及炭，将加速积炭的形成。

积炭的导热性很差，覆盖在零部件表面会降低传热系数，阻碍散热，引起燃烧室温度上升，火花塞、喷油嘴、排气门、活塞及汽缸盖过热。积炭增多后导致燃烧室容积减小。热强度增大，使汽油机发生爆震。此外，燃烧室内的炽热积炭颗粒在铅盐的催化作用下可引起汽油机失控燃烧，出现早期点火、燃烧不稳等现象，导致发动机零部件急剧磨损或损伤。柴油机喷油嘴上的积炭妨碍燃油雾化，使柴油机功率下降。气门座积炭会破坏气门的密封性，致使气门烧坏，若积炭落入曲轴箱内，通常会经过机油的循环，还会引起活塞环卡死、汽缸和曲轴等磨损甚至擦伤。综上所述，发动机内部生成积炭是不可避免而有害的，清除积炭的方法很多。

漆膜。漆膜主要沉积在活塞环槽、裙部及连杆上。颜色有淡黄色、棕褐色及至深黑色。活塞裙部的漆膜一般是颜色较淡，平滑而光亮。活塞环槽的漆膜常常夹杂有积炭，颜色深而表现粗糙。漆膜与金属表面结合得非常牢固，只有新生成的漆膜才能被苯、丙酮、氯仿等溶剂洗掉。

漆膜是机油和燃油氧化的产物。机油和燃油的柴油机试验证明，漆膜90%来自机油，10%来自燃料氧化及不完全燃料产物。结果见表2-1-1。

漆膜因机油产生沉淀所占比例　　表2-1-1

部　位	机油产生沉淀(%)	部　位	机油产生沉淀(%)
活塞顶部	88	第三环槽	92.8
顶环槽	94	第四环槽	91
第二环槽	93.5		

研究表明，温度在曲轴箱的80℃到活塞环区的300℃间的机油的液相氧化是漆膜生成的主要原因。发动机零部件表面的薄层机油，在高温、氧及金属表面的催化作用下生成复杂

氧化物和不饱和化合物的混合物，如烯烃、醛、酮及醇类等。这些初级氧化产物进一步反应，生成以聚酯和聚醚为主的漆状物。另一方面，曲轴箱内机油的氧化，使机油中可溶性氧化物、固体氧化产物增多，进一步氧化缩聚生成漆膜。燃气中硫的氧化物和空气中的氮的氧化物都可能与机油及燃油中的氧化产物结合，加速漆膜的生成。

机油和燃油的质量及发动机运行状况，对漆膜的形成影响响很大。

燃油的沸点大于149℃，芳烃会增加活塞裙部漆膜的生成量，从燃烧室生成的铅化物可能积在环槽内，增大沉积量。

漆膜的导热性极差，黏附性很强。覆盖在活塞表面的漆膜会阻碍热量的散失，过多时甚至导致活塞烧坏。沉积在活塞环槽内的漆膜对发动机工作状况影响最大。它阻碍活塞环的自由活动，使活塞环的密封性能变坏。若沉积过多可造成粘环。粘环后，活塞的密封作用变坏甚至消失，大量机油上窜进入燃烧室，燃烧室内燃气下漏入曲轴箱中，烧掉了汽缸壁上的机油膜，甚至严重擦伤。同时发动机功率下降，燃料和机油消耗增大，排烟增多，零件表面迅速脏污。

油泥。油泥主要沉积在曲轴箱油底壳和壁、机油泵集油器滤网、油道、时规齿轮盖等处。据研究，燃烧室的气体通过活塞环和汽缸壁间的间隙窜入曲轴箱是形成油泥的最主要的原因。窜气主要发生在压缩及燃烧行程，若将窜气引出冷却会分成汽、液、固三相。汽相成分主要是空气（氧、氮）、二氧化碳、一氧化碳、烃类及硫，氮氧化物含量很少，对油泥无直接关系。液相中含有未燃烧燃油、机油、溶于油中的液相氧化产物、水及水溶性氧化物、卤化物、氮和硫的氧化物等。固相中含有60%的有机物（含羰基和羟基的聚合物），40%的无机物（添加剂和磨损零部件的金属及金属氧化物，灰尘等）。

一般使液体氧化物、水分及杂质增多的条件都将促使油泥形成。发动机运行温度对油泥生成影响最大。发动机运行温度过低，即交通拥挤城市中时开时停轿车以及高功率经常短距离行驶的汽车都形成油泥。

油泥的存在，导致油泵入口、输油管路的堵塞，使机油循环系统供油量减少甚至中断，从而引起运动部件的摩擦和磨损，严重时因“干磨”而导致擦伤，烧瓦甚至抱轴等严重事故发生。

针对于发动机润滑系统的油泥、清漆和积炭，润滑系统深化保养能够在换油保养的过程中通过不解体方法清洗。就是在发动机更换机油前把清洗类深化产品按规定的比例加入发动机曲轴箱，发动机运行5～10min，然后将废机油与清洗类产品一同排出，更换新机油，彻底解决发动机内部存在的油泥、清漆和积炭污垢，为新机油的加入创造一个良好的工作环境。

3）润滑系统增效深化保养

所有机油都是由基础油和添加剂组成，为什么还要在机油中添加增效深化保养产品呢？随着汽车发动机的不断改进，发动机体型越来越小，控制越来越精密，对机油的工作要求日趋苛刻。计算机化、辅助装置的安装，都要求机油承受更高的工作温度、更广泛的温度适应范围。特别需要关注的是：机油在正常使用的过程中必然会产生酸性物质，这些酸性物质的存在会加速机油的酸化、氧化、极压、机械杂质以及燃烧产生的积炭都会加速机油的变质，如不正常、及时保养润滑系统，使之过早的失效并失去保护功用。据美国汽车工程师协会（SAE）统计，美国汽车每100USgal（加仑）汽油燃烧后形成的物质见表2-1-2。

每 100USgal 汽油燃烧后形成的物质　　表 2-1-2

燃烧后形成物质	数　量	原　因
水	90 ~ 120USgal	完全燃烧的产生
未燃烧完全的汽油	3 ~ 10USgal	混合气浓
煤灰	0.25 ~ 1 kg	燃烧不彻底产生的物质
清漆和脂类物质	0.125 ~ 0.5 kg	燃烧不彻底的物质(上面有分析)
硫酸和胺酸	0.5 ~ 2 kg	汽油中的 S 和胺分子的燃烧结果
盐酸和氢溴酸	1 ~ 2USfloz(盎司)	汽油中的携出剂燃烧的结果

注:1USgal = 3.78541 dm^3,1USfloz = 29.57353 cm^3

上面所述原因将会造成发动机过度磨损,甚至导致“拉缸”、“划瓦”等严重事故。

润滑系统增效深化保养的目的是全面提升机油的使用性能,并有针对性的改善关键性能指标。

(1)通常情况下是首先全面提升机油的所有保护功能:简而言之是将机油的质量等级提升 1 个级别,例如将 SL 的机油提升至 SM 级别。

(2)针对于机油主要是减少摩擦降低磨损的需求,产品采用油性剂/摩擦改良剂、抗磨剂、极压剂的复合配伍来实现机油在低温到高温、正常压力到极压等所有工况下的减摩抗磨的作用。

(3)针对于机油工作中形成的酸性物质的破坏,增效深化保养产品特别附加了抗酸化成分和抗高温氧化成分,用来抵抗和减缓机油的失效时间和失效速度,从而为发动机提供全面的保护。

4)润滑系统修复深化保养

汽车在行驶一定时间/里程后都会出现动力下降、油耗增加、排放污染严重,甚至烧机油冒蓝烟。这种现象的产生原因有许多种:

(1)相对运动的金属部件间的不断的摩擦产生磨损,当磨损的累积达到一定程度后就会在两个运动金属部件间形成一定的间隔,造成烧机油。

(2)起密封作用的橡胶等材质的部件在使用一定时间/里程后不可避免的会出现硬化和裂化,出现各种形式的小裂纹。机油便会从这些裂纹间直接浸透而进入燃烧室燃烧,产生烧机油。

(3)曲轴箱强制通风阀如果卡滞,造成机油不断的进入燃烧室而被烧掉,产生烧机油。

(4)涡轮增压器在给发动机带来更好的动力,更好的功率的同时,也会从三个方面产生烧机油的结果。

润滑系统修复深化保养的产品能够与机油在一定温度下全面快速溶合,并随机油的工作循环而循环。特殊的润滑修复成分与机油在结合或不结合的作用下,借助于润滑介质,首先通过物理作用在已经磨损的金属表面进行黏附和浸透,在一定的压力、温度和速度影响下与金属表面通过化学作用对于已经磨损的金属表面进行修复,是一个沉积—结晶—铺展膜的过程。它与润滑系统增效深化保养的工作原理不同,不是以改变机油或发动机零件的代价来工作。

二 技术标准与要求

(1)检查机油的量是否符合车厂数量要求。
(2)检查机油是否符合车厂的质量要求。

三 实训时间

实训时间为15min。

四 实训教学目标

学生能够按照操作规程熟练的进行润滑系统深化保养,并注意相关的事项,避免可能发生的问题。

五 实训器材

实训器材包括:实车、拆装工具、工具车、线手套、工作服、安全鞋、工作帽、产品、新机油和新机油滤清器。

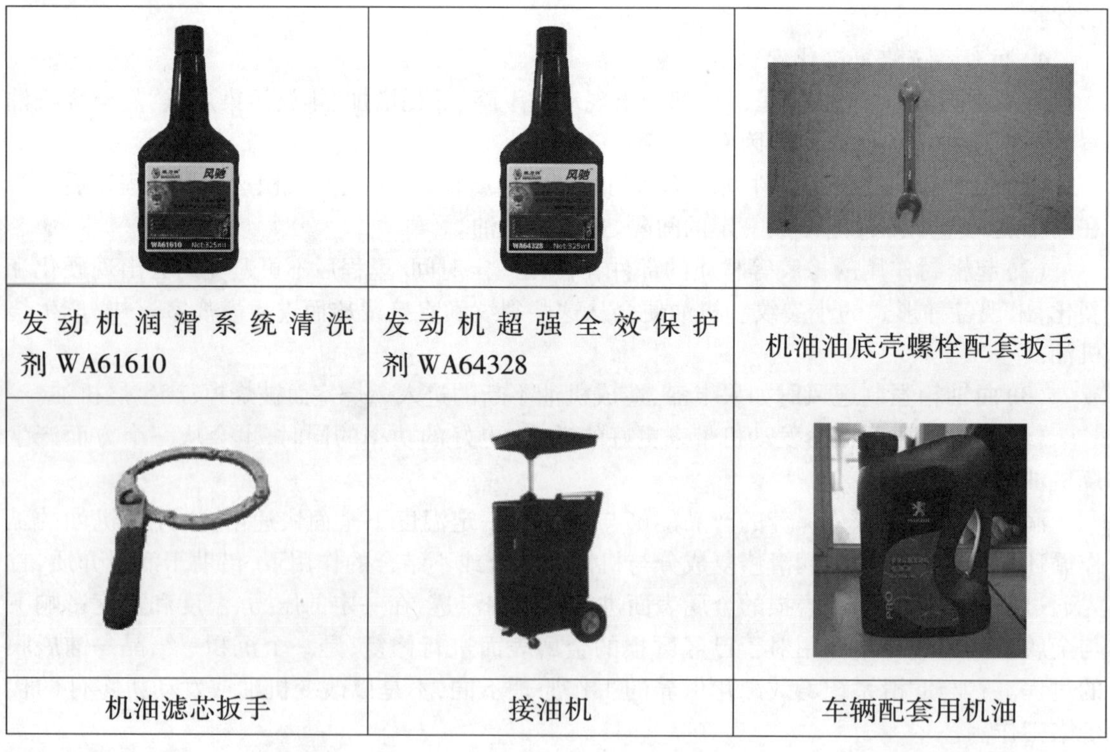

发动机润滑系统清洗剂 WA61610	发动机超强全效保护剂 WA64328	机油油底壳螺栓配套扳手
机油滤芯扳手	接油机	车辆配套用机油

六 教学组织

❶ 教学组织形式

每辆车安排4名学生参与实训,两名学生为一组。一组操作,一组观察学习。

❷ 学生站位分工和要求

两名学生一组,按照1号、2号进行编号,1号为主,2号为辅助。

❸ 实训教师职责

讲解操作步骤和注意事项;下达“操作开始”口令;工位间巡视、检查、指导和纠正错误。

❹ 学生职责变换

2名学生实行职责变换制度,即第一遍1号为主,2号辅助;第二遍2号为主,1号辅助。

七 操作步骤

第一步　事前准备	
1. 车辆停靠。 提示: 车辆停靠于举升机中间位置;车辆与左右立柱距离相近;举升机立柱与车辆中间位置平齐。	
2. 车辆举升:四个立柱分别支撑牢靠。 提示: 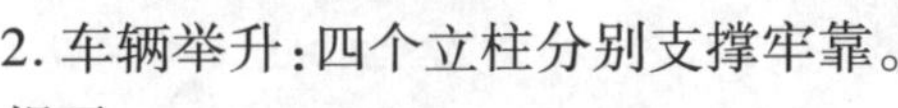四个立柱分别支撑在车身边侧支撑点;支撑点是托点中间位置;试举升后确认支撑牢靠,否则重新支撑,直到安全。	
3. 打开发动机罩。 提示: 有的车非液压支杆,需找准支撑位置并支撑牢靠。	

<table>
<tr><th colspan="2">第二步　添加润滑系统清洗剂</th></tr>
<tr><td>1. 拆下发动机保护罩。
提示：
发动机保护罩螺栓是压扣，注意拆开时用力勿过大。</td><td>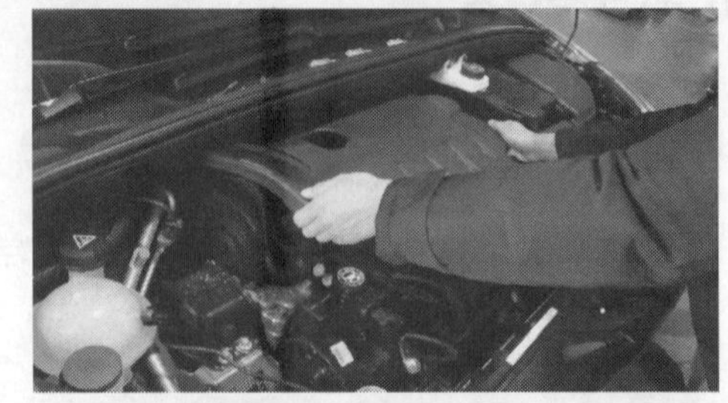</td></tr>
<tr><td>2. 旋下机油加注口盖，检查机油液面。
提示：
检查机油油尺：如果油面过高，放掉或抽掉部分机油；如果油面过低，补充少许机油。</td><td>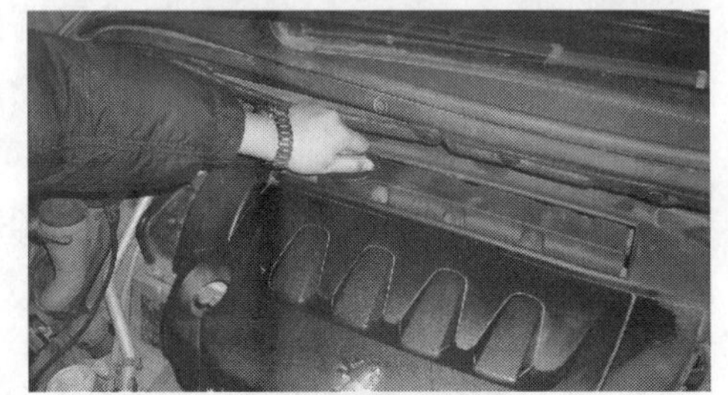</td></tr>
<tr><td>3. 打开产品瓶盖，倒转瓶盖与瓶口，旋开铝箔。
提示：
瓶盖顶部有针形凸出，用来刺穿铝箔。</td><td></td></tr>
<tr><td>4. 加入发动机内部清洗剂。
提示：
注意确保加注过程中没有异物进入发动机。</td><td>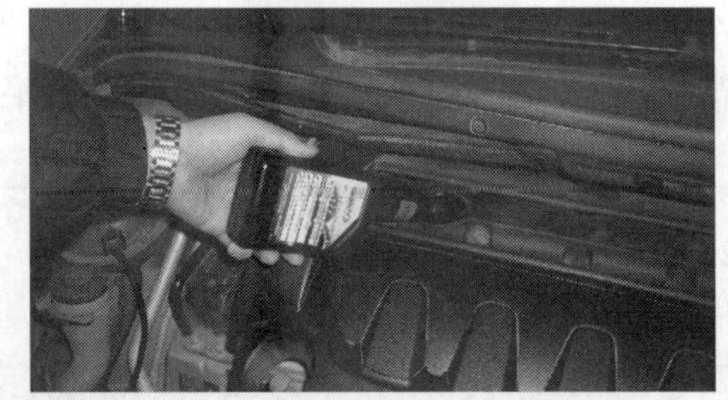</td></tr>
<tr><th colspan="2">第三步　清洗发动机</th></tr>
<tr><td>着车后保持怠速清洗 5 ~ 10min。
提示：
烧机油车辆，清洗时间应缩短；车辆超过 15000km 从未清洗过，清洗后拆油底壳。</td><td>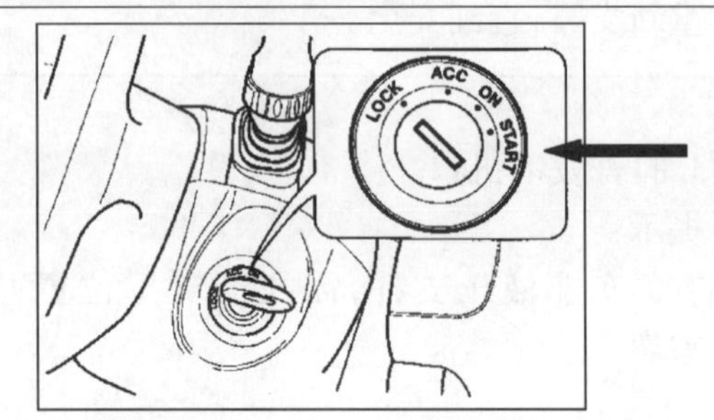
</td></tr>
</table>

第四步　更换机油和机油滤芯	
1. 拆卸油底壳螺栓，排出旧机油。 提示： 旧机油烫手，小心烫伤。	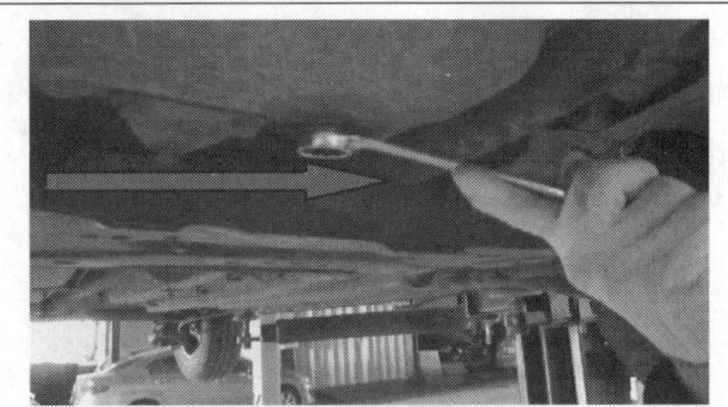
2. 使用接油机接收旧机油。 提示： 直到旧机油滴落。	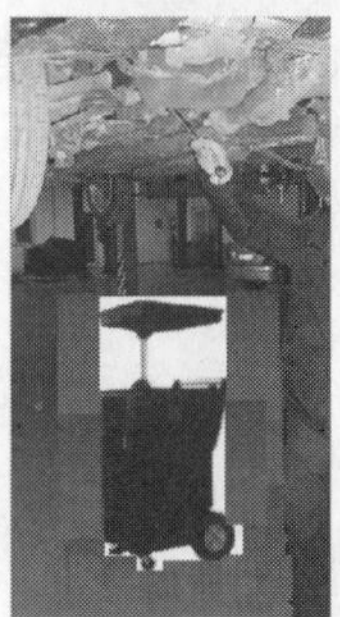
3. 拆下旧机油滤清器，换上新机油滤清器。 提示： 换上新机油滤清器前用机油润滑新滤芯密封圈。	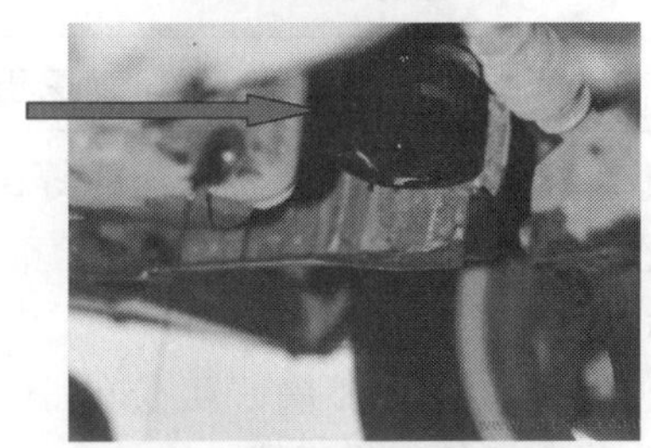
4. 加入符合厂家质量要求的发动机新机油 3L 左右。 提示： 确保加注过程中没有异物进入发动机。	
5. 加注发动机内部保护剂。 提示： 按发动机排量不同加注不同的产品量。	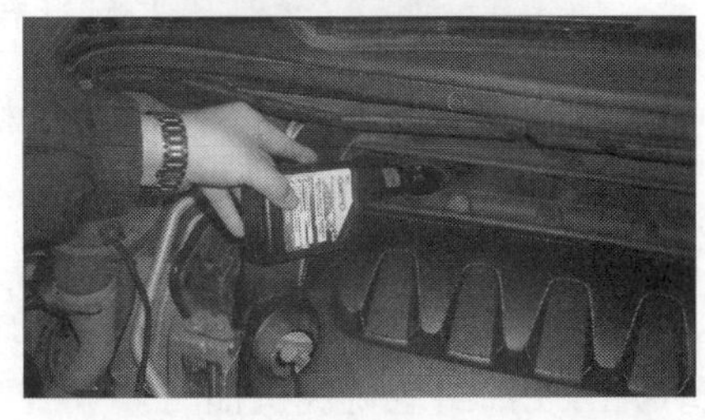

6. 通过油尺检查机油液面，确保机油添加量符合车厂要求。 提示： 液面应该在 H 与 L 之间或 ADD 与 FULL 之间，如果不足应补加。	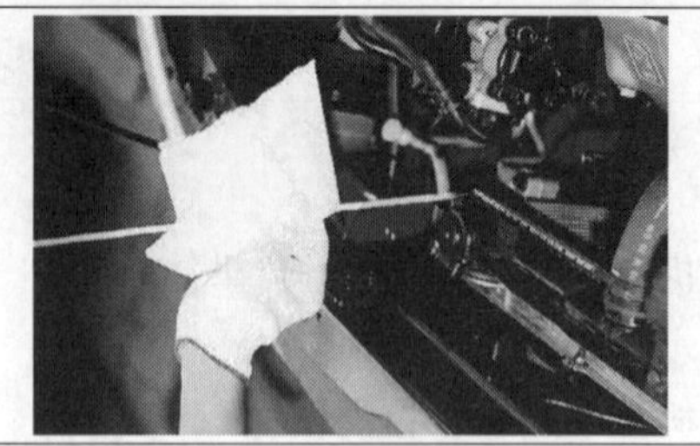
7. 起动发动机检查，如果渗漏，需检修。 提示： 油底壳螺栓和滤芯紧固不到位，造成渗漏会产生大的事故。	
8. 发动机熄火，装复发动机保护罩。 提示： 保护罩安装到位。	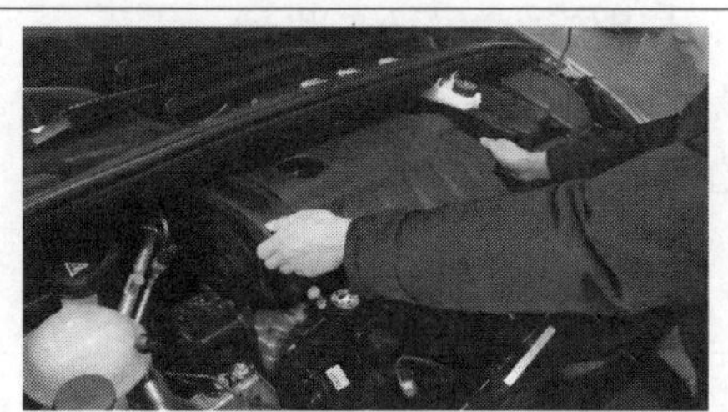
第五步　清洁整理工位	
1 号、2 号共同清理、整理工具等；清扫地面卫生。 提示： 作业项目完成后，要搞好工位的清扫、整理工作，培养良好的工作习惯。	
特别注释 1——磨合期发动机	
发动机磨合期时，添加磨合保护剂，不使用发动机全效保护剂。 提示： 只适合磨合期使用。	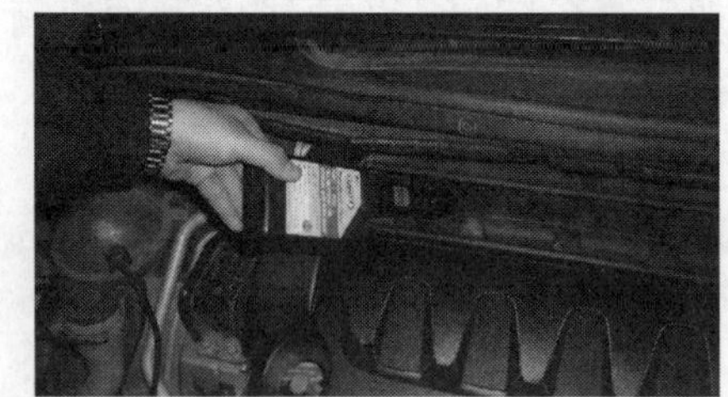
特别注释 2——烧机油发动机	
添加发动机修复保护剂，不使用发动机增效保护剂。 提示： 针对：行驶里程超过 6 万 km 以上发动机； 发动机出现油封老化烧机油时。	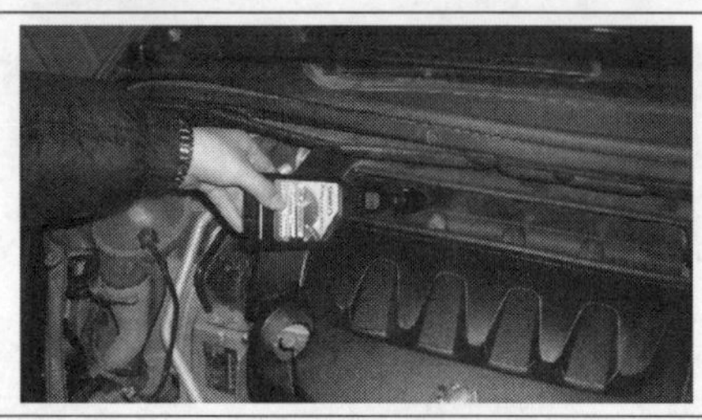

八 考核标准

考核标准见表 2-1-3。

考核标准表(满分 100 分)(时间 10min) 完成用时:________

表 2-1-3

考核时间	序号	考核项目	满分	评分标准	得分
10min	1	作业前整理工位	6	酌情扣分	
	2	安全防护用品的使用情况	4	操作时不戴手套扣 4 分	
			4	操作时不穿安全鞋扣 4 分	
	3	工具使用情况	2	未正确使用螺丝刀扣 2 分	
			2	未正确使用油底壳螺栓拆卸工具扣 2 分	
			2	未正确使用滤芯专用工具扣 2 分	
	4	打开发动机罩	10	操作错误扣 10 分	
	5	拆卸机油加注口盖	2	未正确拆卸扣 2 分	
	6	打开清洗剂产品铝箔密封	2	未正确打开铝箔扣 2 分,未使用瓶盖打开铝箔不得操作分	
	7	加注清洗剂	4	未按比例加注清洗剂扣 2 分,异物进入发动机不得操作分	
	8	清洗发动机	5	清洗时间不足或超过 10min 扣分,每 1min 扣 1 分,扣完为止	
	9	拆卸发动机油底壳螺栓	2	未正确拆卸扣 2 分	
	10	安装发动机油底壳螺栓	2	未正确安装扣 2 分	
	11	拆卸机油滤清器	10	拆卸时工具位置不对扣 4 分,可累积 拆卸时机油外溅此项不得分	
	12	安装机油滤清器	10	安装时工具位置不对扣 4 分,可累积 安装时未润滑密封圈,此项不得分	
	13	加注机油	4	加注超量扣 5 分 异物灰尘进发动机扣 5 分	
	14	加注发动机保护剂	4	未按比例加注清洗剂扣 5 分,异物进入发动机不得操作分	
	15	检查机油液面	4	未检查此项不得分,异物灰尘进入发动机此项不得分 加注不符合要求扣 4 分	
	16	着车检查渗漏	4	未检查此项不得分	
	17	盖上发动机罩	2	未正确安装装饰扣扣 2 分	
	18	整理产品、工具和工作环境	10	安装完成后,整理产品/工具/环境分别按 3/3/4分扣除	
	19	超过规定操作时间	5	每超时 1min 扣 1 分,扣完为止	
	20	遵守相关安全规范	因违规操作造成人身和设备事故的,总分按 0 分计		
分数合计			100		

项目二

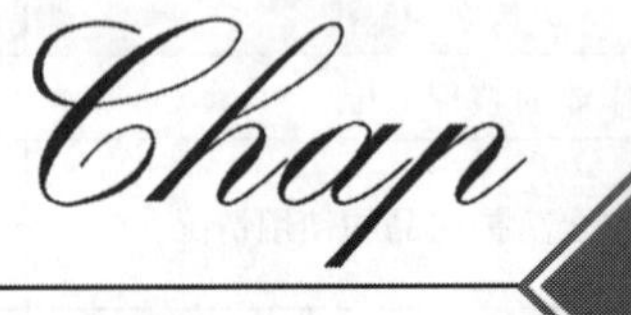

燃油系统深化保养

一 项目说明

1 汽车燃料供给系统概述

汽车燃料供给系统俗称燃油系统,其任务是根据发动机各种工况的不同要求,配制一定数量和浓度的可燃混合气并将其供入汽缸,使之在压缩终了时点火,燃烧而膨胀做功,最后将燃烧后的废气排入大气。

按燃油供给方式的不同,分为化油器式燃料供给系统和电子控制汽油喷射式燃料供给系统。目前国内全部是后者。

电控燃油喷射系统燃料供给系统是根据喷射方式不同又分为:间歇喷射和持续喷射;根据进气系统空气量的检测方式不同又可以分为:直接测量(流量型)方式和间接测量(压力型)方式;根据喷油器的布置方式不同,又可以分为:机械控制式汽油喷射系统,电子控制式汽油喷射系统。

电控汽油喷射系统由燃油供给系统、空气供给系统和电子控制系统等组成。主要组成部件是:电控单元、传感器、电动燃油泵、燃油滤清器、燃油导轨(分配管)、燃油压力调节器、喷油器、冷起动喷油器等组成。

2 汽车燃油系统作用

汽车燃油系统的主要作用是:供给发动机所需要的空气,根据空气量和其他参数,供给发动机需要的燃油,并保证在指定的时间和指定的数量,保证发动机能够正常工作。

❸ 汽车燃油系统结构

发动机燃油系统的结构因车型不同而变化较多,最主流的组成结构如图 2-2-1 所示

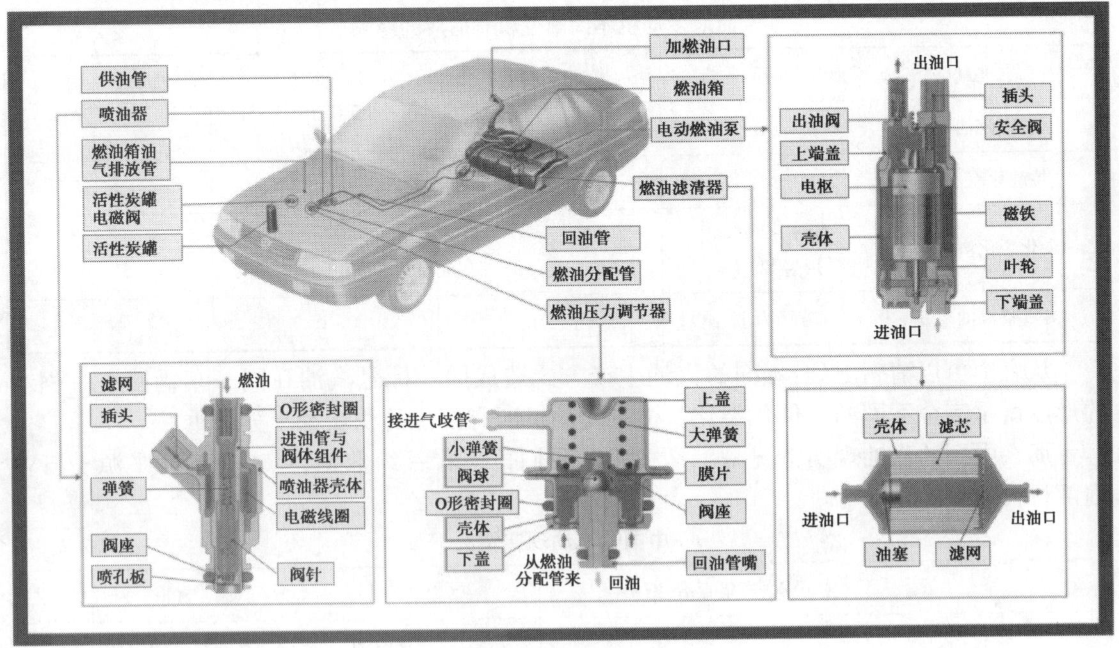

图 2-2-1 发动机燃油供给系统的组成

❹ 汽车燃油系统深化保养项目介绍

1)导致积炭的原因

越来越多的汽车维修企业从业人员和车主开始认识到,汽车发动机形成积炭不可避免。根据积炭形成机理,导致积炭形成的原因高达十几种,只不过影响程度大小不同。下面综合归类,从四个方面进行分析。

(1)中国汽油品质是导致积炭形成不可避免的最主要原因。

①汽油燃烧就会形成积炭。在发动机正常工作中,汽油和进入燃烧室的发动机机油,在供氧不足的条件下,不能在汽缸内完全燃烧,产生油烟和机油烧焦的微粒。当发动机继续运转时进一步氧化变成胶质,牢固地粘在活塞顶、活塞环、气门背面、进气管内面和燃烧室内等。在高温的反复作用下,又将胶质变成沥青质、树脂质及炭质,从而形成积炭。

汽油与一般有机化合物一样,会氧化变质。主要是由于烯烃等不饱和烃在常温液相条件下容易与空气中的氧发生自氧化反应(实际上是涉及过氧化物和烃自由基的链式反应),而且彼此之间还会发生缩合和聚合反应,生成低聚黏稠物,也就是胶质。其中一部分是在汽油的储运过程中缓慢形成的。此外,燃油供给系统中的汽油一部分要流回油箱,受发动机舱温度的影响,自氧化反应加速,也会使汽油中的胶质增多,胶质会加速积炭形成。

②汽油的生产与提炼方式影响积炭在不同车型的形成量。面对诸如奔驰、宝马等进口汽车在国内不同城市出现的“水土不服”问题,我们不禁要问:为什么同样的车辆,在欧美日

等国家使用没有在国内这么多的积炭问题？显然，我们不得不正面国内的燃油品质问题。

先看一下：同一标号汽油对于发动机不同部位积炭形成的影响，见表2-2-1（图表来源于国家石化行业的博士论文）。

汽油对发动机不同部位积炭形成的影响

表2-2-1

汽油生产	烯胫与芳胫含量	进气阀沉积物	喷油嘴沉积物	燃烧室沉积物
直馏汽油	少	少	少	少
烷基化汽油	少	少	少	无影响
催化裂化汽油	40%～50% 烯烃:20%	多	多	多
重整汽油	芳烃为主	少	少	多

从表中可以清晰看到：不同的汽油生产方式造成同一标号汽油在同一车辆使用时积炭的形成量是完全不同的。催化裂化汽油在发动机所有部位的积炭都十分严重。

那么中国的汽油现实情况是怎么样呢？我们再来看一组数据，见表2-2-2（来源于行业内部材料）。

中国的汽油现实情况

表2-2-2

生产方式	产量百分比(%)	生产方式	产量百分比(%)
催化汽油	73.93	直馏汽油	10.80
重整汽油	10.41	烷基汽油	0.30

一个让大家不愿意接受的现实：车主最常用的汽油居然对发动机积炭产生都影响很大。

③更加不幸的是，劣质汽油的使用加剧了积炭的快速形成。前不久发生的洛阳“汽油门”事件让大家清醒的知道：劣质汽油实际上就在我们身边。劣质汽油中胶质含量多。胶质的可燃性差，挥发性低，它会加速积炭的形成；同时，汽油中的不易充分燃烧的长碳链成分，更容易黏结在进气门上，形成凝胶，从而堵塞进气门。

(2)现代城市的交通情况，也是发动机产生积炭的主要诱因。目前，国内大中城市交通状况恶化，汽车在市区行驶时基本上处于走走停停，频繁起动换挡，经常怠速或低速行驶甚至滑行。车辆始终不能按设计的时速进行运行。

①长期低速短途行驶。此时的发动机不能高转速运转，发动机温度低，长时间处于加浓工作状态（特别是北方地区的天气寒冷季节）。加浓工作状态的最根本问题就是混合气浓，汽油燃烧不充分，大量未完全燃烧的汽油不断在进气门、燃烧室、活塞顶形成胶质并进而转化成为积炭。车主经常听到4S建议车辆在使用一定时间/里程后去跑一下高速，就是为了使车辆在设计的理想工作状态下运行一定时间，使积炭在高温下不累积，甚至被烧掉部分。

②长时间的频繁换挡。车辆在行驶过程中，因为驾驶环境影响而不断起动、滑行、更换挡位，不可避免的会对发动机的产生反向冲击载荷，浪费发动机动能和转矩，加大汽油的消耗，进一步加大积炭的形成。

(3)驾驶习惯是产生积炭的另外一个主要因素。每年数以千万的新车手上路，新车手最大的特点之一就是常说的“手潮”、“开车肉”，配合上现在城市的车况，车主驾驶过程中长时间处于怠速运转和低速行驶，自然会加大积炭形成，上面有阐述。

另一个较为普便的不良驾驶习惯是“高挡低速”行驶。手动挡的挡位置于4、5挡，车速却只保持在20～30km/h。众所周知，高挡低速会损伤发动机和变速器，同时更容易造成发动机积炭。

(4)发动机构造决定了车辆必然产生积炭。

①受电喷发动机控制特点的影响。发动机工作时都是先喷油再点火。当发动机熄火的一瞬间点火被马上切断，但是这次工作循环所喷出的汽油却无法回收，只能贴附在进气门和燃烧室壁上，汽油很容易挥发，但汽油中的蜡和胶质物却留了下来。长此以往，汽油中的蜡和胶质物越积越厚，反复受热后变硬就形成了积炭。如果发动机烧机油，或是加注的汽油质量低劣杂质较多，那么气门积炭就更严重且形成速度很快。

②受发动机活塞工作行程影响。发动机各个活塞在工作时的行程不同，发动机熄火时，未燃烧的燃油不断蒸发氧化，会在燃烧室、进气管中(尤其是进气歧管)产生一些较软的黑色积炭。这些积炭会使进气管的管壁变粗糙，进气会在这些粗糙的地方产生旋涡，影响进气效果及混合气的质量。造成燃烧不完全. 进而形成积炭。

③曲轴箱通风对积炭的形成影响很大。发动机内部的废气被直接引入进气歧管，随新鲜空气一起导入燃烧室进行燃烧。高温的燃油蒸气与空气充满进气歧管，其中一部分会附着在管壁及气门背部，另一部分则随进气流在进气门处与喷入的燃油混合形成混合气，进入燃烧室燃烧后被排出车外。

由于吸入的新鲜空气中含有细小灰尘颗粒，在空气滤清器处无法完全滤除，伴随油气一起冲刷气门背部，经长时间冲刷造成细微划痕。细小颗粒与来自曲轴箱的机油储存在划痕中，在高温下形成漆状物，经长时间积累，与混合燃油中的蜡等成分形成积炭。

2)积炭对于汽车性能的影响

积炭在不同的位置形成后对于汽车性能的影响如下。

(1)节气门体的积炭：此处的积炭主要集中的下面的位置：叶片周围、叶片背部、怠速电动机处。积炭会引起怠速不稳、怠速抖动、怠速偏高、失速、迟滞、失火等一系列现象。在叶片周围积炭主要是会影响叶片转动速度和开启角度，导致进气量与进气流量计算的数据偏差，计算机计算喷油量与实际需求量不同。在一些采用塑钢等非金属材质的节气门体，特别是在冬季表现比较明显，比如马自达车；叶片后部的积炭形成后不易发现，不易处理。等到解体才发现数量可怕的积炭，特别是节气门角度是下倾式的更为明显，比如广州本田等；怠速电动机周围积炭形成与叶片形成积炭同步，怠速通道阻塞使怠速控制装置卡滞或超出其调节范围，这样一来会造成怠速低、怠速发抖、提速迟缓、收油灭车、尾气超标、费油等现象。由于位置靠后且在侧面，所以通常不易处理。因而，有汽车公司建议每15000km就清洗一次节气门体，比如北京现代。清洗前后的节气的体如图2-2-2所示。

清洗前的节气门体

清洗后的节气门体

图2-2-2　清洗前后的节气门体

(2)喷油嘴积炭。喷油嘴积炭形成后会引起汽车的抖动、喘气、动力下降、油耗增加、排放增加等一系列问题。实际上这个问题早在20世纪80年代就已经在欧美出现。主要表现为喷嘴雾化形状发生变化，如喷射角度变小，或喷射的雾化程度降低等，直接引起燃烧不充分或局部燃烧不充分，产生系列问题。十分不幸运的是，伴随着汽车技术的不断进步，新的问题再次摆在我们的面前：原来的单孔喷嘴不再被采用，现在汽车基本上全部采用多孔(如四孔)的喷嘴。喷油嘴的进步，初衷是提高其雾化性能，但被中国的燃油所累。很多的车辆，特别日系车经常出现其中一个、二个甚至三个喷孔被堵塞，引发相应故障。清洗前后的喷油嘴如图2-2-3、图2-2-4所示。

图2-2-3　清洗前的喷油嘴

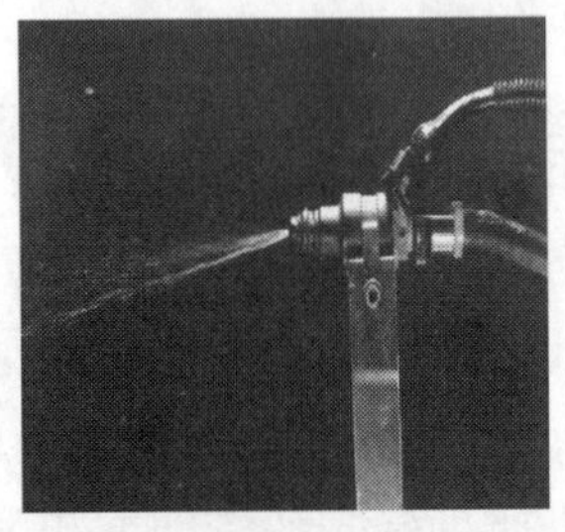
图2-2-4　清洗后的喷油嘴

(3)进气门积炭。由于积炭的结构类似海绵，当气门形成积炭以后每次喷入汽缸的燃油就会有一部分被吸附，使得真正进入汽缸的混合气浓度变稀，导致发动机工作不良，出现起动困难、怠速不稳、急加油回火、尾气超标、油耗增多等异常现象。严重者会造成气门封闭不严，使某缸因缸压太低甚至没有缸压而彻底不工作，甚至粘连气门使之不复位。此时气门与活塞会产生运动干涉，最终损坏发动机。

图2-2-5　清洗前的进气门

进气门积炭图2-2-5是现在汽车的一个十分突出的问题，是汽车所有产生部位中最严重的，所有车辆都存在程度不同的问题。如果在驾驶中遇到提速慢、冷起动困难的现象，车的气门很可能已经有积炭了。发现怠速低而且怠速时车发抖，踩下加速踏板时发卡，换蓄电池后无怠速，那么车的进气管已经积炭很严重了。有了以上现象就应该及时去检修车辆了。目前中国车辆中，有两个因素需要特别注意；一是欧系车，包括标致、大众、奥迪、宝马、奔驰等；二是在中国的北方，天气较冷的秋末、冬天，刚开春的季节里，这种情况下都是气门积炭产生驾驶问题的集中爆发点。

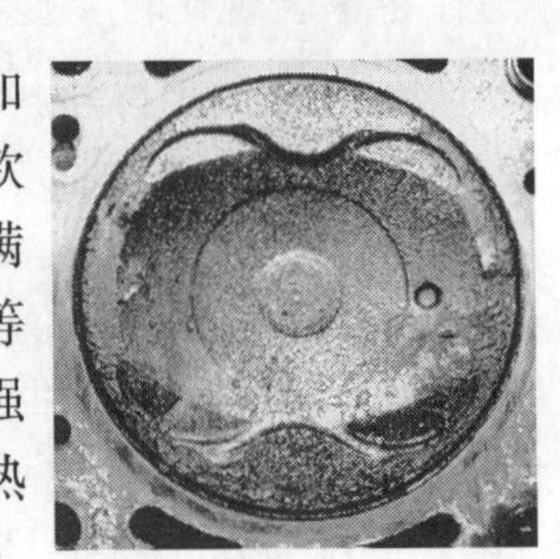
图2-2-6　清洗前的活塞顶

(4)燃烧室积炭。美国通用、福特、克莱斯勒车活塞顶积炭常如图2-2-6所示，在内窥镜下能看到部分位置一层层的金属纹络。欧款车和日系车通常在几万千米就能看到：活塞顶中间的凹槽里会充满积炭，甚至中间高，四周低(图2-2-6)。燃烧室的积炭会引起爆震等一系列问题。积炭改变了气体流动性能，影响到燃烧室中的湍流强度、火焰传播速度和燃烧速率以及燃烧持续时间；同时由于积炭是热的不良导体，温度始终较高，在进气、压缩行程中不断给混合气传热，改变混合气的温度，从而改变了终燃混合气的温度；另一方面，积炭本身占有一定的空间，缩小了混合气正常工作的空间，提高了压缩比。其综合效果为积炭的存在使得爆震倾向增加。

四个部位的积炭,对于车辆的动力性、经济性、驾驶性能及排放性都产生了副面影响。比如:节气门体积炭导致了节气门开度增加,油耗会增加,排放性能下降;喷油嘴积炭的存在使得喷油脉宽增加,油耗增加;燃烧室的积炭直接影响压缩比变化,燃烧充分与否,导致氧传感器数值变化,影响了整个控制系统。

3)积炭诊断方法

对于积炭的诊断与分析的方法很多,比较常用的专业方式如下。

(1)解体法。就是将发动机相应部件拆卸,检查是否有积炭产生。比如拆下节气门体,拆下怠速电动机,拆下喷油嘴,或拆下火花塞来检查进气门与燃烧室等。这种方法直观,但耗时耗力。最大的问题是部件每拆装一次都会影响其整体性能,减短其使用寿命。

(2)内窥镜检查(图 2-2-7)

把火花塞或是喷油嘴拆下,用内窥镜来观察进气门、燃烧室、活塞顶等处积炭。这种方法很直观且不伤车辆。

(3)借助于诊断设备。借助于4S 站内普便使用的解码器(图 2-2-8)读取汽车发动机相关的数据来分析来判断积炭的形成情况,并有助于确认积炭解决方案的制定。

图 2-2-7 检测用的内窥镜

图 2-2-8 解码器

①比如:可以读取空燃比传感器反馈电压的变化,检测燃烧情况来间接判断积炭的存在;通过电压变化范围及变化灵敏度可以判断是否有积炭。

②比如:用解码器读取节气门体的怠速电动机步数或节气门开度来判断是否有积炭;这一点对于节气门体易脏车辆应用较广泛。

③比如:用解码器读取喷油脉宽来判断喷油积炭,这一点应用更广泛。

二 技术标准与要求

(1)检查确认发动机正常工作。

(2)检查确认保养前后的喷油脉宽变化。

(3)检查确认保养前后节气门体开度。

三 实训时间

实训时间为 50min。

四 实训教学目标

学生能够按照操作规程熟练进行燃油系统深化保养，免拆清洗节气门体、喷油嘴、进气门和燃烧室等处的积炭。

五 实训器材

实训器材包括实车、拆装工具、工具车、线手套、工作服、安全鞋、工作帽、产品、车型专用接头、工具等。

	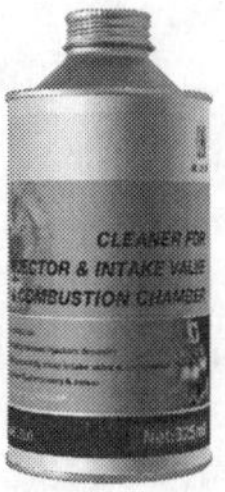	
高效进气系统清洗剂 WA60802	燃油系统快速高效清洗剂 WA61510	燃油系统高效清洗保护剂 WA67104
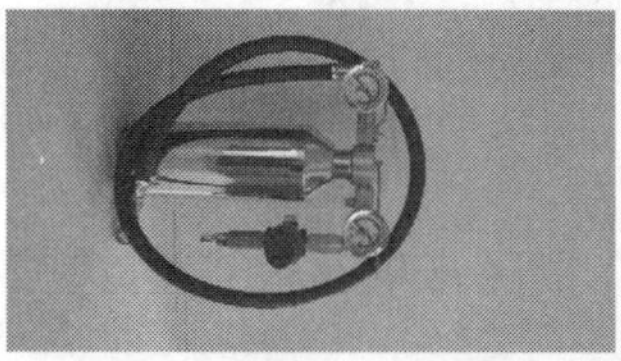		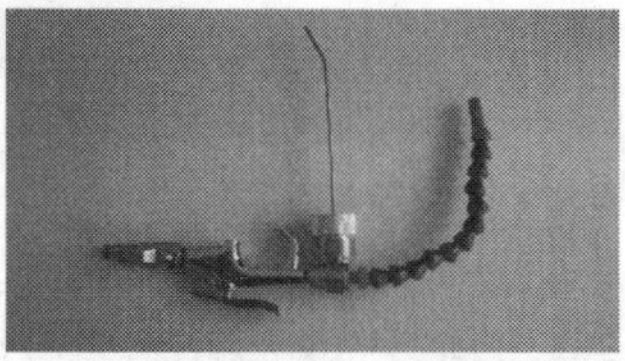
喷射系统清洗工具 RY1000	三元专用清洗工具 JS1000	进气系统清洗工具 31910
	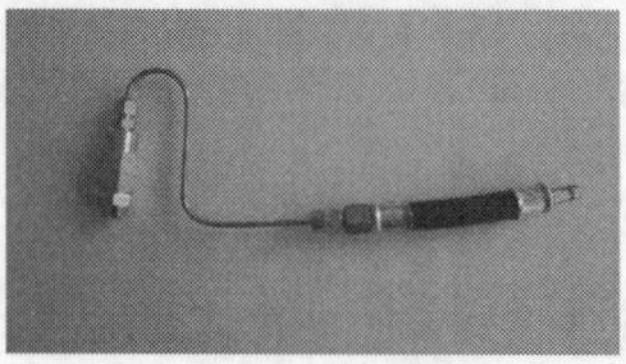	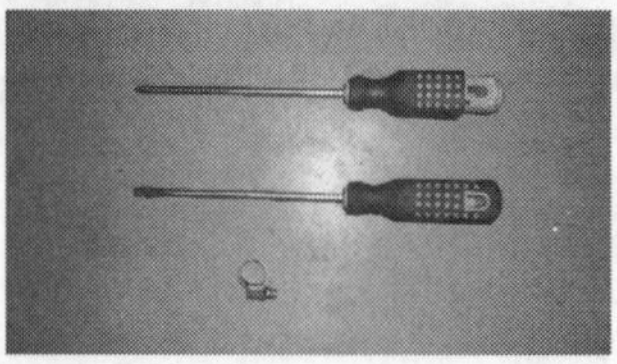
燃油系统专用接头 31775	节气门体专用配套工具	一字螺丝刀 十字螺丝刀

六 教学组织

❶ 教学组织形式

每辆车安排4名学生参与实训,两名学生为一组。一组操作,一组观察学习。

❷ 学生站位分工和要求

两名学生一组,按照1号、2号进行编号,1号为主,2号为辅助。

❸ 实训教师职责

讲解操作步骤和注意事项;下达“操作开始”口令;工位间巡视、检查、指导和纠正错误。

❹ 学生职责变换

2名学生实行职责变换制度,即第一遍1号为主,2号辅助;第二遍2号为主,1号辅助。

七 操作步骤

第一步　准确工作	
1. 车辆停靠。 提示: 车辆停靠于举升机中间位置;车辆与左右立柱距离相近;举升机立柱与车辆中间位置平齐。	
2. 车辆举升:四个立柱分别支撑牢靠。 提示: 四个立柱分别支撑在车身边侧支撑点;支撑点是托点中间位置;试举升后确认支撑牢靠,否则重新支撑,直到安全。	
3. 打开发动机罩。 提示: 有的车非液压支杆,需找准支撑位置并支撑牢靠。	

<table>
<tr><th colspan="2">第二步　免拆清洗节气门体及进气歧管(方法1)</th></tr>
<tr><td>1. 准备好气动清洗工具。
提示:
可能需要配套专用压缩空气快速接头。</td><td>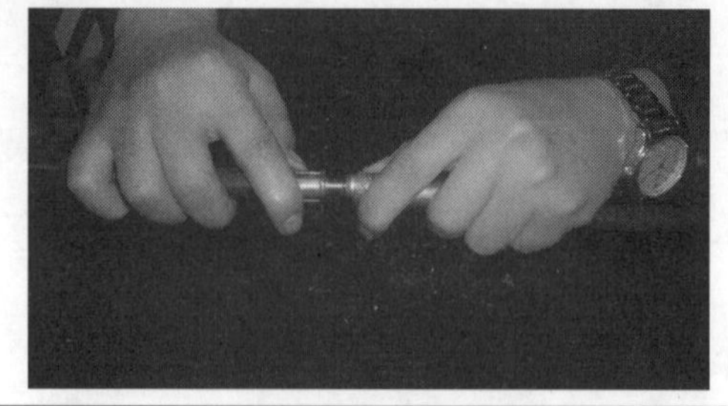</td></tr>
<tr><td>2. 气动清洗工具与产品连接牢靠。
提示:
倒置检查是否渗漏。</td><td>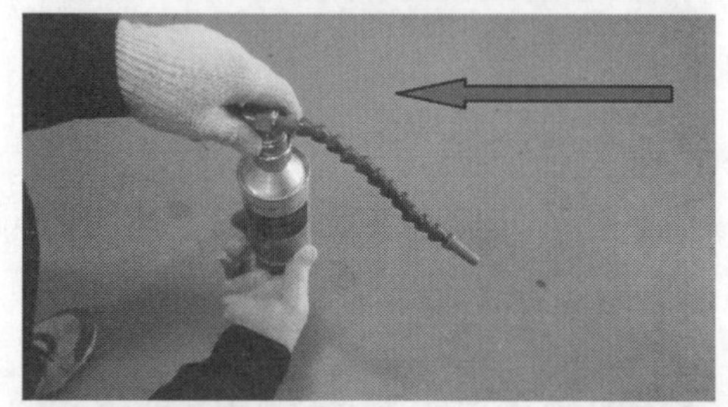</td></tr>
<tr><td>3. 气动清洗工具与压缩空气接好。
提示:
先关闭工具出气阀再连接。</td><td></td></tr>
<tr><td>4. 起动发动机。
提示:
检查挡位,确保是在驻车挡。</td><td></td></tr>
<tr><td>5. 清洗节气门体。
具体清洗步骤:
(1)拆下节气门体前的进气软管;
(2)节气门体下垫抹布;
(3)工具软管对准节气门体,压下压柄,每次压下1s,间隔1s;
(4)保养过程中踩加速踏板,电子节气门车建议不用此方法。</td><td></td></tr>
</table>

6. 取下 JS1000 设备的储液罐。 提示： 密封圈切勿掉落。	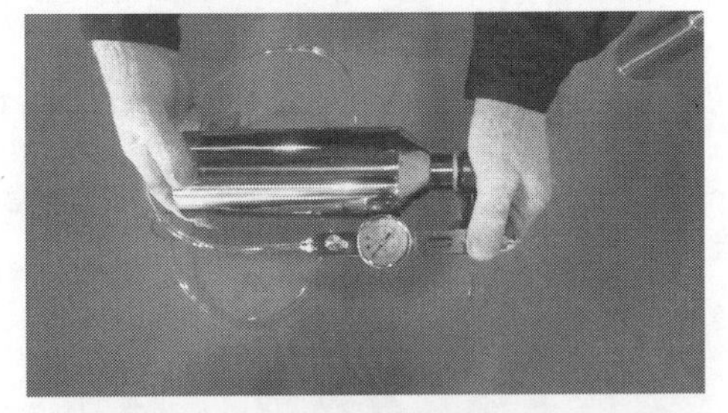
7. 将产品 WA60802 倒入储液罐中。	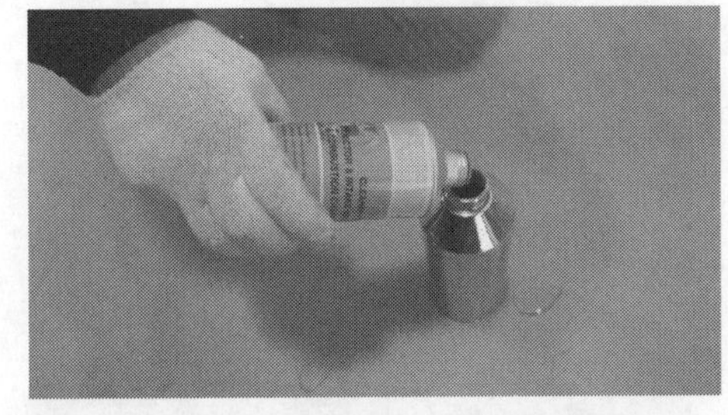
8. 将储液罐装入 JS1000 设备上。 提示： 检查密封圈是否装上。	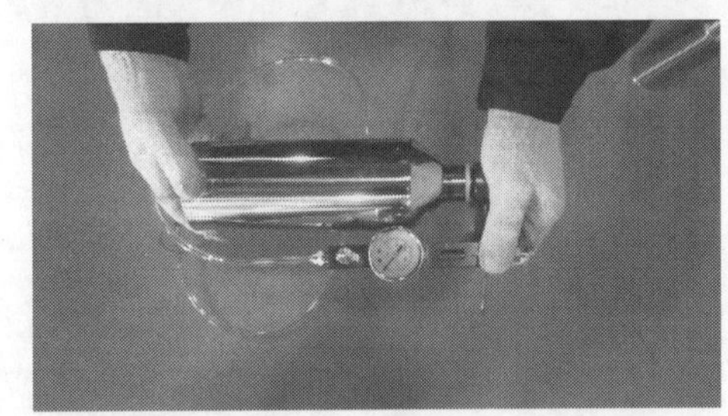
9. 把 JS1000 设备悬挂于发动机罩的顶部。	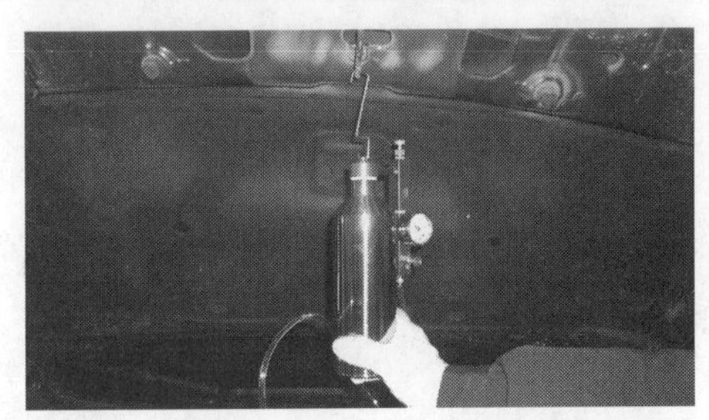
10. 在进气歧管上找一根合适的真空管，拔下真空管。	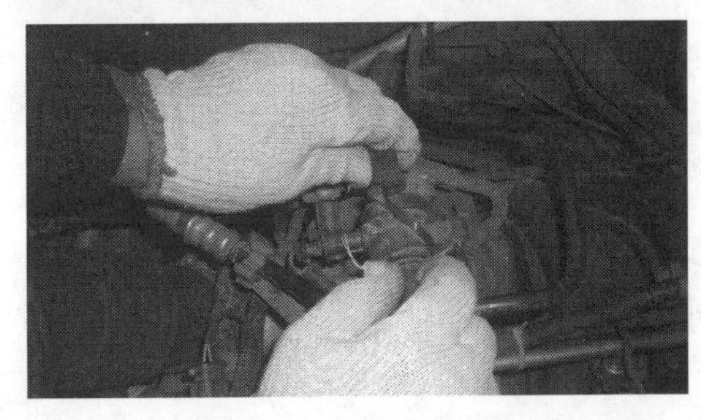

11. 将 JS1000 设备上的锥形头插入真空管上。	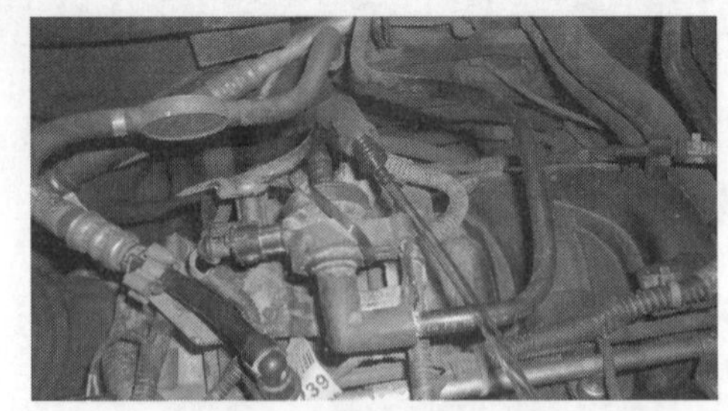
12. 起动发动机。	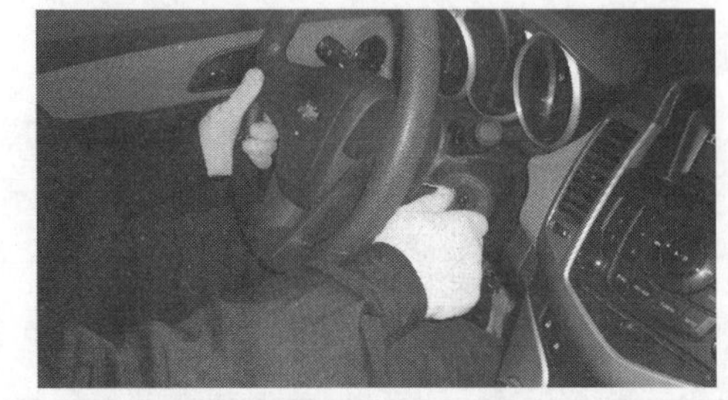
13. 打开 JS1000 设备上的流量调节旋钮，调节流量将产品吸入歧管，直到产品用尽。	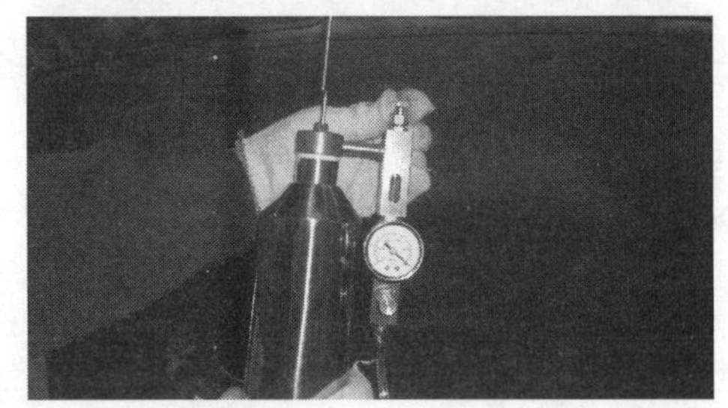
14. 清洗完毕后，关闭流量调节旋钮，将真空管从设备上取下。	
15. 将真空管插回，发动机复原，同 13 步。	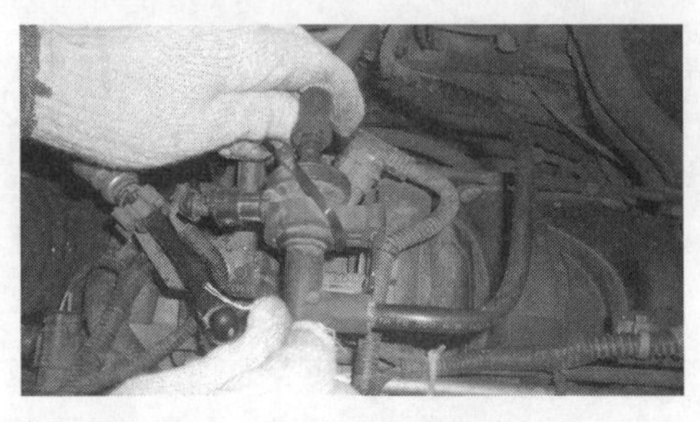

第二步　免拆清洗节气门体及进气歧管(方法2)	
1. 取燃油设备 RY-1000,将储液罐取下。	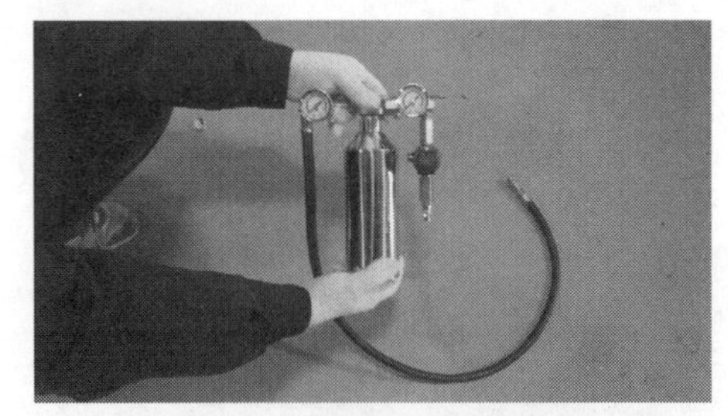
2. 将剩余产品 WA60802 倒入 RY1000 的储液罐中,再把储液罐拧到燃油设备 RY-1000 上。	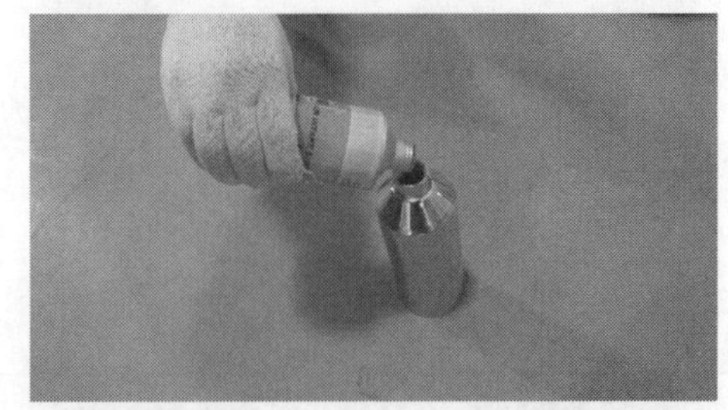
3. 平衡的悬挂于发动机罩内顶部。	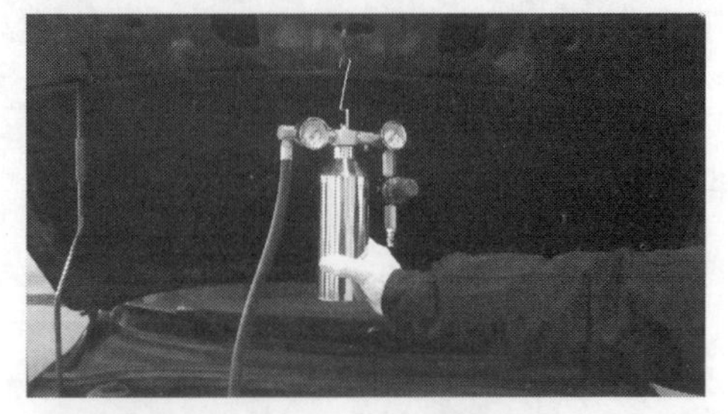
4. 取节气门体清洗设备 WA61510 与燃油设备 RY-1000 连接好。	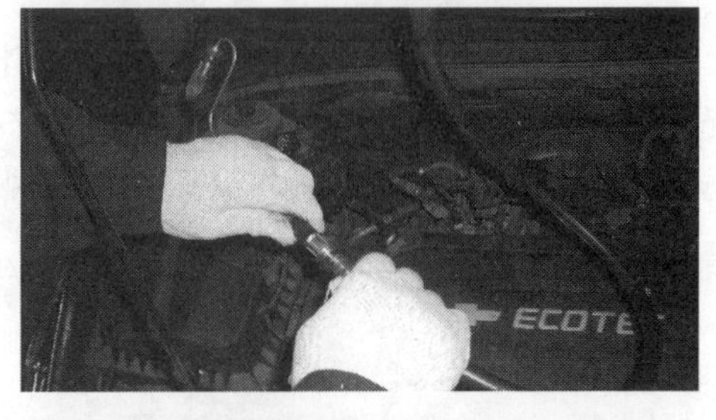
5. 起动发动机。	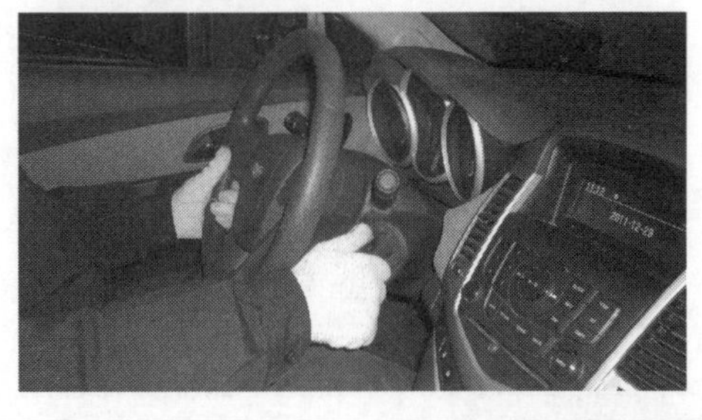

6. 接通气源。	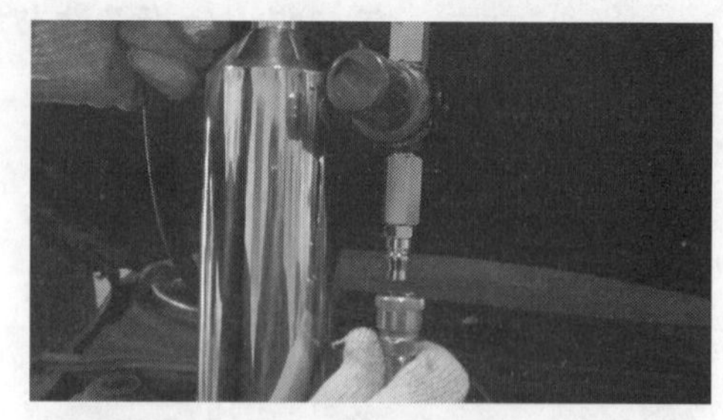
7. 调节压力,顺时针转动调压阀,观看压力表将压力调至 150 ~200kPa。	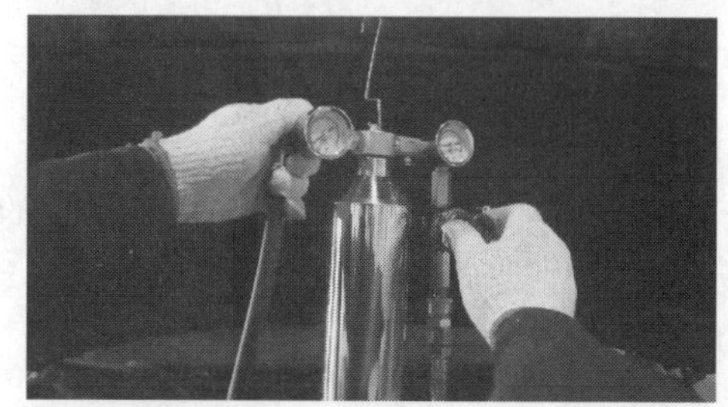
8. 将节气门体清洗设备#31501 放置节气门体口处。	
9. 打开工具上的出液开关,观察喷头雾化情况。发动机的转速控制在不超过 1500r/min(或怠速清洗)20 ~ 30min,直到液体洗完为止。	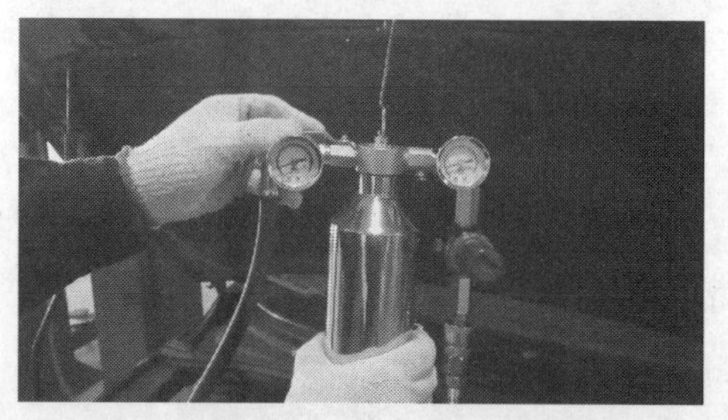
10. 清洗完毕后,拔下气源。	

<table>
<tr><td>11. 逆时针转动调压阀至底部。</td><td>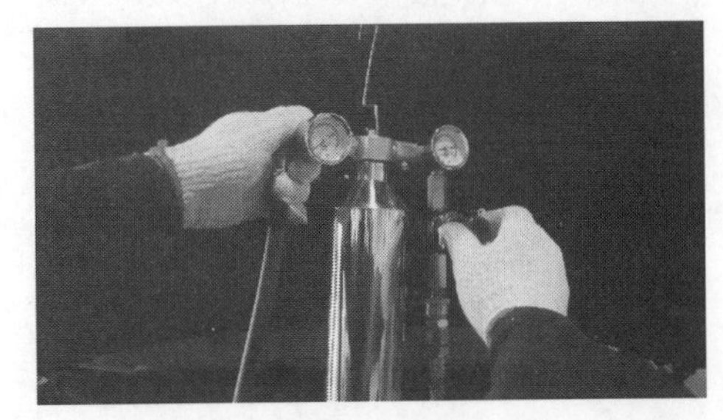</td></tr>
<tr><td>12. 关闭出液开关。</td><td>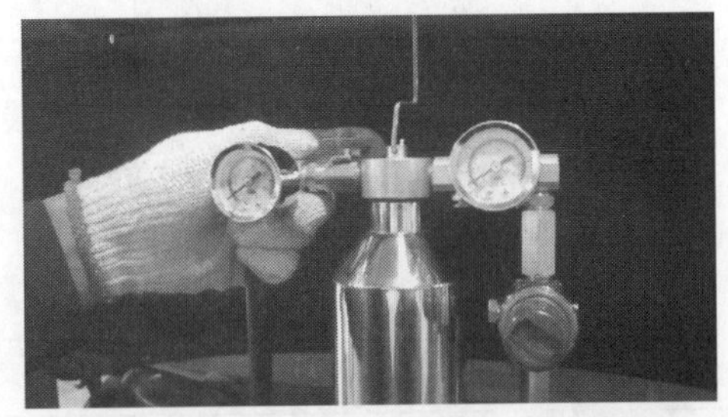</td></tr>
<tr><td>13. 按住泄压阀进行泄压。
发动机怠速运转 2～3min，然后再熄火。</td><td>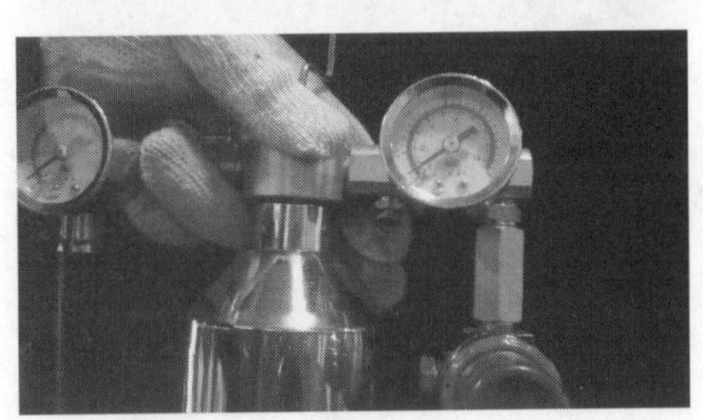</td></tr>
<tr><td colspan="2">第三步　清洗喷油嘴及软化的进气门和燃烧室积炭</td></tr>
<tr><td>1. 发动机熄火。</td><td></td></tr>
<tr><td>2. 拔掉汽油泵熔断丝（或继电器或油泵插头）。</td><td></td></tr>
</table>

3. 连续起动发动机数次。	
4. 取燃油设备 RY-1000,将储液罐取下。	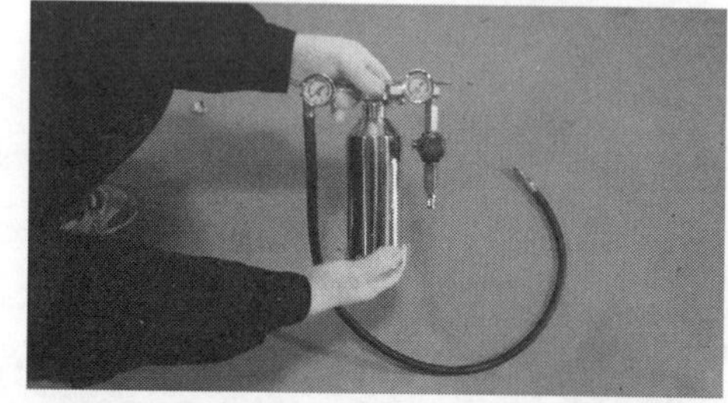
5. 再将产品 WA61510 倒入 RY1000 的储液罐中。	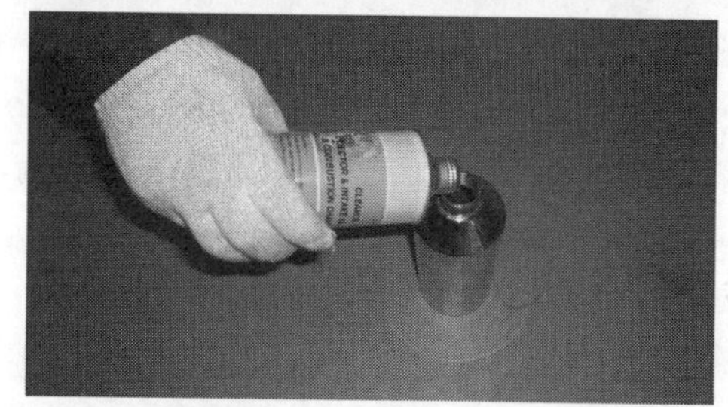
6. 将储液罐装入 JS1000 设备上。	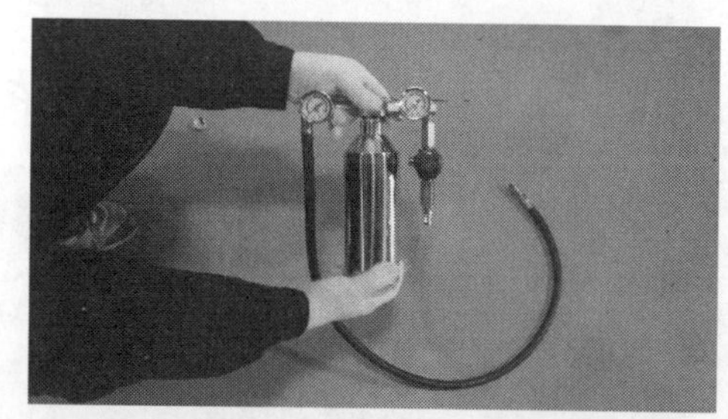
7. 拆下发动机供油导轨上的进油管。	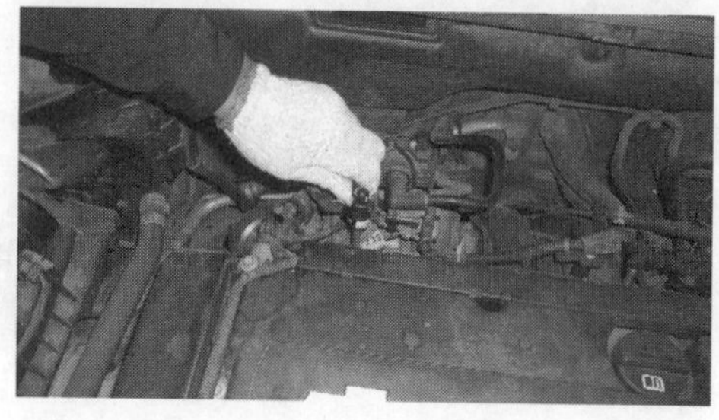

8. 将威力狮专用快速接头连接到供油导轨上。 提示： 从油压检测阀处连接更快更安全。	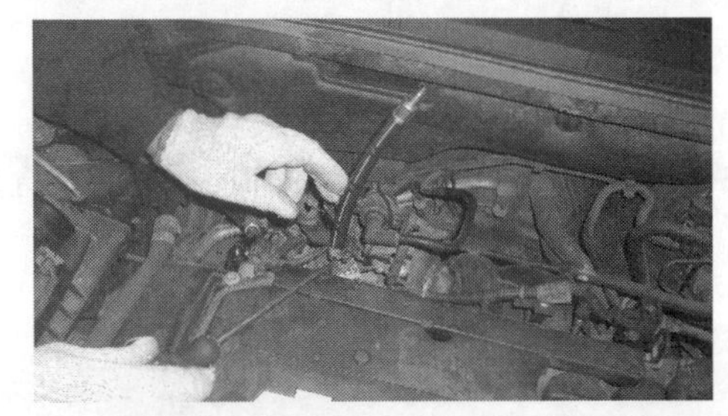
9. 然后与 RY1000 连接。	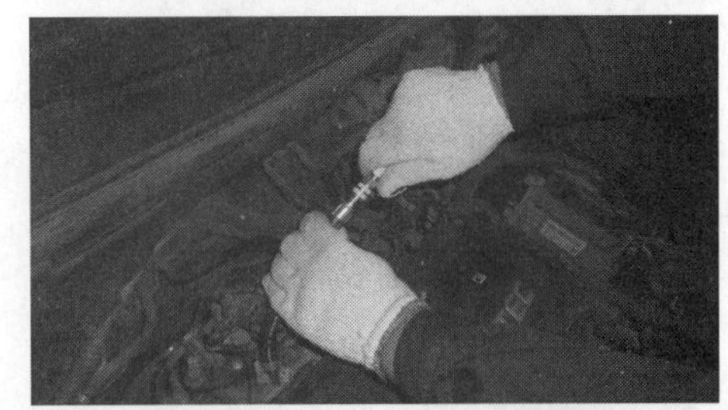
10. 接通气源。	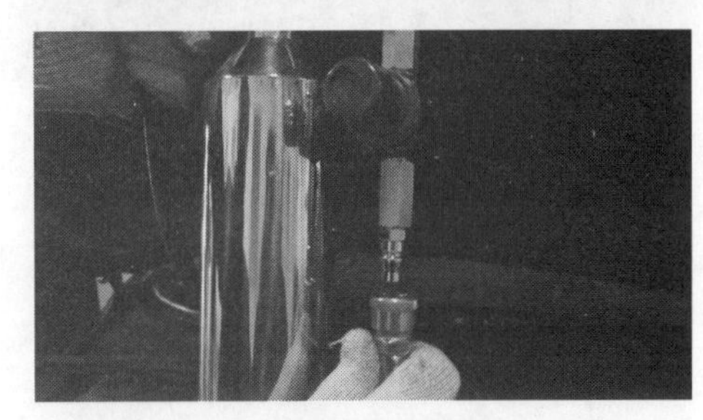
11. 调节压力，顺时针转动调压阀，观看压力表，将压力调至 300～400kPa，即燃油的正常怠速油压。	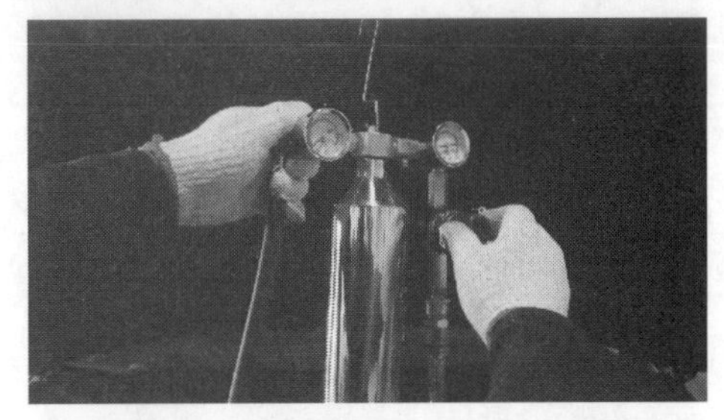
12. 打开出液开关，观察快速接头处有没有渗漏现象。	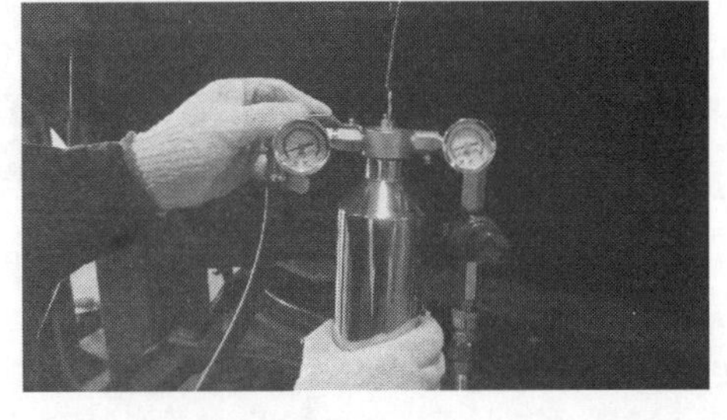

13. 起动发动机,怠速清洗 20 ~ 30min,直到产品用尽为止。	
14. 清洗完毕后,发动机熄火,拔下气源。	
15. 逆时针转动调压阀至底部。	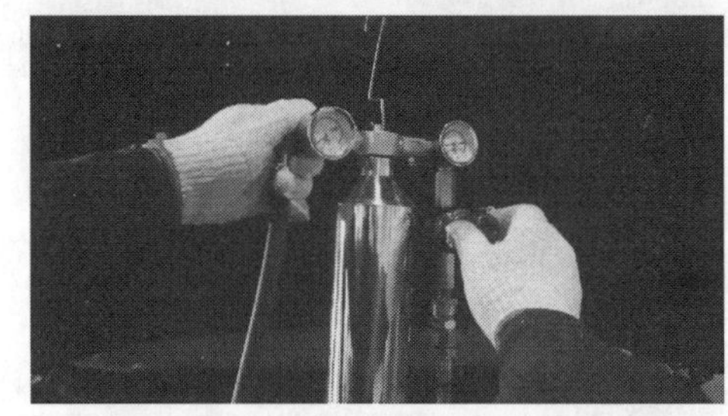
16. 按住泄压阀进行泄压。	
17. 关闭出液开关。	

18. 取下专用快速接头,将发动机供油导轨上的进油管装好,复原管路。	
第四步　清洗油箱油路,乳化油箱内的水分	
1. 打开加油口盖。	
2. 打开 WA67104 产品。	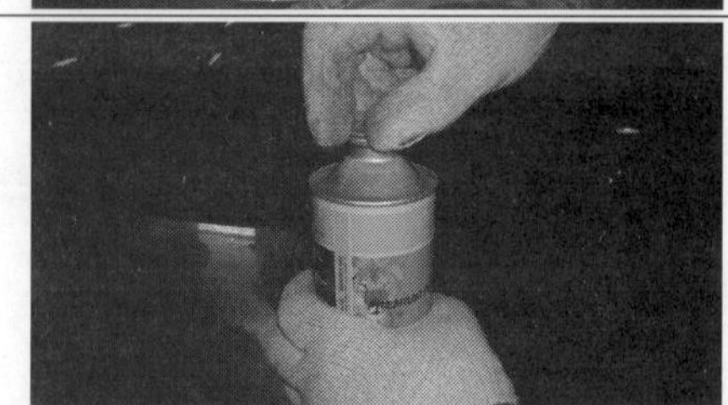
3. 将 WA67104 直接加入油箱中,按每瓶兑 40～90L 汽油的比例加入燃油箱。 注意:若油箱不满,加满后再加本品或加本品后加满油。	
4. 关上加油口盖。	
燃油系统注意事项: (1)禁止将 WA60802 或 WA61510 直接加入油箱中。 (2)操作完成后怠速运行 10～20min。 (3)起动发动机至正常工作温度后方可进行维护。	

操作组学生操作时,观察组学生应观察什么?记录什么?怎样对操作组学生的操作进行评判?

八 考核标准

考核标准见表 2-2-3。

考核标准表(满分 100 分)(时间 10min)　　完成用时:________

表 2-2-3

考核时间	序号	考核项目	满分	评分标准	得分
40min	1	作业前整理工位	6	酌情扣分	
	2	安全防护用品的使用情况	4	操作时不戴手套扣 4 分	
			4	操作时不穿安全鞋扣 4 分	
	3	工具使用情况	2	未正确使用喷射系统清洗工具 RY1000 扣 2 分	
			2	未正确使用进气/三元清洗工具 JS1000 扣 3 分	
			2	未正确使用进气清洗工具扣 1 分	
	4	拆卸节气门体前的进气软管	4	操作错误扣 4 分	
	5	正确连接工具与气源	1	未正确连接扣 1 分	
	6	清洗节气门体过程	6	工具喷洗间隔不对扣 4 分,产品外溢扣 2 分	
	7	清洗节气门体效果	4	蝶阀周围不干净扣 3 分,蝶阀表面不干净扣 1 分	
	8	选择真空管	2	选择不正确不得分	
	9	清洗进气歧管过程	12	压力不规范扣 3 分,转速不对扣 4 分,速度不规范扣 3 分,关闭工具未继续怠速扣 2 分	
	10	拆卸燃油管路	5	位置不对不得分,多次拆卸扣 4 分,汽油外溢扣 4 分	
	11	油泵不供油	7	油泵继续供油不得分,多次选择扣 5 分,	
	12	清洗喷射系统过程	10	不着车不得分,2 次起动扣 5 分,多次起动扣 8 分,压力不规范扣 4 分,转速不对扣 6 分,扣完为止	
	13	清洗效果	5	清洗后怠速抖动不得分	
	14	保养完加速环节	7	未进行此项不得分 转速不对扣 4 分,时间不够扣 3 分,扣完为止	
	15	安装燃油管路	2	未正确安装管路扣 2 分	
	16	着车检查渗漏	4	未检查不得此项分	
	17	整理产品、工具和工作环境	6	安装完成后,整理产品/工具/环境分别按 2/2/2分扣除	
	18	超过规定操作时间	5	每超时 1min 扣 1 分,扣完为止	
	19	遵守相关安全规范	因违规操作造成人身和设备事故的,总分按 0 分计		
分数合计			100		

项目三 Chap 3

冷却系统深化保养

一 项目说明

❶ 冷却系统概述

冷却系统按介质不同可以分为:水冷和风冷两种。目前发动机基本采用强制循环式水冷系统。利用水泵将冷却液的压力提高,强制使冷却液在发动机冷却系统中循环流动。

冷却系统主要组成部件有:水泵,散热器/冷却水箱,冷却风扇,节温器,风扇离合器、温控开关和百叶窗。

❷ 冷却系统作用

冷却系统的功用是使发动机在各种工况下得到适度的冷却,从而使其保持在最适宜的温度范围内工作。

❸ 冷却系统结构

汽车目前基本上采用强制循环式水冷却系统,如图2-3-1所示。

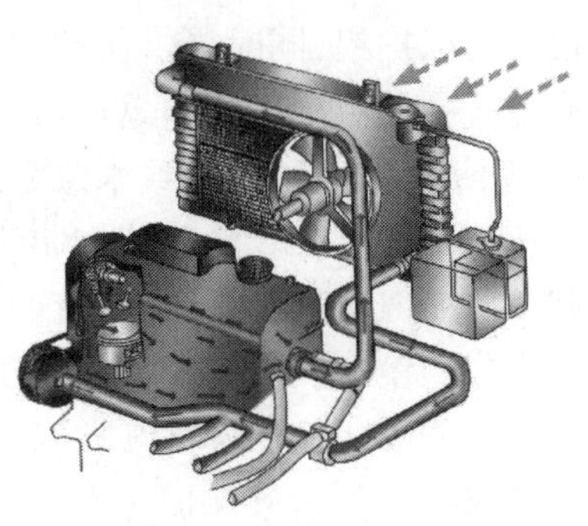

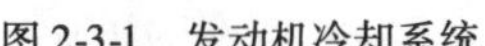

图2-3-1　发动机冷却系统

❹ 冷却系统深化保养项目介绍

1)冷却系统清洗深化保养

冷却系统是发动机至关重要的系统之一,也是最被忽视的系统之一。发动机工作中产生的热量1/3被用来转换成为工作能量;1/3的能量需要冷却系统散热出去。散热效果不好意味着产品会造成发动机的零件、部件可能会因为运转过程中热积累造成零件的热膨胀,甚至会出现拉缸等情况。

冷却液是目前汽车润滑油液最复杂的油液,它远比机油、自动变速器油、转向油等更复杂。复杂在于它们所有的标准不统一,不同厂商的冷却液本身对配方中原料的要求互为冲突,不能混杂。而这种区别非极专业人员根本无从知悉,单纯从颜色、级别和标准上难以认知。有普通冷却液、长效冷却液。普通冷却液中的制冷剂有乙二醇、丙二醇、二乙二醇等;长效冷却液有无硅、含硅、高硅的产品,无磷、有磷产品。举例讲:本田系列的冷却液不可能混用或使用其他品牌、其他厂商的冷却液。否则就会出现水泵漏水等一系列的故障。

冷却液在使用过程中,水锈、水垢的形成不再是主要矛盾,它使用中形成的主要有害物质如下:

(1)已经降解的酸。

(2)重金属颗粒。

(3)硬水污垢。

(4)水垢/水锈。

(5)失效的添加剂。

(6)电解物质。

以上物质中的酸,会严重影响冷却液的工作效能。冷却液本身是弱碱性的物质,当酸形成后会影响冷却液的性能,造成其出现性能下降,添加剂失效。

冷却系统的清洗深化保养能够彻底清洗冷却液使用过程中的水垢和水锈,清洗已经降解的酸性物质,清洗重金属颗粒,清洗电解物质,清洗硬水污垢,清洗已经失效的冷却液。从而为新冷却液的加入提供一种更好的工作环境。

2)冷却系统增效深化保养

冷却系统工作过程中,冷却液作为一种保护油液起到必要的保护作用。如上面提到的内容,冷却液依然会产生各种有害物质,减弱冷却液的保护功能。

目前市场中的长效有机冷却液有两大类:

(1)一种是含硅的高有机酸技术冷却液,使用受喜欢的硅酸盐无机抑制剂,它不仅能够很好的保护铝,同时提供快速的保护,防止水泵发生气穴腐蚀,这一点非常重要(气穴腐蚀是冷却液中的泡沫不断内爆冲击密封腔体的内表面,产生腐蚀的过程)。当水泵没有足够保护情况下,气穴腐蚀会导致水泵漏水。这类有机酸通常是安息香酸盐/苯甲酸盐,它与硅能够进行完美的结合。冷却液抑制剂包中也会包括青铜/黄铜抑制剂,或者苯并三氮唑,或者甲基苯并三氮唑,用来保护所有的在用铜件以及可能后装的铜制保养配件。

(2)第二种是有机酸技术的冷却液,深受亚洲汽车制造商喜欢的冷却液。它用磷来代替硅。磷能够快速保护被气穴腐蚀的水泵,同时亚洲的汽车制造商们同样采用苯并三氮唑或甲基苯并三氮唑来保护青铜和黄铜。在福特和马自达的车型当中,特别是3.5L和3.L排量的V6发动机,它使用的冷却液的染色剂是绿色的。其他的亚洲汽车制造商可能使用粉红色的染色剂(丰田/雷克萨斯)或蓝色(本田)。有机酸是癸二酸盐,因为亚洲汽车制造商们拒绝使用丙烯酸异辛酯(2-EHA)。开始是因为能影响缸垫的材质,他们也不喜欢硅,因为在一些测试中发现硅会运动,它会凝结成胶体堵塞水道。事实上,在含硅的高有机酸技术冷却液中,因为硅含量低,硅形成凝胶并且堵塞水道的问题不明显。唯一我们曾经看到真正堵塞的事件是车辆使用含有大量硅成分的老冷却液配方产品发生的。凝胶堵塞水道的事情极少发生,除非一辆汽车已经停驶不用,硅成分析出。当然,如果冷却液在车辆停驶一些年甚至更多年后也可能会出现发生堵塞事情。

为保证冷却系统增效深化保养的功效性,深化保养的产品满足几个方面的需要:一是全面提升冷却液的整体功效,实现冷却的所有功能的提升:冬季防冻,夏季防沸的功能不能减弱,只能增强;防腐蚀功能加强;防锈功能增强。

同时有针对性的增强下面的功能:减缓、防止冷却系统中酸性物质的形成,以减缓、避免冷却液中的添加剂的失效;减少乃至消除电解物质的形成;减弱重水形成污垢。

特别需要注意的是:因为冷却液不同厂商间的差异,增效深化保养的化学品能够同时满足普通、长效(无硅、有硅;无磷、有磷)冷却液的需要。否则会加剧冷却系统事故的发生。

3)冷却系统止漏深化保养

冷却系统在使用过程中,会不可避免的产生渗漏。渗漏产生的原因分为两大类:一是冷却系统部件使用中,散热器、水管等因老化等原因出现渗漏;二是冷却液在使用过程中,因为气蚀、酸蚀等原因在水泵、缸套、缸垫处会产生渗漏。一旦渗漏形成,就可能因为冷却液的散热功能衰减、丧失造成发动机拉缸等事故。

冷却系统止漏深化保养是一种快速有效的解决方案。纯天然的植物纤维在有压差的渗漏点进行交错,形成一种网状的结构黏附在渗水点,网状体借助于冷却液的表面张力,快速制止渗漏。当冷却系统的温度合适时,配套的固化剂就会将植物纤维固化,形成具有持久性的止漏网状。

这种形式的止漏最大的优点是不会堵塞散热器中狭窄水道。纤维的网状结构一方面保证了空气可以正常的进出,另一方面又保证了冷却液不会被漏出。

二　技术标准与要求

(1)检查冷却液是否符合车厂的质量要求。

(2)检查冷却液是否符合车厂规定的数量要求。

三　实训时间

实训时间为40min。

四　实训教学目标

学生能够按照操作规程熟练的拆装冷却系统上水管并连接设备,熟练正确地完成整个免拆清洗保养过程。

五 实训器材

实训器材包括实车、拆装工具、工具车、线手套、工作服、安全鞋、工作帽、产品、设备和防冻液。

冷却系统通用型清洗剂 WAA4701	冷却系统通用型保护剂 WAA4601	冷却系统止漏保护剂 WA19201
拆卸工具	冷却系统检测保养设备	车辆配套用冷却液

六 教学组织

❶ 教学组织形式

每辆车安排 4 名学生参与实训,两名学生为一组。一组操作,一组观察学习。

❷ 学生站位分工和要求

两名学生一组,按照 1 号、2 号进行编号,1 号为主,2 号为辅助。

❸ 实训教师职责

讲解操作步骤和注意事项;下达“操作开始”口令;工位间巡视、检查、指导和纠正错误。

❹ 学生职责变换

2 名学生实行职责变换制度,即第一遍 1 号为主,2 号辅助;第二遍 2 号为主,1 号辅助。

七 操作步骤

第一步　清洗冷却系统	
1. 车辆平稳规范的停靠在举升机指定位置。	
2. 检查冷却液温度表是否正常，发动机熄火，关闭所有用电设备。 提示： 如果高温，则清洗时需要特别处理。	
3. 检查冷却系统是否有渗漏，如有，先修复再保养。 提示： 有的车辆没有散热器盖，保养时略有不同。	
4. 将抽排工具与压缩空气快速接头连接好，并确保连接牢靠。 提示： 推荐采用带油水分离器的气源。	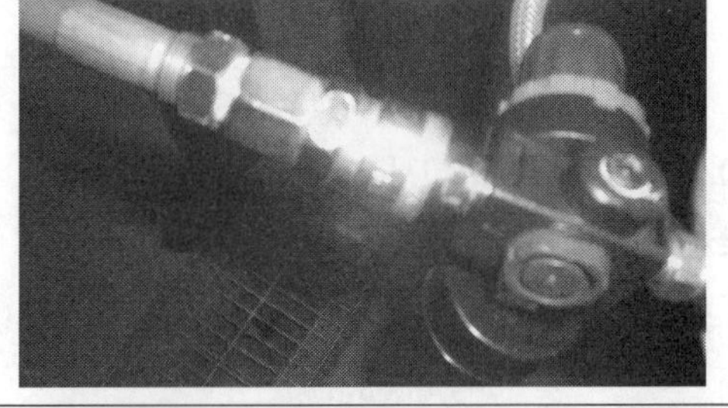
5. 抽排工具旋扭旋到与管路相同方向，调压阀处于完全打开状态，逆时针旋到底。 提示： 当抽排工具放气旋扭与管路呈同垂直方向时，是将工具罐中的液体排出罐体。	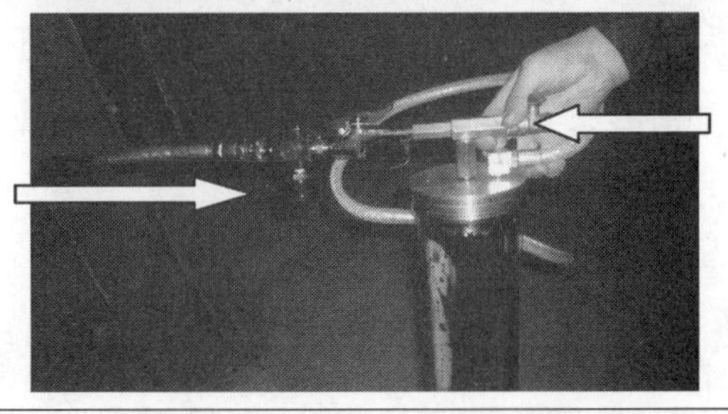

6. 从副散热器处抽取冷却液，然后再从散热器盖旁的主散热器处抽液，卸压。 提示： 没有散热器盖的发动机，一直从副散热器处抽液。	
7. 旋下散热器盖。	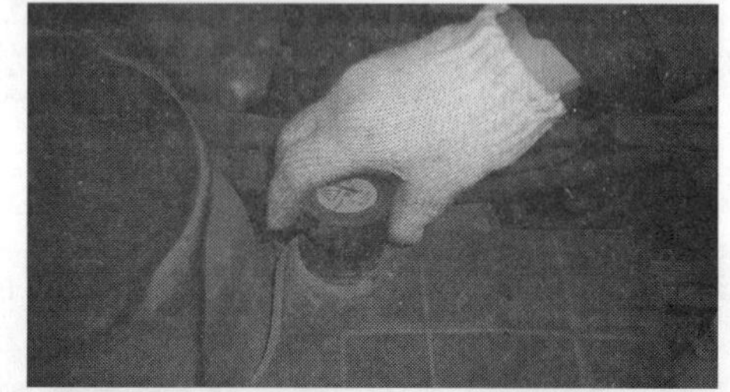
8. 将清洗剂产品经散热器盖加入冷却系统。 提示： 没有散热器盖的车辆，建议从上水管加入，不建议从副散热器加入。	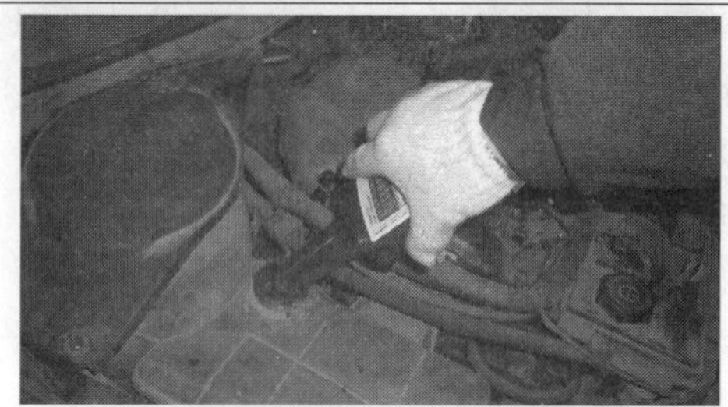
9. 使用设备配套的截流钳夹住上散热器。 提示： 夹住为了避免拆卸时流水过多；对于节温器与下散热器相接的发动机，应该换成下散热器。	
10. 使用一字螺丝刀拆卸上散热器。 提示： 拆卸前在水管下垫一块抹布，保持环境清洁。	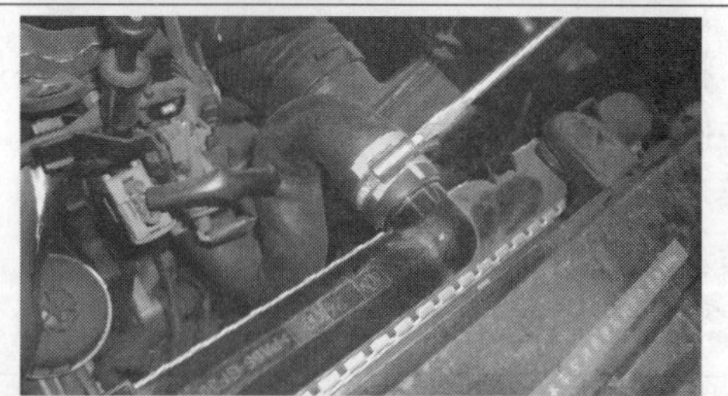
11. 把设备配套的公接头与拆下的上散热器连接牢靠。 提示： 接头是串联接入，要分析流向。	

12. 设备配套的母接头与胶管一起与散热器端口连接好。 提示： 设备配套不同规格的胶套与不同车型发动机匹配。	
13. 把已连接好的配套接头通过快速接头组连接，检查确认连接牢靠，无渗漏。	
第二步　清洗冷却系统	
起动发动机，热车。直到冷却液温度正常，节温器打开，进入大循环并确保清洗20～30min。 提示： 清洗时间以大循环打开为计时起点； 为保证清洗时间，建议加油。	
第三步　免拆更换冷却液	
1. 设备准备：检查确保无故障。开关置于关闭状态。	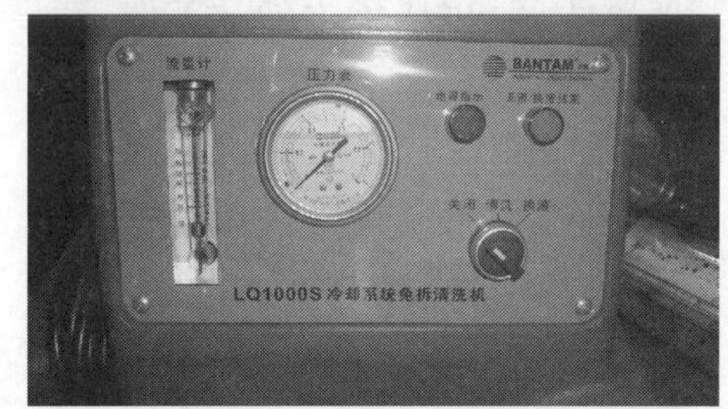
2. 设备电源线与汽车蓄电池连接，设备红色电源线接蓄电池正极，黑色电源线接蓄电池负极。 提示： 如果车辆蓄电池负极不外露，设备黑色电源线直接搭铁(牢靠的连接到稳定的金属部件上)。	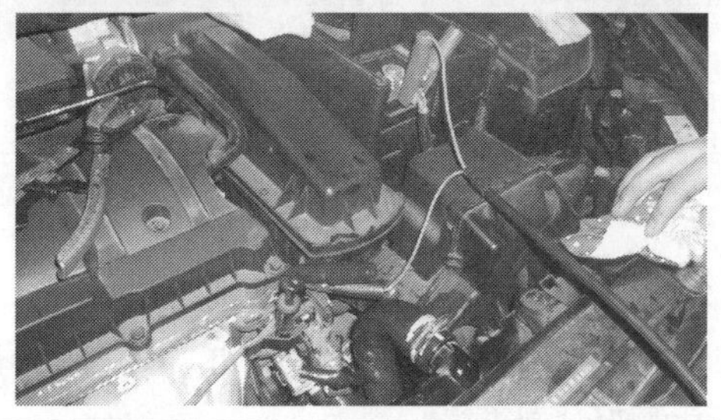

3. 将车厂指定的配套专用冷却液加入设备中。 提示： 必须加注超过车型规定容量 1L 以上的冷却液。	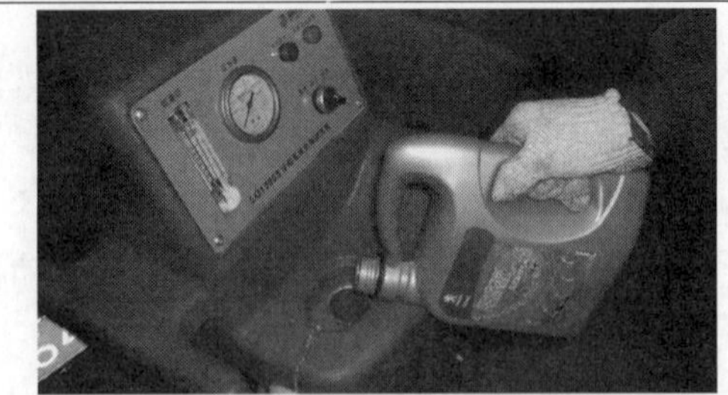
4. 拆开发动机上散热器连接的快速接头。 提示： 冷却液温度高，小心烫手。	
5. 设备配套的母接头长管与车上的公接头长管接好，保证上散热器出来的液体直接排掉。 提示： 连接时戴手套：快速接头都是金属，温度较高，烫手。	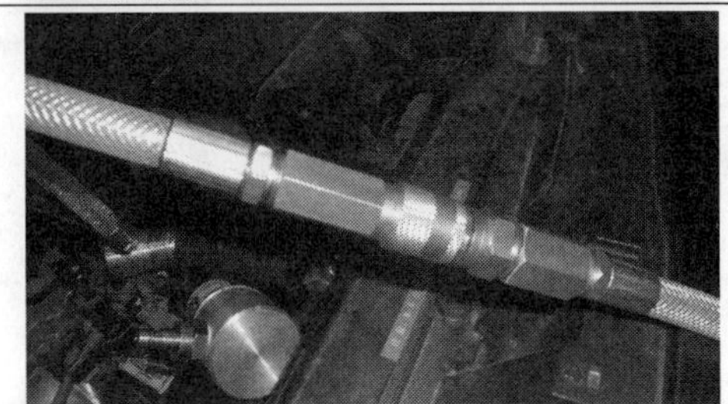
6. 设备侧面的出液长管与车上母接头连接。 提示： 连接时戴手套：快速接头都是金属，温度较高，小心烫手。	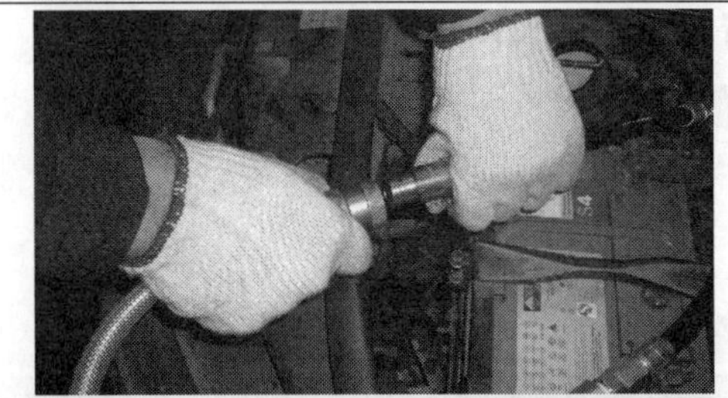
7. 设备开关旋转到换液位置。	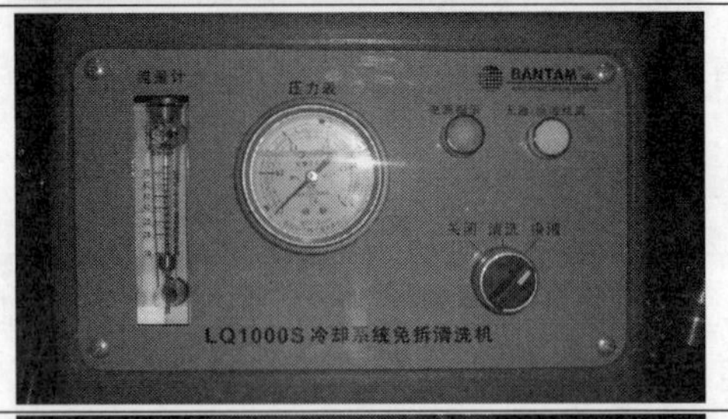
8. 新液加注结束时设备蜂鸣器响，设备开关置于关闭状态，发动机熄火，拆卸连接管路，重新装好上水管。	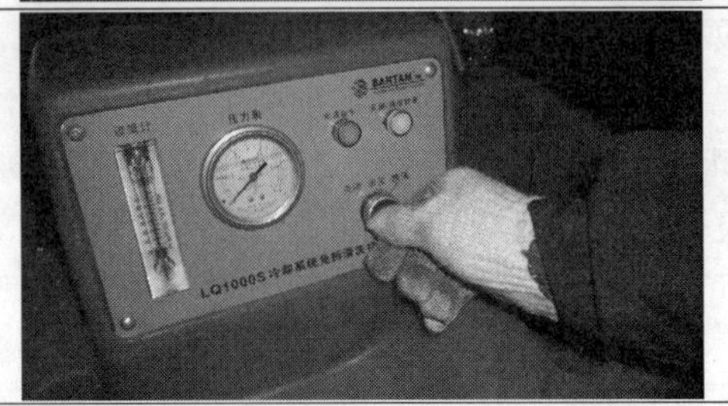

第四步　添加保护剂	
1. 打开散热器盖。 提示： 散热器盖温度高，建议戴手套或者使用抽取工具先卸压。	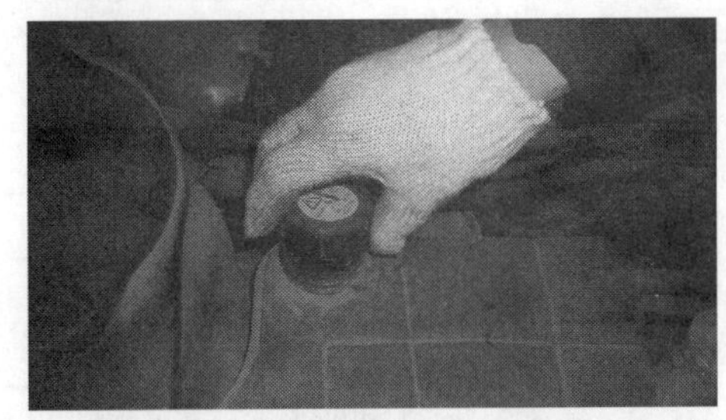
2. 将冷却系统保护剂整瓶加入冷却系统。	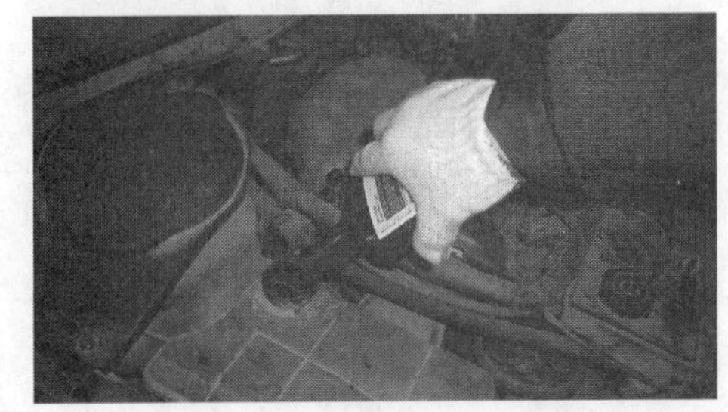
3. 检查液面并确保符合要求。 提示： 如果不足，补加冷却液； 如果过量，抽取冷却液。	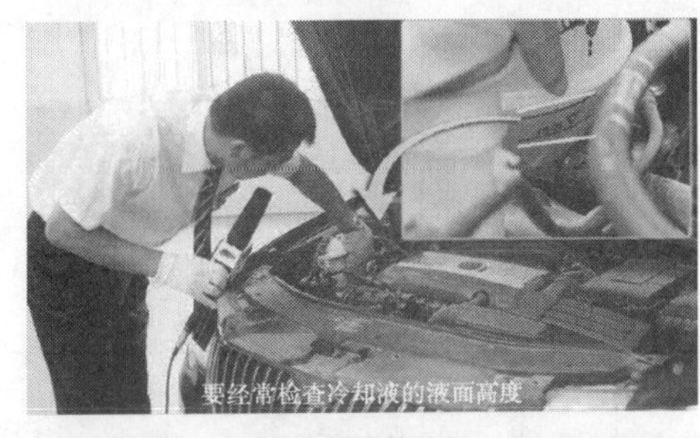
4. 起动发动机，直到发动机进入大循环且风扇转动为止。	

操作组学生操作时，观察组学生应观察什么？记录什么？怎样对操作组学生操作进行评判？

八 考核标准

考核标准见表2-3-1。

考核标准表(满分100分)(时间10min)　　完成用时:________

表2-3-1

考核时间	序号	考核项目	满分	评分标准	得分
10min	1	作业前整理工位	6	酌情扣分	
	2	安全防护用品的使用情况	4	操作时不戴手套扣4分	
			4	操作时不穿安全鞋扣4分	
	3	工具使用情况	3	未正确使用扣吸工具扣3分	
			2	未正确使用拆卸安装工具扣2分	
	4	打开发动机罩	2	操作错误扣4分	
	5	拆卸上水管	6	位置错误不得分,外溢扣4分	
	6	安装快速接头	10	接头位置接反,不得分,接头选择错误扣4分,连接不牢靠扣8分,扣完为止	
	7	打开清洗剂产品铝箔密封	2	未正确打开铝箔扣2分,未使用瓶盖打开铝箔不得操作分	
	8	加注清洗剂	3	未按比例加注清洗剂扣2分,异物进入冷却系统不得操作分	
	9	清洗发动机	2	清洗时间不足或超过/缺少10min扣分,每1min扣1分,扣完为止	
	10	设备和冷却液准备	4	设备电源连接错误不得分,冷却液添加量不足扣4分,冷却液溢到设备外扣4分	
	11	使用设备换液	8	连接方向不对,不得分,连接顺序错误扣8分,换液时未加油扣6分,冷却液外溢扣4分,扣完为止	
	12	设备连接拆除	8	拆卸时碰伤漆面等汽车部位不得分,拆卸完接头位置摆放不对扣2分,拆卸时冷却液外溅不得此项分	
	13	管路复原	10	冷却液外溢不得分,连接不牢靠扣8分	
	14	加注冷却系统保护剂	2	未按比例加注保护剂扣2分,异物进入发动机不得操作分	
	15	检查冷却液液面	4	未检查不得此项分,异物、灰尘进入发动机不得此项分,加注不符合要求扣3分	
	16	着车检查渗漏	4	未检查不得此项分	
	17	盖上发动机罩	2	未正确安装装饰扣扣2分	
	18	整理产品、工具和工作环境	10	安装完成后,整理产品/工具/环境分别按3/3/4分扣除	
	19	超过规定操作时间	4	每超时1min扣1分,扣完为止	
	20	遵守相关安全规范	因违规操作造成人身和设备事故的,总分按0分计		
分数合计			100		

项目四
自动变速器系统深化保养

Chap 4

一 项目说明

1 自动变速器概述

汽车自动变速器即通常所说的自动操纵式变速器。它现在越来越多的普及在使用的乘用车上。自动变速器可以根据发动机负荷和汽车行驶速度,自动改变传动系统的传动比,获得好的汽车动力性、经济性和排放性。

2 自动变速器作用

汽车自动变速器由电控单元根据车速、节气门位置、换挡范围、换挡规律等输入信号,按事先存储的程序,确定最佳的换挡时刻,发出换挡控制信号,通过各种电磁阀操纵液压系统和各制动器、离合器的动作,实现自动换挡。在自动换挡过程中,电控系统还与发动机汽油喷射系统相结合,在调节液体压力的同时,也调节了发动机的转矩。

汽车自动变速器按照汽车驱动方式可以分为后驱动自动变速器和前驱动自动变速器,前驱动自动变速器的发动机有横置和纵置两种,而后驱动自动变速器的发动机则只有纵置一种。

汽车自动变速器按变速器齿轮的类型又可以将自动变速器分为普通齿轮式变速器和行星齿轮式变速器两种。普通齿轮式自动变速器体积较大,最大传动比较小,而行星齿轮式变速器结构紧凑,有较大的传动比。

汽车自动变速器按控制方式不同,又可以分为液力控制自动变速器和电子控制自动变速器两种。

现在又出现了 DSG 干式/湿式双离合式自动变速器和 CVT 无级自动变速器等。

汽车自动变速器根据结构的不同其组成也不相同。

❸ 自动变速器结构

汽车自动变速器的结构有许多,下面列举目前国内最常见的三种,如图 2-4-1 ~ 图 2-4-3 所示。

图 2-4-1　普通自动变速器

图 2-4-2　无级变速器

图 2-4-3　DSG 自动变速器

❹ 自动变速器深化保养项目介绍

1) 自动变速器清洗深化保养

根据世界最大的手动变速器制造商德国采埃孚公司预测,到 2012 年北美市场出售的汽车中将只有 6% 是手动挡。而 2002 年在美国和加拿大市场出售的汽车中,还有 10% 配备的是手动变速器。同样的情况也发生在欧洲市场:在英国,现在装配自动变速器的汽车占汽车总量的 15%,而 5 年前这个数字是 13.5%。据预测,2013 年欧洲变速器市场上,配备手动变速器的汽车将占 52%,配备手动自动变速器的将占 10%,配备无级变速器的将占 2%,配备双离合器变速器的将占 16%,配备自动变速器的将占 20%。而对于中国汽车市场,也一定会与国际"接轨"——手动变速器的市场份额将下降。有数据统计,目前国内乘用车中手动挡与自动挡的比例是 6∶4,其中,在高档乘用车上装配自动变速器的比例为 89%,中档和经济型家庭乘用车的比例分别为 40% 和 10%。事实上,从 2005 年至 2009 年,我国乘用车装配自动变速器的比例每年都有近 6% 的提升。中国第一汽车集团公司副总工程师兼技术中心主任李骏预测,到 2015 年,我国轿车自动变速器的配备率将达到 35% ~40%。

自动变速器的普及,首先带来的是其维修的现实问题。据美国自动变速器协会统计:超过 90% 的自动变速器故障是由于 ATF 失效引起的。

自动变速器污垢的来源有多种：

(1)部件制造过程中残存的金属屑。

(2)更换 ATF 时的灰尘的进入。

(3)保养时脏的杂质进入自动变速器。

(4)内部元器件的磨损。

(5)自动变速器使用过程中形成的油泥，而且是污垢的最主要来源。

油泥的产生原因主要是因为自动变速器的体积小，而 ATF 在高温、氧化的环境下易生成油泥、清漆。传统的换油方式油泥和清漆无法彻底排出，残留的油泥和清漆会持续积累，油泥产生后因其颗粒增大、产生碎屑、变质和降低黏度、加大摩擦片间的磨损，从而产生油路阻塞、拉伤阀体、阻塞柱塞、换挡冲击、增加油耗等工作异常，甚至损坏自动变速器，最终造成自动变速器使用寿命的缩短。新 ATF 进入自动变速器后，新 ATF 的抗磨效果降低，进而大大影响各部件的寿命。脏油中的油泥积炭会加大各摩擦片和各部件的磨损，而且还影响系统油压，使动力传递受到影响。脏油中的油泥积炭会使各阀体油管中的油流动不畅，油压受影响，从而使自动变速器提速慢或失速，严重时还会使某个挡位无油压导致“烧片”。

因此，对自动变速器换油前进行清洗深化保养的必要性和迫切性是毋庸置疑的。通过清洗化学保养或以彻底清洗自动变速器的行星齿轮结构、控制阀体、液力变矩器内的油泥和污垢，并使之均匀的分散在整个自动变速器油中被过滤出来，为新 ATF 的加入创造干净的环境，确保新油不会被污染。

2)自动变速器增效深化保养

自动变速器油(ATF)与自动变速器的关系相当于人体与血液的关系一样重要，它对自动变速器发挥着重要的作用：

(1)它是进行能量转换的工作介质。

(2)对锁止离合器和换挡执行机构实现液压控制式或电液式控制。

(3)润滑(对自动液力变速器的齿轮等零件和换挡执行机构摩擦副进行润滑)。

(4)冷却(将损耗在油液中的热量传导至冷却器中)。

(5)清洗(对自动变速器内部进行清洗)。

(6)密封(对自动变速器内的摩擦副进行密封)。

自动变速器油在使用过程中同样也会形成酸性物质，加速 ATF 的失效。

(1)酸的形成几乎都是添加剂及基础油长时间在高温的情况下产生的。

(2)酸的形成会降低 ATF 的所有性能，同时腐蚀金属部件及一些橡胶件，会过早的氧化 ATF，造成 AT 系统潜在的危害。

(3)酸对密封圈的腐蚀：密封圈损坏造成的漏油、泄压导致不排挡等一些问题。

自动变速器油的使用效能和使用寿命与自动变速器油工作温度有直接线性联系，其使用寿命直接受到工作温度的负面影响，温度越高，寿命越短。且每增高 10℃，使用寿命差不多下降一半，如图 2-4-4 所示。

自动变速器油工作温度		预计有效工作寿命	
°F	°C	MILES	KM
175	80	100,000	160,000
195	90	50,000	80,000
215	100	25,000	40,000
235	115	12,500	20,000
255	125	6,250	10,000
275	135	3,000	5,000
295	145	1,500	2,500
315	155	750	1,200
335	170	325	500
355	180	160	250
375	190	80	125
390	200	40	65
410	210	20	32

图 2-4-4　当自动变速器油工作温度升高时，其工作寿命会快速减少

根据以上原因，自动变速器增效深化保养一方面全

面提升自动变速器油的整体性能，另一方面需要有针对性的解决自动变速器油酸的形成，并提升自动变速器油的抗高温氧化能力。同能实现下面的功能：①恢复油封和O形密封圈的弹性及密封性。②减摩抗磨，平振降噪，使换挡更平顺。③抑制泡沫的产生，避免变速器过热。④防止腐蚀与锈蚀，保护零件。⑤保持自动变速器系统的清洁。

3）自动变速器止滑深化保养

自动变速器在使用过程中最常见的问题是打滑发抖。出现这种问题的原因主要有三个：

（1）使用传统换油方法会将60%～70%的旧油仍残留在系统内，旧油因为其工作效能下降，导致工作过程中接合、分离不彻底，出现压力波动；

（2）自动变速器长期没有做ATF彻底换油保养/增效保养，与上面的情况一样，ATF中的摩擦修饰剂/摩擦改良剂消耗完，出现抖动；

（3）使用ATF时的规格发生错误，因为不同规格的自动变速器油中的摩擦修饰剂/摩擦改良剂的含量不同，导致使用时不能实现设计性能，出现问题。例如：如推荐使用DEXRON/MERCON系列自动变速器油的车辆（美国通用品牌和美国福特品牌为代表的主流自动变速器）被加入了TYPE F系列的自动变速器油（如丰田为代表的ATF）。表现为：①动摩擦系数小，离合器接合时滑转大，接合时间长；②静摩擦系数大，离合器接合的最后阶段变化剧烈有异响，换挡冲击大。

上面三种产生抖动打滑的原因，可以不需要解体，通过自动变速器止滑深化保养来解决。图2-4-5所示就是对因加错油的种类而产生打滑时的解决效果图。线条3是应该使用的DECRON/MERCON级别的自动变速器油的正常的工作曲线，线条1是使用TYPE F自动变速器油时正常的工作曲线。如果因为各种原因造成该使用DEXRON/MERCON自动变速器油的车中加入了TYPE F的油，就会因为油品不同而产生自动变速器打滑抖动。此时，在已经添加的TYPE F油中再加入止滑深化保养的化学品，就会产生与DEXRON/MERCON类似的工作曲线，满足车辆工作需求，解决打滑抖动故障。

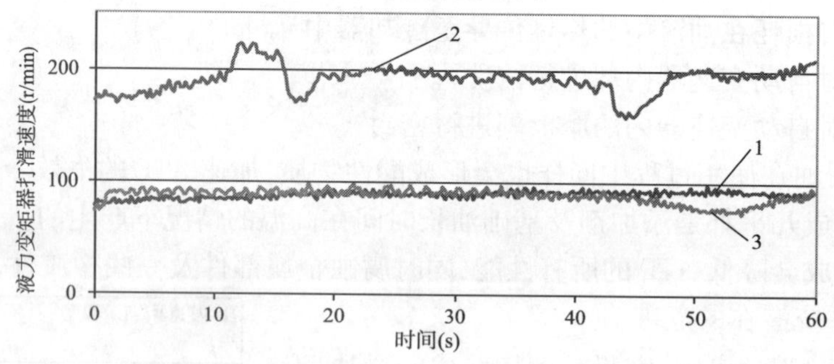

图2-4-5　产生打滑时的解决效果图

1-自动变速器油+止漏保护产品；2-自动变速器油；3-DEXRON/MERCON规格自动变速器油

在解决抖动打滑故障的同时，自动变速器止滑深化保养还能实现与增效保养同样的功能效果：一方面全面提升自动变速器油的整体性能，另一方面需要有针对性的解决自动变速器油酸的形成，并提升自动变速器油的抗高温氧化能力。同能实现下面的功能：①恢复油封和O形密封圈的弹性及密封性。②减摩抗磨，平振降噪，使换挡更平顺。③抑制泡沫的产生，避免变速器过热。④防止腐蚀与锈蚀，保护零件。⑤保持自动变速器系统的清洁。

二 技术标准与要求

(1)检查确认自动变速器工作正常。

(2)检查确认自动变速器保养设备工作正常。

三 实训时间

实训时间为30min。

四 实训教学目标

学生能够按照操作规程熟练进行自动变速器系统深化保养，能够熟练使用自动变速器深化保养设备。

五 实训器材

实训器材包括实车、拆装工具、工具车、线手套、工作服、安全鞋、工作帽、产品、设备、ATF等。

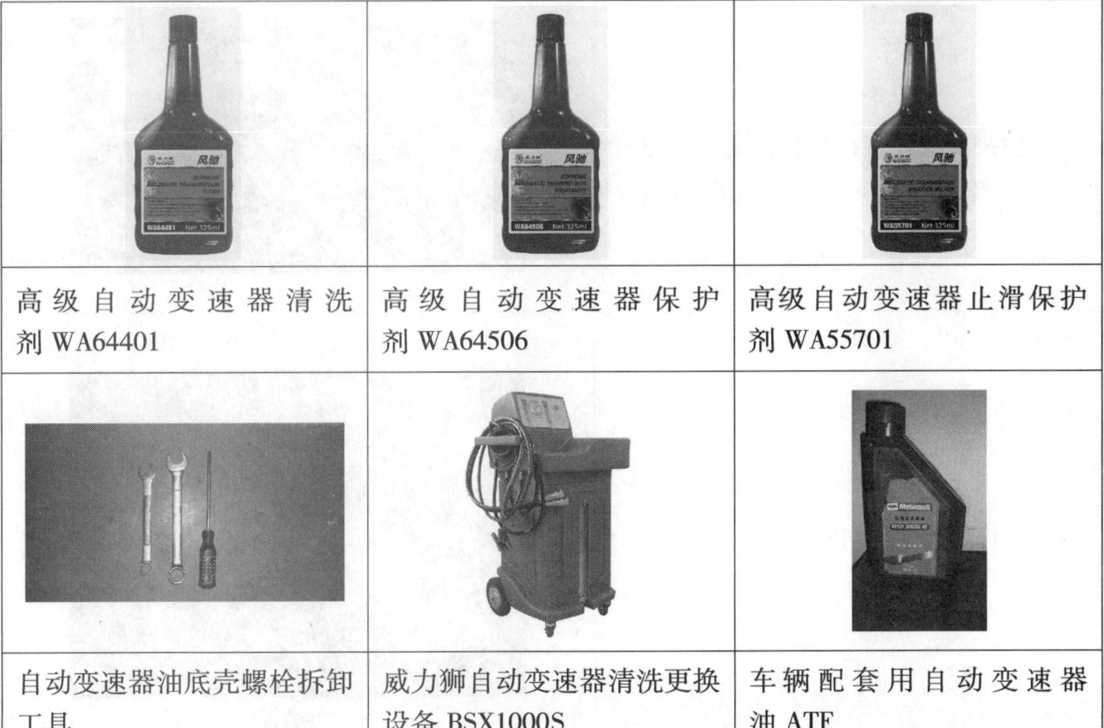

高级自动变速器清洗剂 WA64401	高级自动变速器保护剂 WA64506	高级自动变速器止滑保护剂 WA55701
自动变速器油底壳螺栓拆卸工具	威力狮自动变速器清洗更换设备 BSX1000S	车辆配套用自动变速器油 ATF

六 教学组织

❶ 教学组织形式

每辆车安排4名学生参与实训,两名学生为一组。一组操作,一组观察学习。

❷ 学生站位分工和要求

两名学生一组,按照1号、2号进行编号,1号为主,2号为辅助。

❸ 实训教师职责

讲解操作步骤和注意事项;下达“操作开始”口令;工位间巡视、检查、指导和纠正错误。

❹ 学生职责变换

2名学生实行职责变换制度,即第一遍1号为主,2号辅助;第二遍2号为主,1号辅助。

七 操作步骤

第一步 清洗自动变速器	
1. 车辆按规范停靠在举升机要求位置。	
2. 车辆挡位:P或N位。	

3. 打开发动机罩，检查 ATF 油尺液面位置，不足补齐。	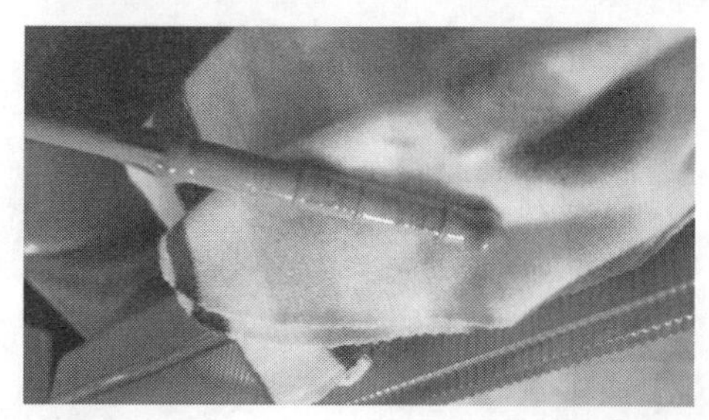
4. 按设备说明做好准备，确保设备配套接头和管线完好。	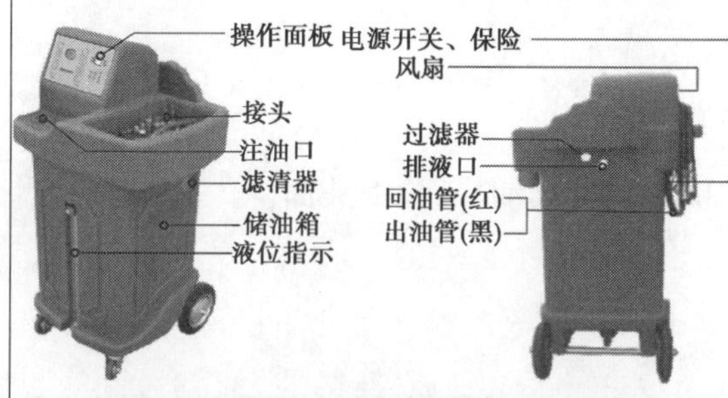
5. 找出车上自动变速器冷却管，使用扳手拆开任意一根冷却管。	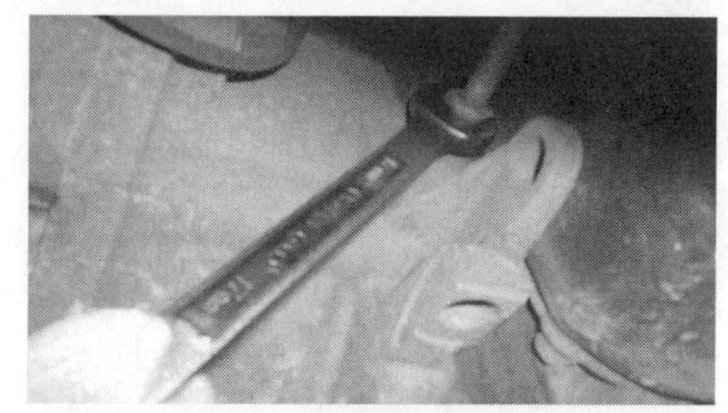
6. 找出设备配套的专用接头，分别接到已经拆开的冷却管的两个端口。	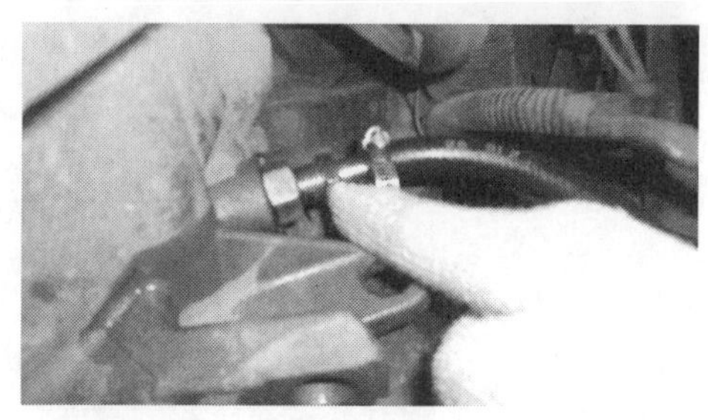
7. 将两个专用接头与设备配套的专用管件接好，以便与设备连接。	

8. 将设备侧面长胶管的快速接头与刚连接的专用管件的快速接头插牢固。	
9. 拔出 ATF 油尺，检查液面。	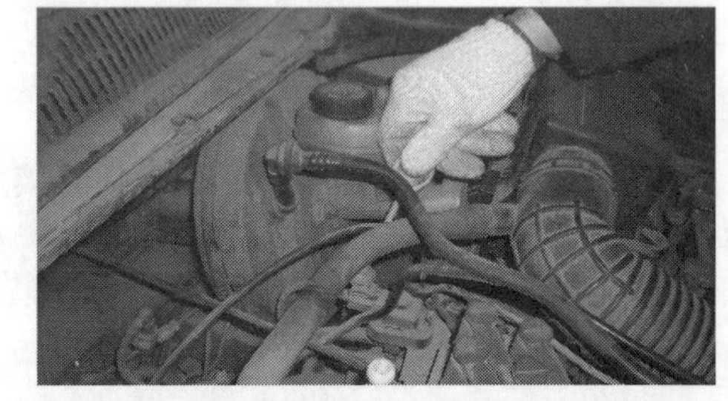
10. 将自动变速器清洗剂通过油尺口加入到自动变速器中。	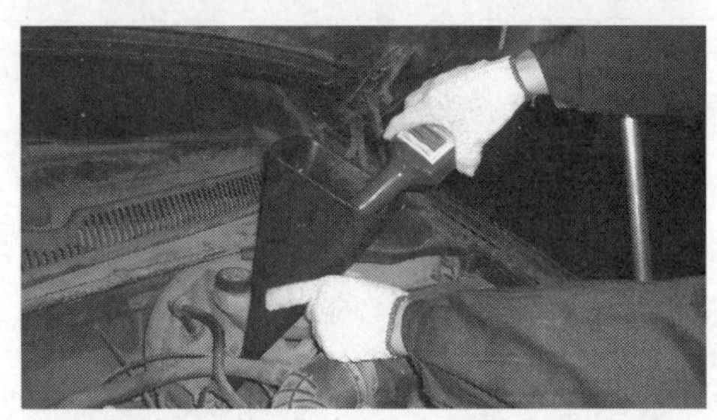
11-1. 起动发动机。	
11-2. 观察流量计中的浮子是否浮起，若不能浮起则熄灭发动机。	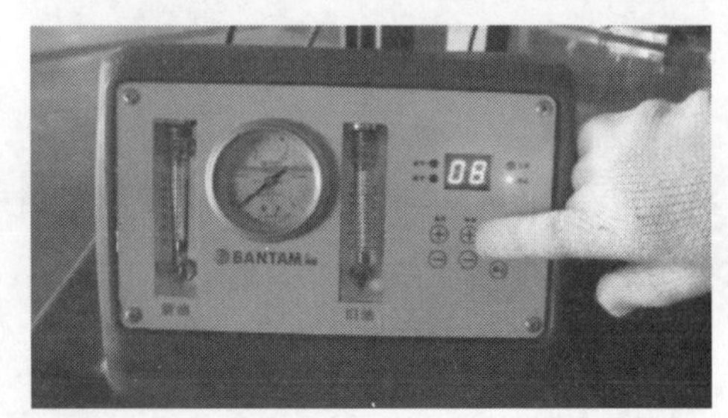

<table>
<tr><td>11-3. 将两管交叉连接,重新起动发动机。</td><td>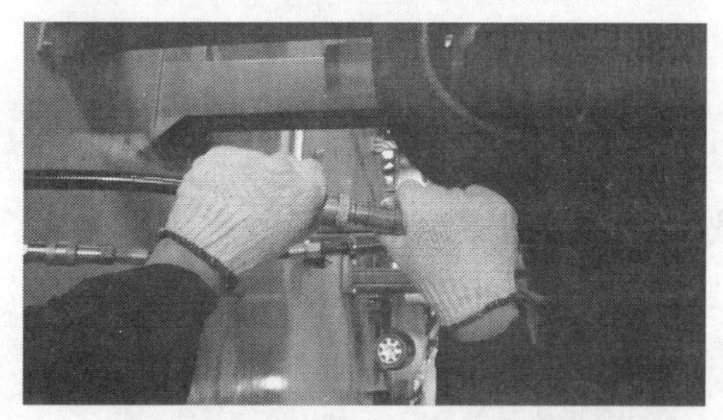</td></tr>
<tr><td>12. 拨动变速杆,每个挡位清洗 2 ~ 3min。</td><td>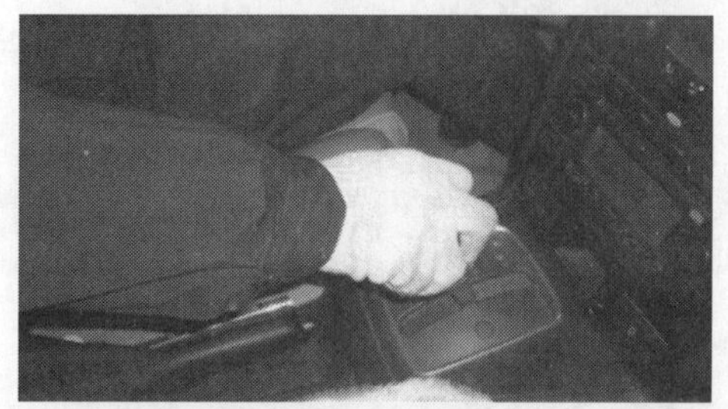</td></tr>
<tr><td>13. 清洗完毕后,将变速杆置于 P 位。</td><td>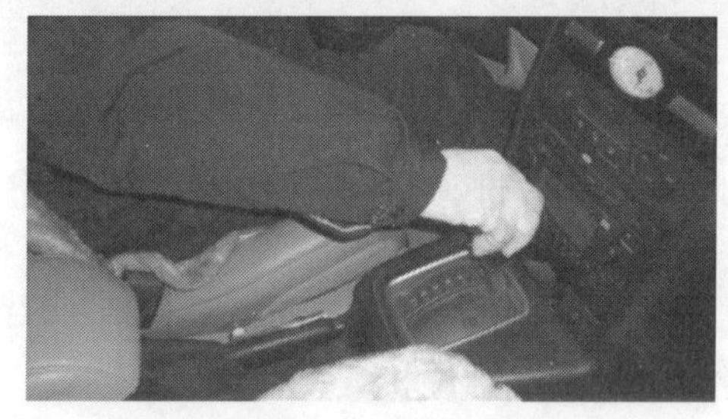</td></tr>
<tr><td colspan="2">第二步　更换旧 ATF 并添加保护剂</td></tr>
<tr><td>1. 将新 ATF 加入设备中。</td><td></td></tr>
<tr><td>2. 接上设备电源。</td><td>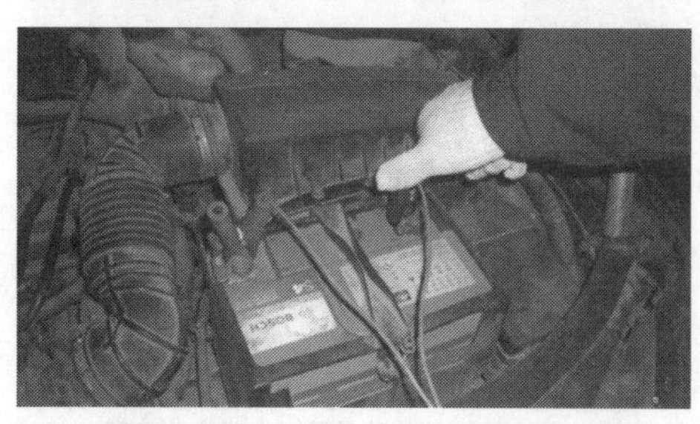</td></tr>
</table>

3. 换液前设备设置。 提示： 按操作面板上“换液”对应的“＋”、“－”按键选择需要换液数量，开始按“＋”键1次初始值为5L。	
4. 调节换液数量，通常设置为8L，因车而异。	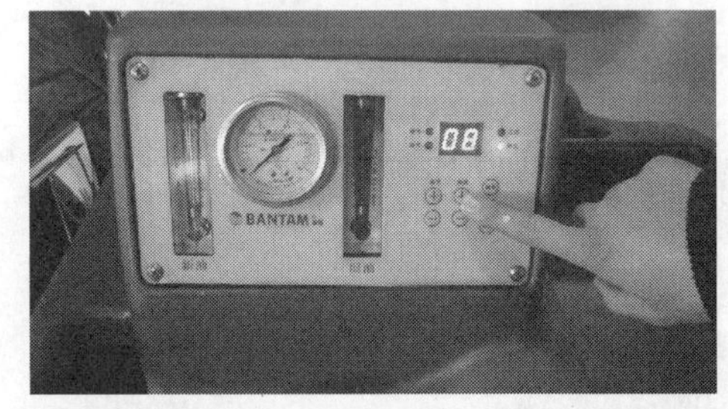
5. 设备换液。 提示： (1)按“确定”键，此时工作指示灯亮，停止时指示灯灭(如图所示)。 (2)直到新油全部加入车内，旧油会自动排出。	
6. 设备上蜂鸣器响起时，换液结束，设备自动进入循环状态。	
7. 拔出油尺，检查液面。	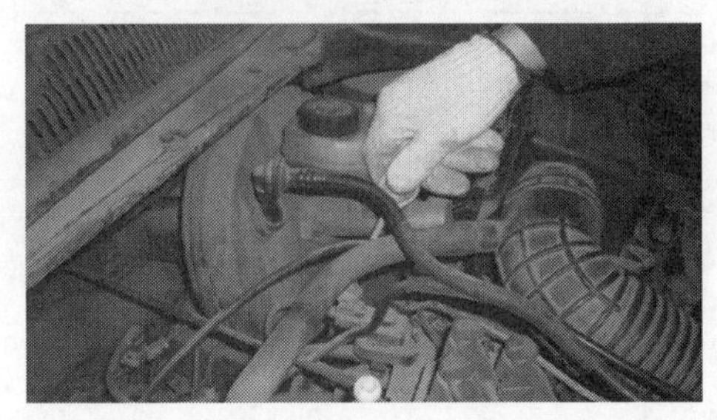

8. 加注自动变速器保护剂。	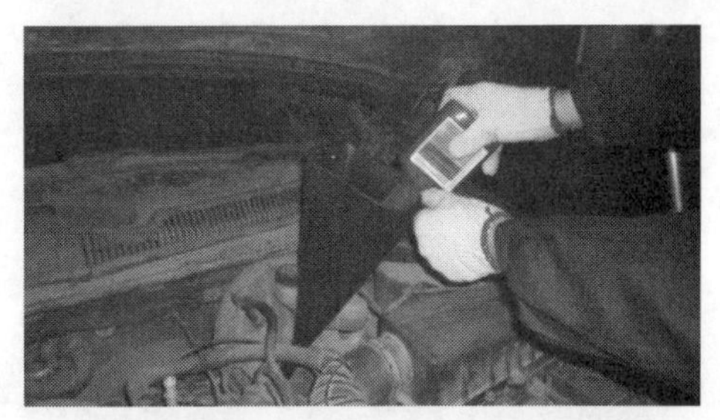
9. 再次拔出油尺,检查液面并确保符合汽车出厂要求。	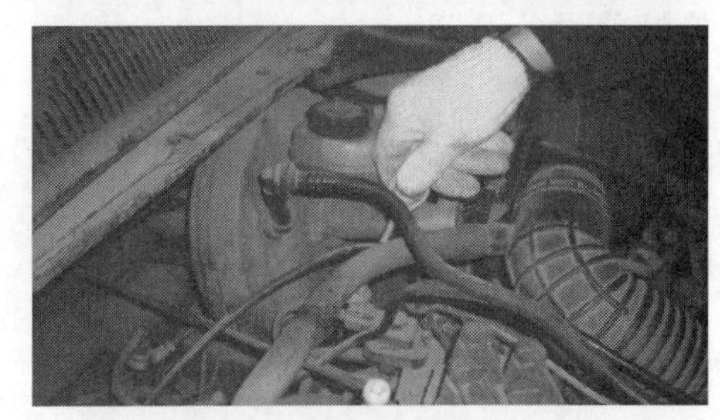
10. 补加 ATF 的方法。 (1)按“调节”对应的“ + ” 、” - ”键选择需要向自动变速器补充油数量。 (2)如:显示“0.6”,则表示往变速器补 0.6L(600mL)油。 (3)按“确定”键,设备自动补油。	
11. 复原。 提示: (1)设备复原归位。 (2)检查车辆,确保无渗漏等问题。	
第二步　更换旧 ATF 并添加止滑保护剂	
1. 将新 ATF 加入设备中。	

2. 接上设备电源。	
3. 换液前设备设置。 提示: 按操作面板上“换液”对应的“ + ” 、“ - ”键选择需要换油数量,开始按“ + ” 键 1 次初始值为 5L。	
4. 调节换液数量, 通常设置为 8L, 因车而异。	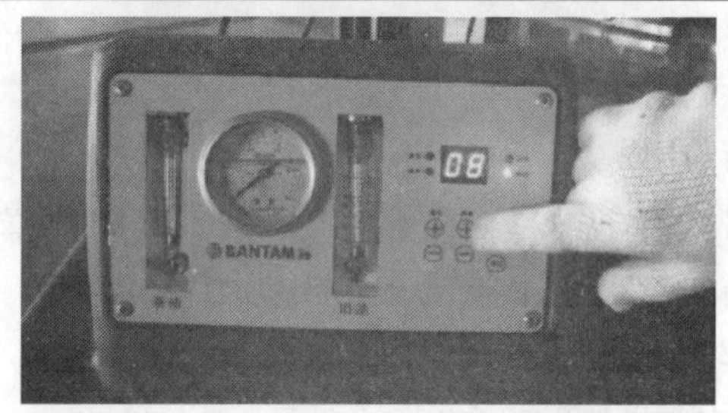
5. 设备换液。 提示: (1)按“确定”键,此时工作指示灯亮,停止时指示灯灭(如图所示)。 (2)直到新油全部加入车内,旧油会自动排出。	
6. 设备上蜂鸣器响起时,换液结束,设备自动进入循环状态。	

7. 拔出油尺,检查液面。	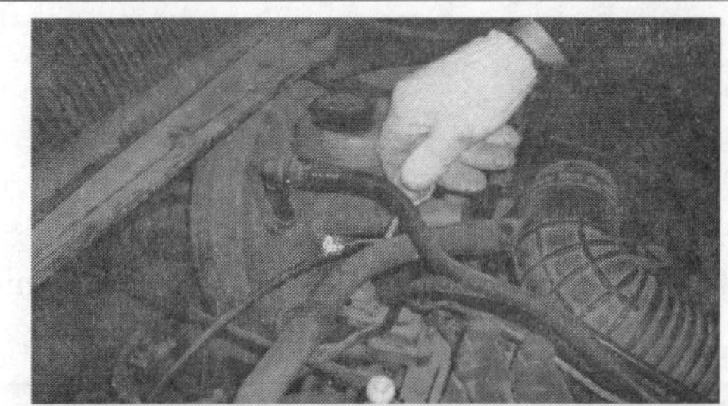
8. 加注自动变速器保护剂。	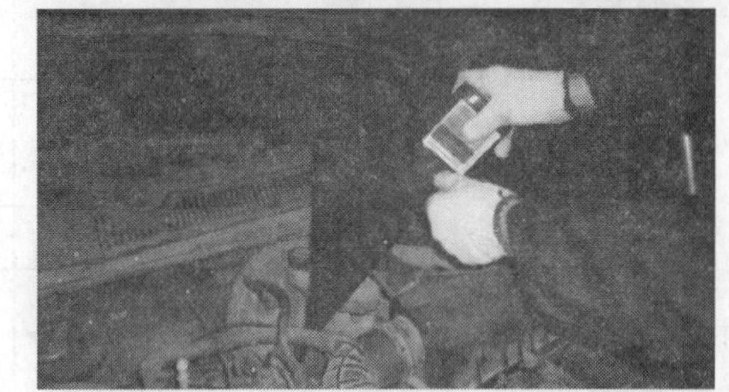
9. 再次拔出油尺,检查液面并确保符合汽车出厂要求。	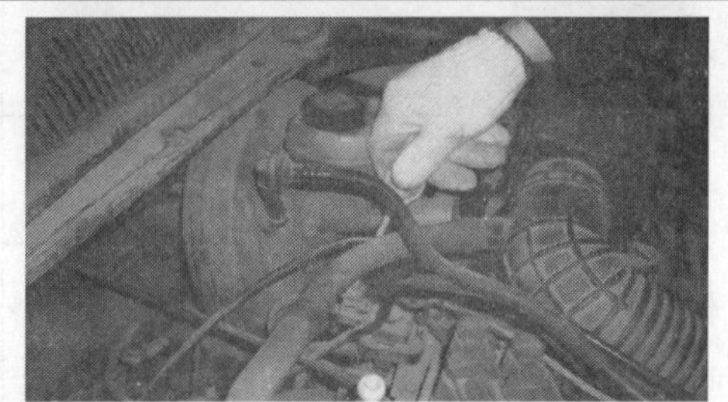
10. 补加 ATF 方法。 (1)按“调节”对应的“ + ”、“ - ”键选择需要向自动变速器补充油数量。 (2)如:显示“0.6”,则表示往变速器补 0.6L(600mL)油。 (3)按“确定”键,设备自动补油。	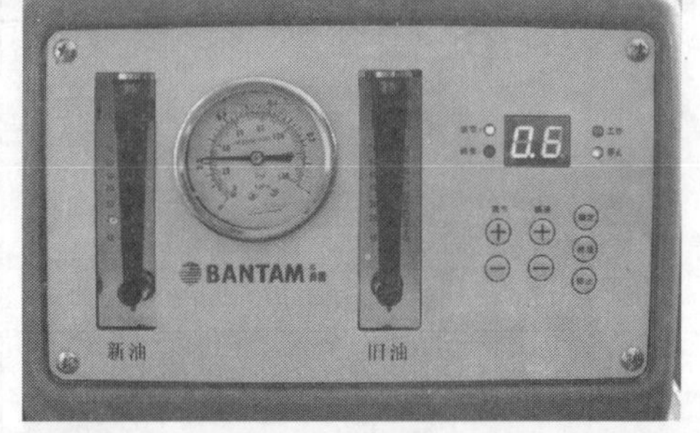
11. 复原。 提示: (1)设备复原归位。 (2)检查车辆,确保无渗漏等问题。	

操作组学生操作时,观察组学生应观察什么?记录什么?怎样对操作组学生操作进行评判?

八 考核标准

考核标准见表2-4-1。

考核标准表(满分100分)(时间30min)　　完成用时：________

表2-4-1

考核时间	序号	考核项目	满分	评分标准	得分
30min	1	作业前整理工位	6	酌情扣分	
	2	安全防护用品的使用情况	4	操作时不戴手套扣4分	
			4	操作时不穿安全鞋扣4分	
	3	工具使用情况	2	未正确使用工具扣2分	
	4	拆卸自动变速器冷却管	8	操作错误扣8分	
	5	设备与冷却管连接	7	出现漏油不得分	
	6	打开清洗剂产品铝箔密封	2	未正确打开铝箔扣2分，未使用瓶盖打开铝箔不得操作分	
	7	加注清洗剂	2	未按比例加注清洗剂扣2分，异物进入发动机不得操作分	
	8	清洗自动变速器系统	10	加注清洗剂前未检查液面扣3分，清洗剂加注后未检查液面扣3分，清洗时未换挡扣6分，清洗时间不足或超过10min扣分，每1min扣1分，扣完为止	
	9	设备准备	4	ATF外溢出工具扣4分，工具与蓄电池连接极性接反不得分	
	10	换液	10	管路连接漏油扣4分，车辆挡位不对扣4分，环境低温时未加油升温扣4分	
	11	冷却管路复原	12	复原后漏油不得分	
	12	加注保护剂	4	未加注不得分，加注前未检查液面扣4分，加注时进入异物扣4分	
	13	检查液面并合适	6	未检查不得分	
	14	着车检查渗漏	4	未检查不得此项分	
	15	整理产品、工具和工作环境	10	安装完成后，整理产品/工具/环境分别按3/3/4分扣除	
	16	超过规定操作时间	5	每超时1min扣1分，扣完为止	
	17	遵守相关安全规范	因违规操作造成人身和设备事故的，总分按0分计		
		分数合计	100		

项目五
动力转向系统深化保养

Chap 5

一 项目说明

❶ 动力转向系统概述

动力转向系统是以发动机动力作为主要能源，兼用驾驶人体力作为转向能源的转向系统，称为动力转向系统。

动力转向系统是在机械转向系统基础上加设一套转向加力装置而成的。动力转向系统现在有两大类型：液压式电子控制动力转向系统和电动式电子控制动力转向系统。

液压式电子控制动力转向系(EPS)是在传统的液压动力转向系统的基础上增设了控制液体流量的电磁阀、车速传感器和电控单元等。电控单元根据检测到的车速信号，控制电磁阀，使转向动力放大数倍后实现连续可调，从而满足高、低速时的转向助力要求。根据控制方式的不同，又可分为流量控制式、反力控制式和阀灵敏控制式三种形式。

电动式电子控制动力转向系统是直接依靠电动机提供辅助转矩来实现转向助力的。该转向系统仅需要控制电动机电流的方向和幅值，不需要复杂的控制机构。该转向系统的动力源是电动机，电控单元根据车速、转向力和转向角等参数，确定最佳的转向助力转矩，并向转向机构输出控制指令，实现最佳的转向助力控制。

❷ 动力转向系统作用

动力转向系统作用是通过机构的作用帮助实现轻便、安全、有效的行驶方向转变的目的，使车辆按照驾驶人的意图改变或保持汽车的行驶方向。

动力转向系统免拆清洗的作用：通过免拆的方式对动力转向系统的转向液进行彻底清洗和更换。

❸ 动力转向系统结构

动力转向系统结构组成图示如下：液压式动力转向系统如图 2-5-1 所示，电动式动力转向系统结构示意图如图 2-5-2 所示。

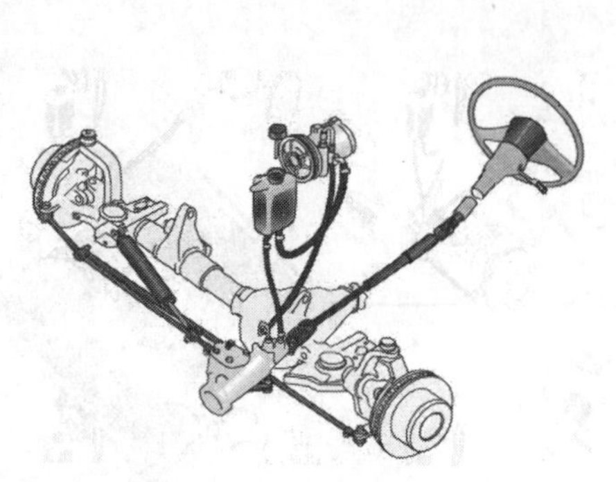

图 2-5-1　液压式动力转向系统

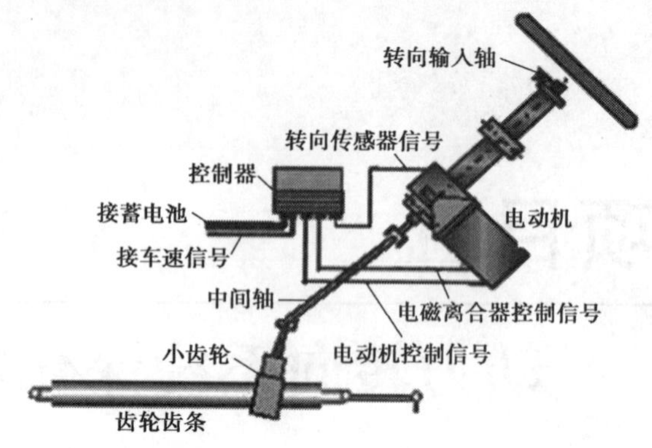

图 2-5-2　电动式动力转向系统结构示意图

❹ 动力转向系统深化保养项目介绍

现代汽车上普遍采用的动力转向系统，特别是液压式动力转向系统具有转向准确，易于操作等广为人知的好处。然而任何精密的系统都需要精细的保养。动力转向液经常处于持续的极压和高温的工作环境下，所以经一定时间后会出现污染劣化，并失去润滑性能，导致清漆等沉积物生成，汽车出现冷车转向困难、转向盘发抖等故障。常规保养情况下动力转向系统内部的沉积物不能定期清除，不断累积的油泥等沉积物会造成系统内液压泵的损坏，导致高额的维修费用，并且耽误宝贵的时间。

动力转向系统清洗深化保养能够实现以下目的：

(1)清除系统内部的清漆、油泥等有害物质，保持清洁，减少新动力转向液的污染。

(2)消除冷车转向困难。

(3)含抗磨剂，减少清洗过程中的零件摩擦与磨损。

(4) 极压条件下提供特效保护，避免清洗时金属部件拉伤。

(5)提高抗氧化能力，清洗时保持转向液黏度稳定。

(6)清洗过程中避免泡沫产生，保持性能稳定。

(7)抑制油泥的形成，保持转向系统内部清洁，减少新动力转向液的污染。

动力转向系统的转向液是助力系统工作的保证，其性能好坏及使用寿命长短直接关系整个系统的使用效能。进行动力转向系统增效保养能够实现：

(1)减少转向过程中的零件摩擦与磨损。

(2)极压条件下提供特效保护，避免金属部件拉伤。

(3)提高抗氧化能力，高温下保持转向液黏度稳定，延长转向液使用寿命。

二　技术标准与要求

(1)检查动力转向液的种类是否符合汽车公司对于车辆转向液使用的要求。

(2)检查动力转向液的数量是否符合汽车公司对于车辆转向液数量的要求。

(3)检查设备是否完整以及工作是否正常。

三 实训时间

实训时间为20min。

四 实训教学目标

学生能够按照操作规程熟练地检查助力转向液,并进行免拆清洗和更换。

五 实训器材

实训器材包括实车、免拆清洗工具,免拆清洗产品,工具车、线手套、工作服、安全鞋、工作帽。

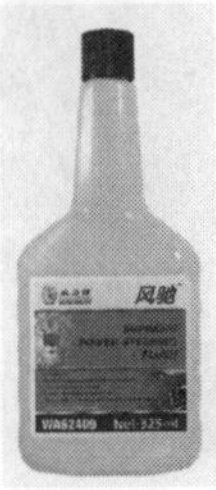	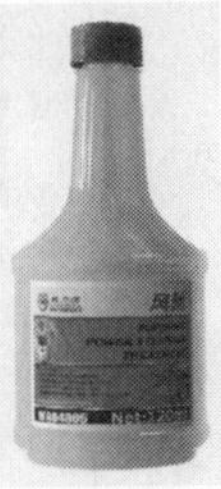	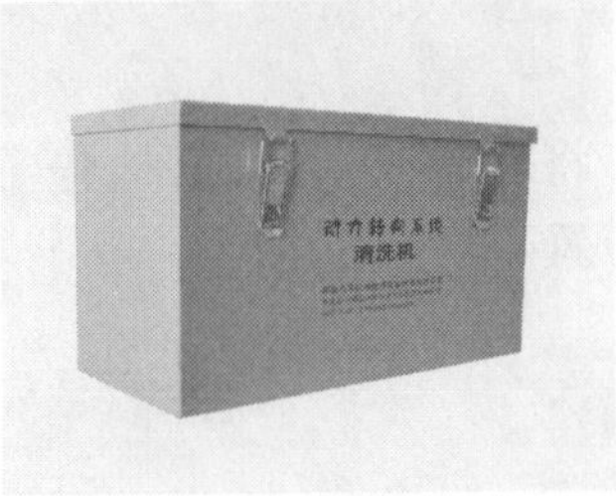
高效动力转向系统清洗剂#WA62409	高效动力转向系统保护剂 WA64805	动力转向系统清洗更换设备

车辆配套用转向液		

六 教学组织

❶ 教学组织形式

每辆车安排4名学生参与实训,两名学生为一组。一组操作,一组观察学习。

❷ 学生站位分工和要求

两名学生一组，按照 1 号、2 号进行编号，1 号为主，2 号为辅助。

❸ 实训教师职责

讲解操作步骤和注意事项；下达“操作开始”口令；工位间巡视、检查、指导和纠正错误。

❹ 学生职责变换

2 名学生实行职责变换制度，即第一遍 1 号为主，2 号辅助；第二遍 2 号为主，1 号辅助。

七 操作步骤

第一步　检查转向液	
1. 将车辆平稳规范地停靠在举升机要求位置。	
2. 打开发动机罩，支撑好发动机罩。	
3. 保养前在发动机舱前端铺好护车垫。 提示： 每次保养前必须铺好垫布，用来确保保养期间人员服装和工具等不会损伤漆面等。	

4. 逆时针旋下转向液壶盖，无内置压力，不需要小心外溅和烫伤。 提示： 电子助力转向系统车辆无转向液壶，不需要更换。	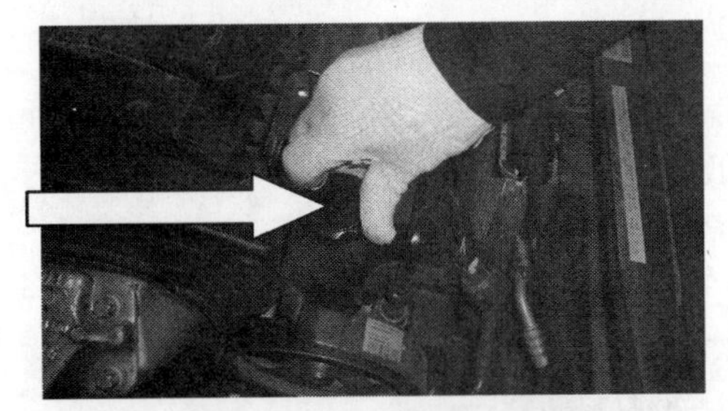
5. 按厂商要求方法检查转向液液面是否符合要求。 提示： 不同车厂标识不同：FULL、LOW 或者 HIGH、ADD 等。	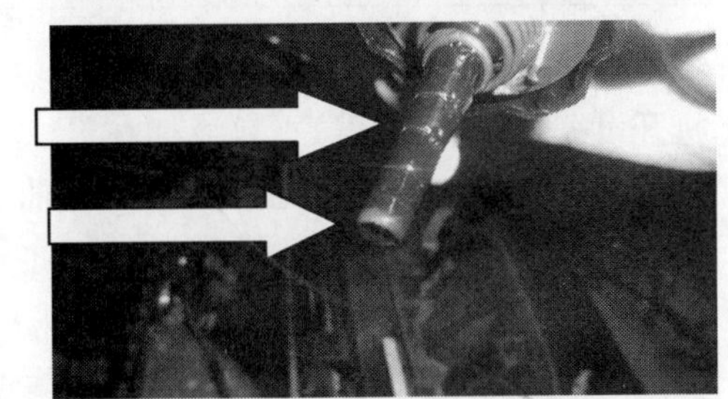
6. 如果液面过低，检查是否有渗漏位置。 提示： 检查油管、转向机构、油泵等。	
第二步　准备设备	
1. 检查设备确保正常： (1)检查有无渗漏和其他异常。 (2)检查确认开关全部在 O/关闭位置。 (3)检查确认旧油桶内无油，否则清空。	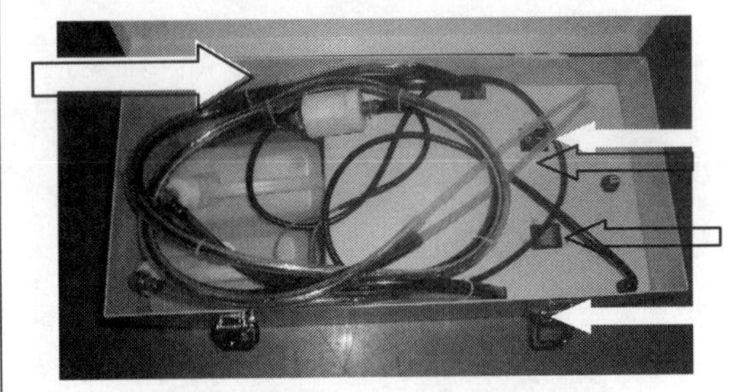
2. 设备电源线与车载蓄电池连接好。 提示： (1)设备红色电源线接蓄电池正极，设备黑色电源线接蓄电池负极。 (2)有的车辆蓄电池负极不外露，可将设备负极直接接到发动机舱的金属零件上(搭铁用)。	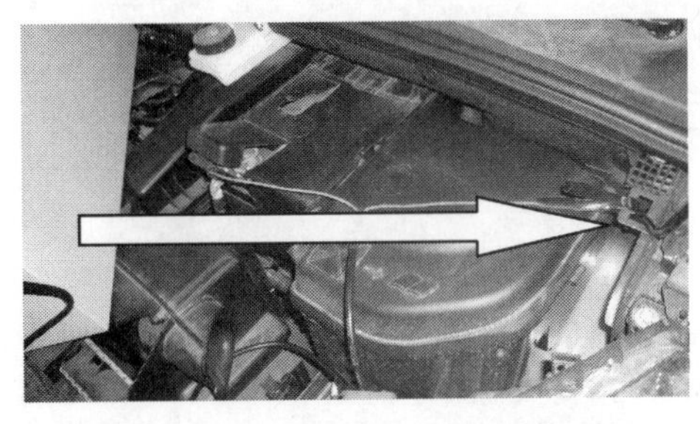

<table>
<tr><th colspan="2">第三步　清洗转向系统</th></tr>
<tr><td>1. 设备吸液管插入油壶中，尽可能插入到最低点。
提示：
(1)有的车型油壶有滤网，则可能插不进去。
(2)有的车型油壶入口端细，用配套的细管串联插入油壶中。</td><td></td></tr>
<tr><td>2. 打开设备旧液抽吸开关，新液加注开关不动。直到油壶中旧液吸完即可，不必抽吸干净。</td><td>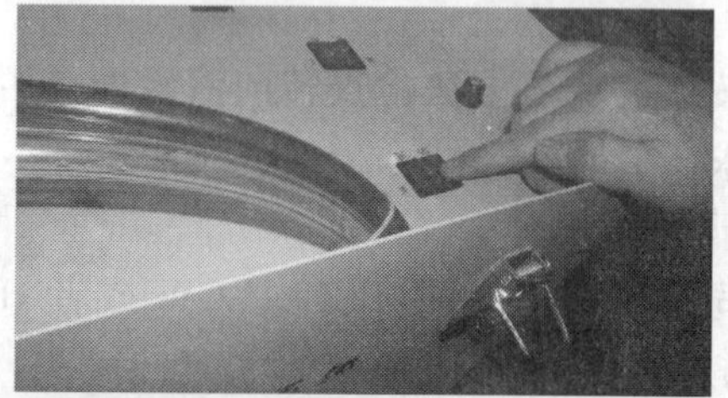</td></tr>
<tr><td>3. 将配套的清洗剂全部加入转向油壶中并旋紧油壶盖，确保密封完好无损。
提示：
瓶盖倒置于瓶口，旋转即可打开密封铝箔。</td><td>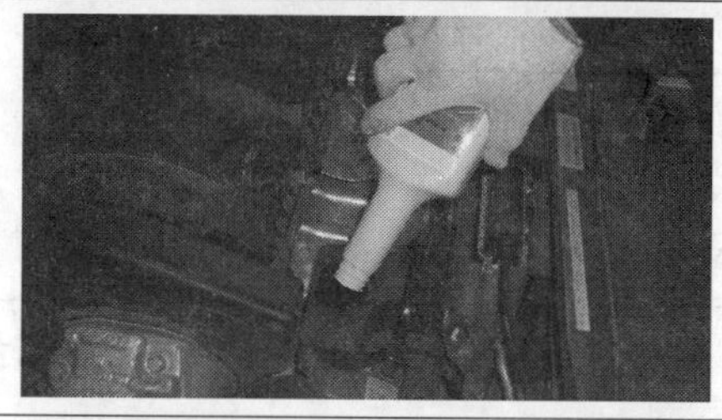</td></tr>
<tr><td>4. 挡位在空挡，拉紧驻车制动器操纵杆，起动发动机并怠速。</td><td></td></tr>
<tr><td>5. 左右转动转向盘。保持怠速情况下至少转动转向盘 10 ~20min。
提示：
可以开出车间行驶 30min。</td><td>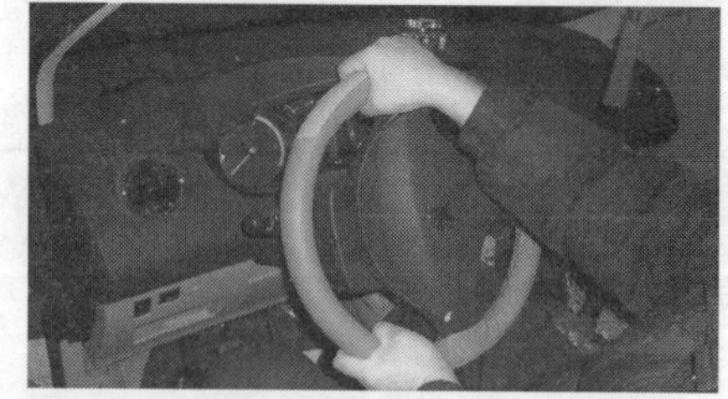</td></tr>
<tr><td>6. 清洗时间结束后，转向盘回正。
提示：
时间到，转向盘回正。</td><td>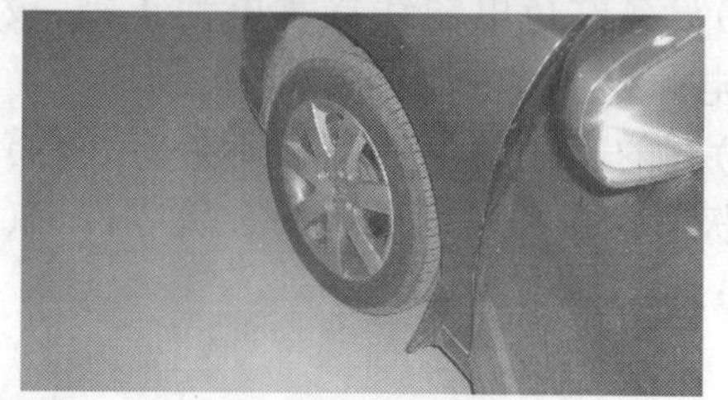</td></tr>
</table>

<table>
<tr><th colspan="2">第四步　更换旧液和清洗剂,添加新液及保护剂</th></tr>
<tr><td>1. 打开助力油壶,无内置压力,无需打开。</td><td></td></tr>
<tr><td>2. 新旧液抽吸管全部插入油壶,吸油管插入转向回油管入口,设备加油管插入车辆进油管出口端。
提示:
有的车型油壶入口细,需要将管子压缩插入。</td><td>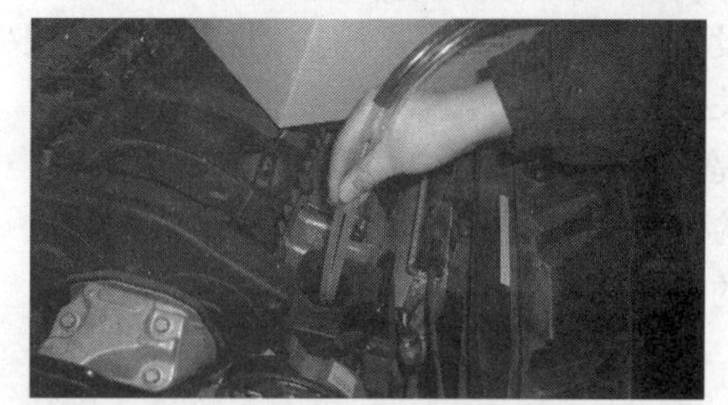</td></tr>
<tr><td>3. 将符合车厂要求的助力转向液加入到设备的新液罐中,确保新油液量足够。
提示:
使用车厂专用转向液。</td><td>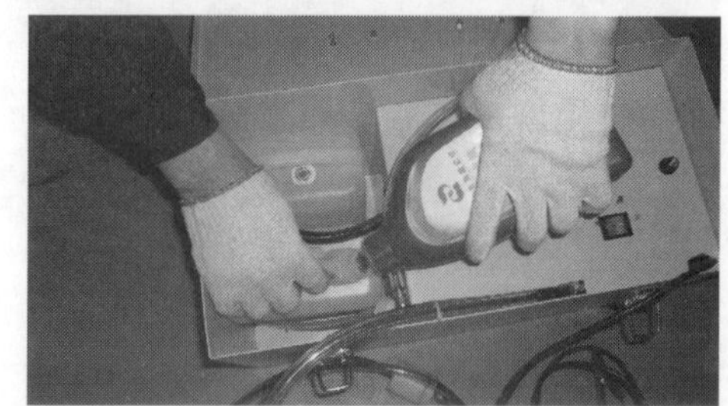</td></tr>
<tr><td>4. 同时打开设备的进油和回油开关,并关注油壶液面变化。
提示:
如果油壶液面上升,则关掉加油开关少许;如果油壶液面下降,则关掉出液开关少许。</td><td>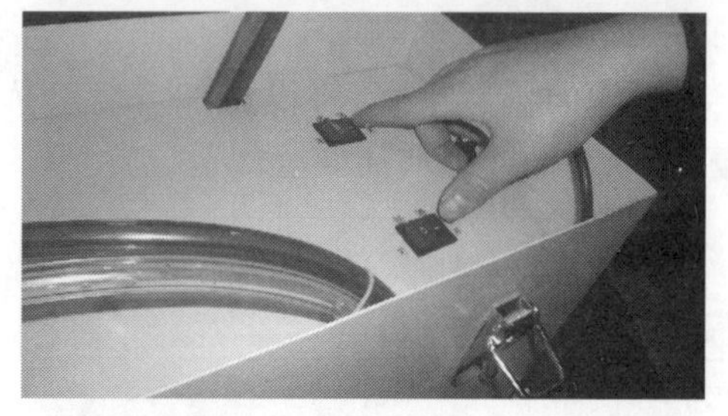</td></tr>
<tr><td>5. 如果设备回油管变清,将车轮打到最左边,当设备回油管又变清,将车轮打到最右边。回油管再次变清时,车轮回正。
提示:
通常一个过程正好从车轮居中,到最左边,再到最右边。</td><td></td></tr>
</table>

6. 按厂商要求方法检查转向液液面是否符合要求。 提示： 不同车厂标识不同：FULL、LOW 或者 HIGH、ADD 等。	
7. 如果液面高，借助工具抽出少许转向液：将设备旧液抽取管插入油壶，打开旧液抽取开关，抽取至合适位置。 提示： 检查液面时要考虑加入高效转向液保护剂的量。	
8. 将高效转向系统保护剂全部加入油壶。	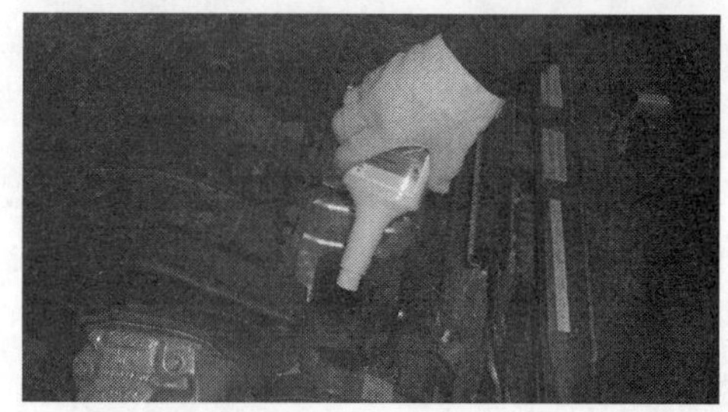
9. 如果液面依然不足：将设备加液管插入油壶，打开加液开关加油液至规范位置。	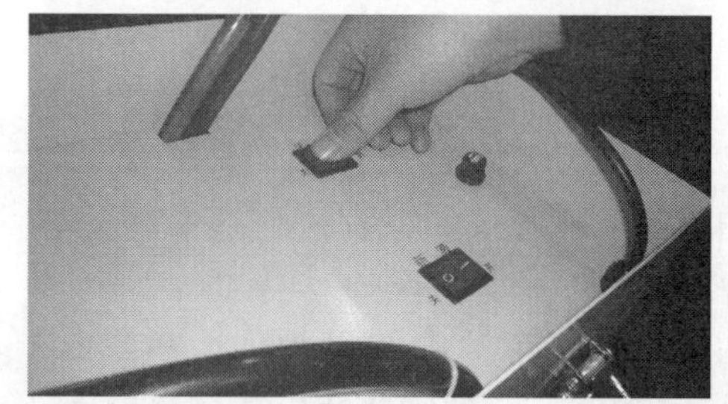
10. 一切复原。 提示： (1)所有车辆部件、所有设备全部复原。 (2)擦拭部件表面，确保清洁如初。	

操作组学生操作时，观察组学生应观察什么？记录什么？怎样对操作组学生操作进行评判？

八 考核标准

考核标准见表 2-5-1。

考核标准表(满分 100 分)(时间 30min)　　完成用时:________

表 2-5-1

考核时间	序号	考核项目	满分	评分标准	得分
30min	1	作业前整理工位	6	酌情扣分	
	2	安全防护用品的使用情况	4	操作时不戴手套扣 4 分	
			4	操作时不穿安全鞋扣 4 分	
	3	工具使用情况	2	未正确使用工具扣 2 分	
	4	打开发动机罩	5	操作错误扣 5 分	
	5	拆卸转向液加注口盖	2	未正确拆卸扣 2 分	
	6	打开清洗剂产品铝箔密封	2	未正确打开铝箔扣 2 分,未使用瓶盖打开铝箔不得操作分	
	7	加注清洗剂	2	未按比例加注清洗剂扣 2 分,异物进入发动机不得操作分	
	8	清洗转向系统	8	加注清洗剂前未抽吸少量转向液扣 4 分,清洗剂加注后未检查液面扣 4 分,清洗时未打转向盘扣 6 分,清洗时间不足或超过 10min 扣分,每 1min 扣 1 分,扣完为止	
	9	设备准备	4	转向液外溢出工具扣 4 分,工具与蓄电池连接极性接反不得分	
	10	换液	26	抽液管位置不对扣 4 分,加液管位置不对扣 4 分,开关打开的不对扣 4 分,转向盘开始不在中间位置扣 2 分,转向盘未打到左边扣 4 分,转向盘未打到右边扣 4 分,最后未回正扣 4 分	
	11	加注保护剂	4	未加注不得分,加注前未检查液面扣 4 分,加注时进入异物扣 4 分	
	12	检查液面并合适	6	未检查不得分	
	13	着车检查渗漏	4	未检查不得此项分	
	14	盖上发动机罩	6	未正确安装不得分	
	15	整理产品、工具和工作环境	10	安装完成后,整理产品/工具/环境分别按 3/3/4分扣除	
	16	超过规定操作时间	5	每超时 1min 扣 1 分,扣完为止	
	17	遵守相关安全规范	因违规操作造成人身和设备事故的,总分按 0 分计		
分数合计			100		

项目六 制动系统深化保养

Chap 6

一 项目说明

1 制动系统概述

制动系统按制动功用不同分为行车制动系统、驻车制动系统、辅助制动系统;按制动能源分为:人力制动系统、动力制动系统、伺服制动系统。

制动系统主要由制动器和制动传动机构组成。制动器主要分为鼓式制动器和盘式制动器两种。制动器的采用因车型及前后轮而不同。最新的趋势基本上全部采用前后盘式制动。

液压制动系统的传力介质是制动液。按照控制能源的不同,分为人力液压制动系统和伺服液压制动系统。而伺服液压制动系统又分为真空助力式和液压助力式两种。

2 制动系统作用

汽车制动系统的功用是使行驶中的汽车降低速度甚至停车,使下坡行驶的汽车保持速度稳定以及使已经停驶的汽车保持不动。

3 制动系统结构

保养主要涉及的是制动器。制动器主要分为鼓式制动器和盘式制动器两种,如图 2-6-1、图 2-6-2 所示。

4 制动系统深化保养项目介绍

制动系统的深化保养是在常规保养的基础上的深入细化。主要分为清洗和润滑两个环

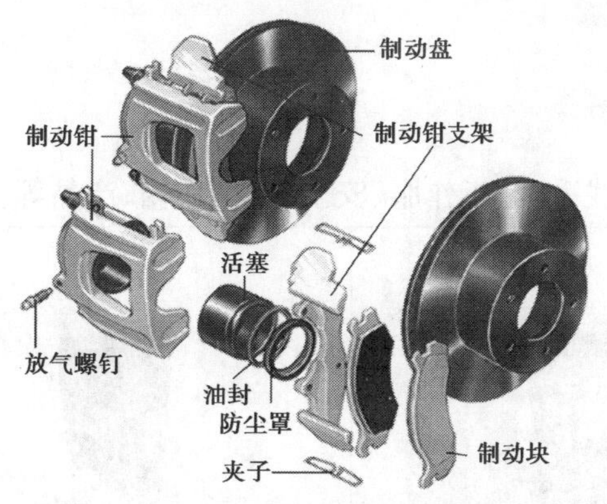

图 2-6-1　盘式制动器

节。首先对制动盘、制动蹄片和制动鼓进行清洗，能够快速清洁制动盘、制动鼓上的油渍及制动片粉尘等，让制动盘散热良好，不含盐酸、氟氯碳化物、芳香碳化物以及对人体有害的物质，并可防止石棉粉的产生。最关键的是产品不可燃，避免在清洗过程中因为偶发原因产生火源引起事故；同时避免因为产品在制动盘和制动片上的残留在制动过程中被点燃。

制动系统的润滑涉及制动系统的多个部件：制动轮缸、制动片、制动鼓等。

(1)润滑制动轮缸能够实现轮缸防尘套保持柔软，防止轮缸腐蚀，延长使用寿命；润滑轮缸轴，预防制动轴在高温情况下卡死。

(2)润滑制动片背板用于消除制动片尖叫声、预防制动片在制动过程中受热咬死，保证便于拆卸，预防制动系统腐蚀、防止水及盐侵蚀，保持良好的润滑持久性(特别适合于ABS 制动系统)。

图 2-6-2　鼓式制动器

(3)制动鼓润滑能够确保制动鼓保持良好的性能，便于拆卸安装，不会生锈腐蚀，特别是在潮气浸透甚至盐分浸透侵蚀情况下依然状态完好。

二 技术标准与要求

(1)制动保养应检查制动片是否需要更换。

(2)制动距离是否符合要求。

三 实训时间

实训时间为 30min。

四 实训教学目标

学生能够按照操作规程熟练的拆装轮胎、制动器并且能熟练的进行保养。

五 实训器材

实训器材包括实车、拆装工具、工具车、线手套、工作服、安全鞋、工作帽、产品等。

阻燃喷雾型制动系统及零部件清洗剂 WA57703	制动片耐高温保护剂 WA4501a	制动导向销及轮缸润滑剂 WA4501b
	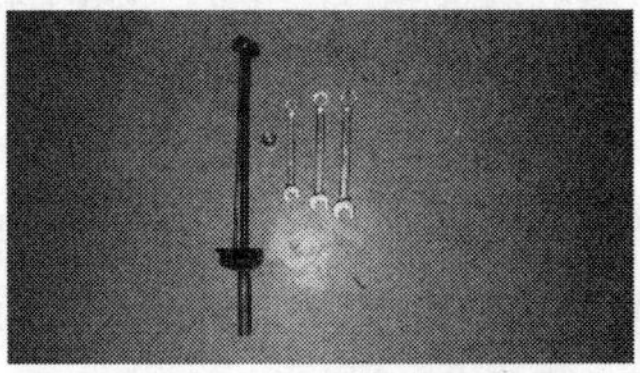	
制动鼓润滑保护剂 WA4601c	拆卸工具	

六 教学组织

❶ 教学组织形式

每辆车安排 4 名学生参与实训，两名学生为一组。一组操作，一组观察学习。

❷ 学生站位分工和要求

两名学生一组，按照 1 号、2 号进行编号，1 号为主，2 号为辅助。

❸ 实训教师职责

讲解操作步骤和注意事项；下达“操作开始”口令；工位间巡视、检查、指导和纠正错误。

❹ 学生职责变换

2 名学生实行职责变换制度,即第一遍 1 号为主,2 号辅助;第二遍 2 号为主,1 号辅助。4 只轮胎可以进行 4 次保养,正好满足 4 名学生的教学需求。

七 操作步骤

第一步　拆卸制动系统相应部件	
1. 车辆安全牢靠的停在举升机指定位置。	
2. 使用扭力扳手松动各轮胎螺栓,再使用配套套筒拆下轮胎螺栓,拿下轮胎。	
3. 拆卸制动定位销等。	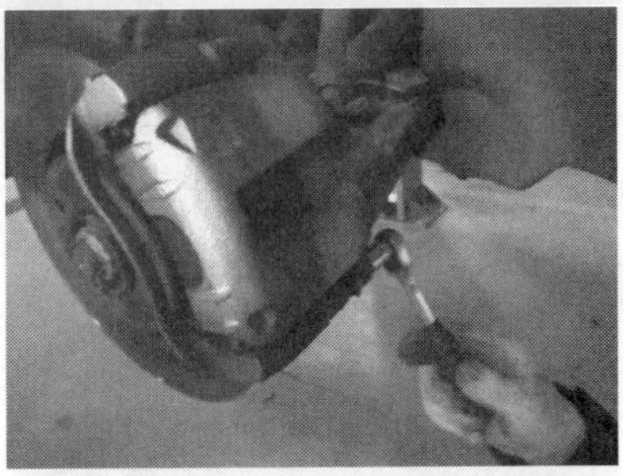
4. 使用一字螺丝刀和套筒工具拆卸制动片。	

5. 拆下的制动片、制动定位销有序整洁摆放。	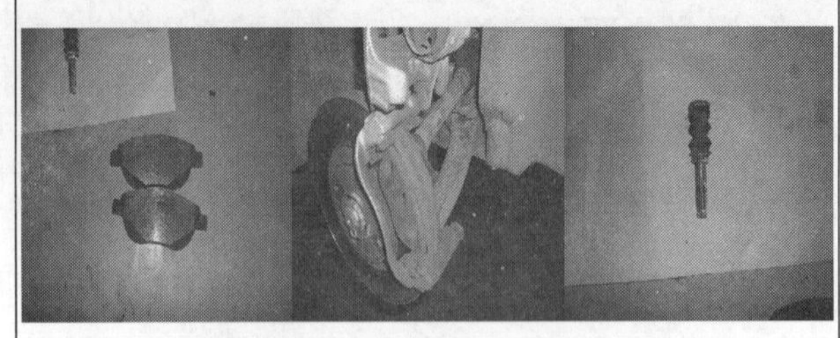
第二步　清洗各制动部件	
1. 用砂纸打磨卸下来的制动片正面。	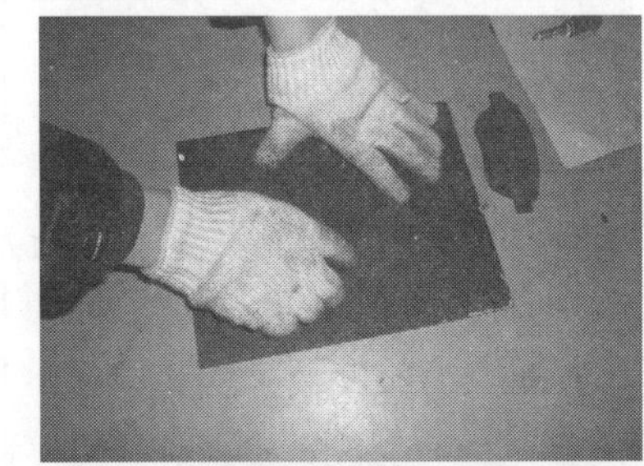
2. 使用清洗剂喷洗被打磨后的制动片。 提示： 制动片的前面和背面全部要清洗，清洗后一定要彻底风干。	
3. 使用清洗剂喷洗制动盘等制动部件。	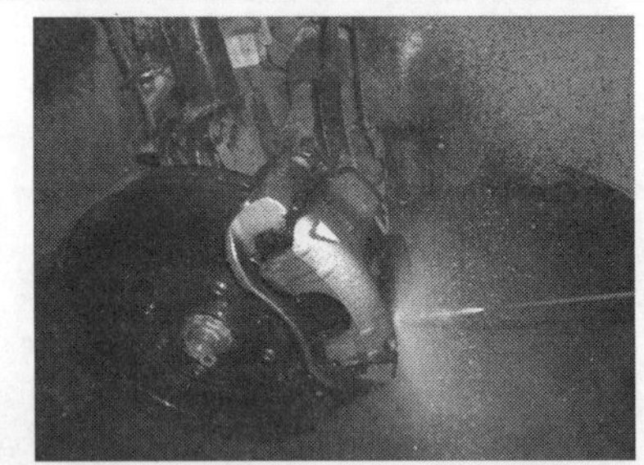
第三步　制动片润滑消噪	
1. 检查确认制动片完全风干。	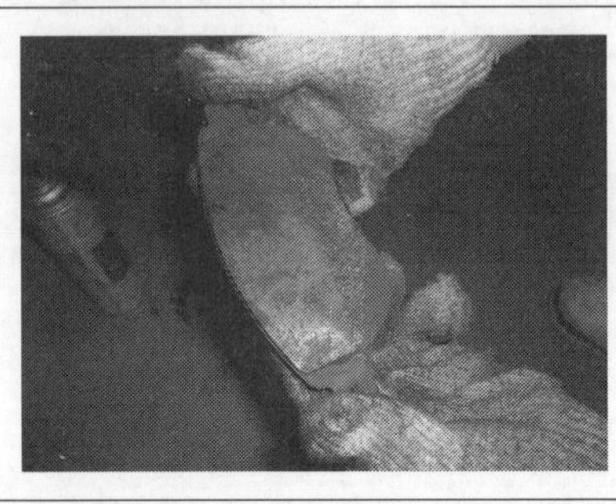

2. 将 WAA4501a 涂抹在制动片背板的金属片上。 提示： (1)禁止将产品涂抹在制动片正面； (2)禁止用带油的手/工具/抹布擦拭。	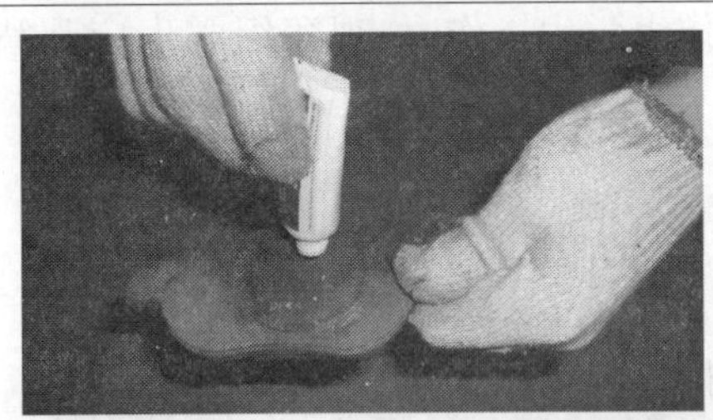
3. 将 WAA4501b 涂抹在制动定位销及制动轮缸上。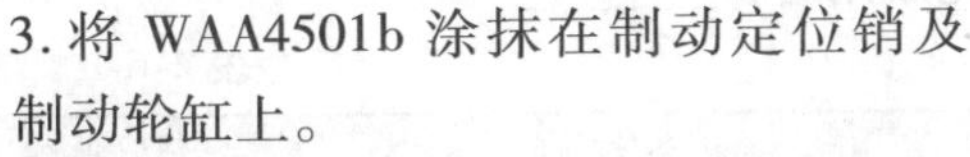 提示： (1)产品均匀的涂抹在制动定位销周围； (2)不采用带油的手/布等擦拭。	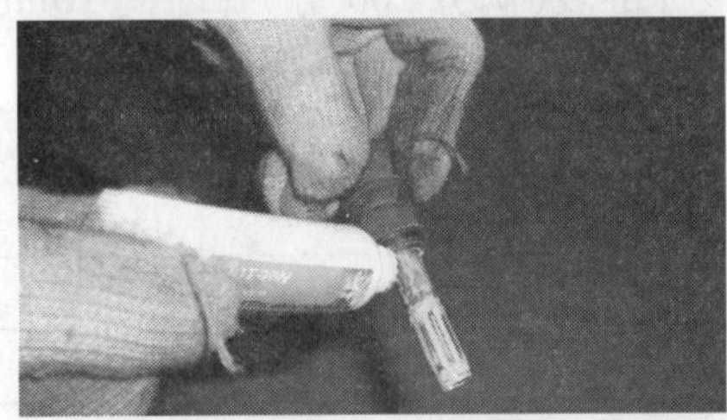
4. 将 WAA4501c 涂抹在制动鼓螺栓上润滑制动鼓、螺栓等各部位。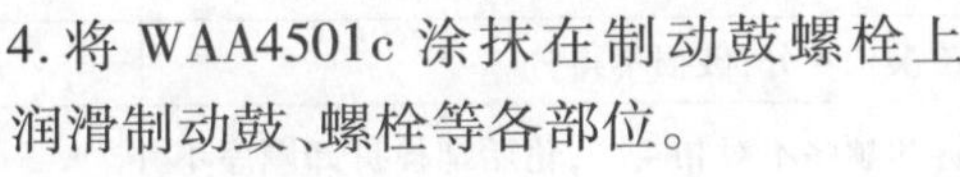 提示： 涂抹均匀；不用带油的手/布擦拭。	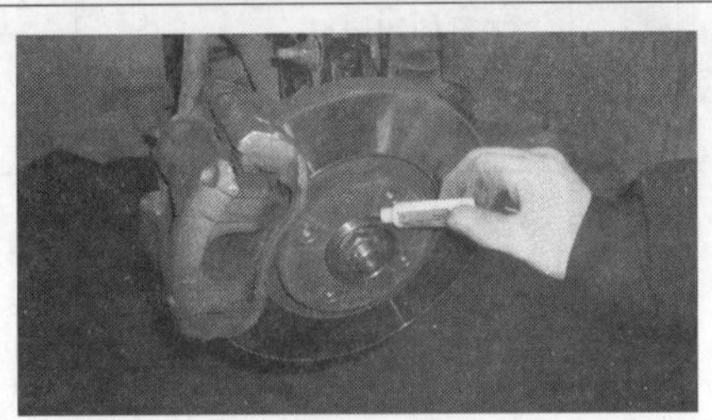
第四步　复　　原	
1. 复原制动器 提示： 将制动片、制动定位销等复位，复位前保证各部件全部风干。	
2. 轮胎复原。 提示： 各轮胎复原，按车厂规定的轮胎螺栓拧紧力矩旋紧螺栓。	
3. 检查制动效果，有任何问题及时检查排除。	

操作组学生操作时，观察组学生应观察什么？记录什么？怎样对操作组学生操作进行评判？

八 考核标准

考核标准见表2-6-1。

考核标准表(满分100分)(时间10min)　　完成用时：________

表2-6-1

考核时间	序号	考核项目	满分	评分标准	得分
10min	1	作业前整理工位	6	酌情扣分	
	2	安全防护用品的使用情况	4	操作时不戴手套扣4分	
			4	操作时不穿安全鞋扣4分	
	3	工具使用情况	2	未正确使用螺丝刀扣2分	
			2	未正确使用轮胎拆卸工具扣2分	
	4	拆卸轮毂保护罩	3	操作错误扣4分，破损不得分	
	5	拆卸轮胎螺栓	10	轮胎拆卸顺序不对扣4分，轮胎螺栓拆卸顺序不对扣4分，轮胎摆放位置不对扣4分	
	6	拆卸制动片	4	制动片拆卸方法不对不得分	
	7	砂纸打磨制动片	6	不打磨不得分，未打磨先清洗不得分，打磨方向不对扣2分，砂纸选择不对扣2分	
	8	清洗制动片和制动盘等	6	有喷洗不彻底或未喷洗部件，每个扣1分，扣完为止	
	9	润滑制动片背板	6	未风干完全不得分，每少涂1个扣1分，涂抹到正面不得分，扣完为止	
	10	润滑制动定位销	6	折卸制动定位销时进入异物不得分，少涂抹1个扣1分	
	11	润滑制动鼓	6	未完全风干不得分，少涂抹1个螺栓扣1分	
	12	恢复安装制动盘	10	出现安装不到位1处扣3分，扣完为止	
	13	恢复安装轮胎	6	螺栓安装顺序不对扣2分，安装不紧每个扣2分	
	14	安装轮毂保护罩	4	安装不牢靠1个扣2分	
	15	整理产品、工具和工作环境	10	安装完成后，整理产品/工具/环境分别按3/3/4分扣除	
	16	超过规定操作时间	5	每超时1min扣1分，扣完为止	
	17	遵守相关安全规范	因违规操作造成人身和设备事故的，总分按0分计		
分数合计			100		

项目七 Chap 7

空调系统深化保养

一 项目说明

❶ 空调结构概述

空调系统是借助车辆内部的部件实现驾驶乘坐人员对于温度的设定要求。一般情况下都把制冷装置称为空调。制冷装置的工作原理是:液体汽化时要吸收热量,气体液化时则放出热量。因此,制冷循环分为两步进行:第一步是降低压力,使制冷剂液态变成气态吸热,即制冷过程;第二步是将低压气态的制冷剂压缩、冷凝放热,如此反复进行制冷循环。

制冷装置由蒸发器、空调压缩机、冷凝器、储液罐、膨胀阀等组成。循环过程是:储存在储液罐中的液体制冷剂,由罐内部的干燥剂和滤清器除掉水分和异物后,在空气压缩机的作用下,经膨胀阀成为雾状,雾状的制冷剂再经蒸发器汽化而吸热,使得蒸发器周围空气变冷,再用鼓风机将蒸发器周围的冷空气吹出与车内空气进行热交换。蒸发器已变成低压气态的制冷剂由压缩机吸走并压缩升温,经带有散热片的冷凝器散热后还原成液体再流回储液罐。

❷ 空调系统作用

空调的作用是实现驾驶室内部符合驾驶人和乘坐人员需要的温度环境,创造良好舒适的氛围。

❸ 空调系统结构

空调系统从结构上差别很小,主要结构如图 2-7-1 所示。

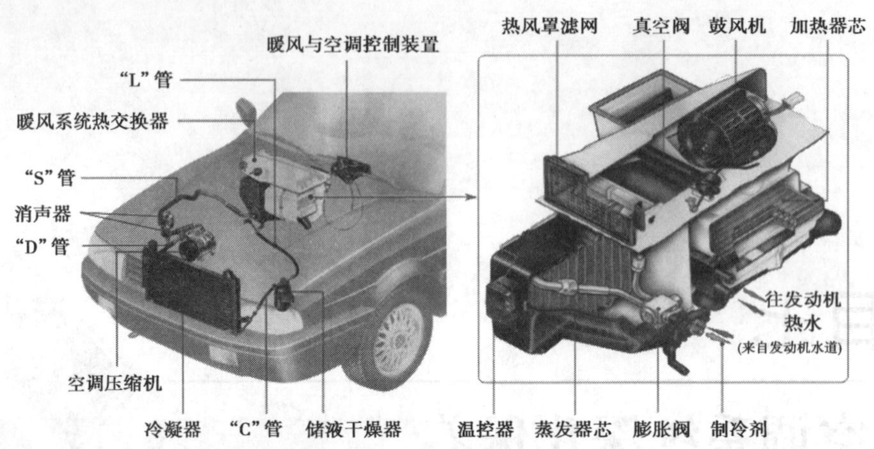

图 2-7-1　汽车空调系统的结构

4 空调系统深化保养项目介绍

1)空调系统杀菌除臭深化保养

汽车在使用一定时间/里程后,整个驾驶室,特别是空调出气口会出现各种各样的异味。异味的存在会对驾乘人员呼吸系统和身体健康产生副面的影响。

首先,汽车空调内的异味会随着空调的打开,夹杂在冷气当中,弥漫于整个车厢内部。由于汽车车厢的空间相对较小,在这样比较狭窄的空间内,异味的浓度会显得非常高。让驾乘人员在味觉上有很大的刺激,味觉刺激往往会影响驾驶心情。因此,异味的气味造成的不仅是味觉的不良感受,更会影响驾驶人的驾驶心情,从而影响驾驶安全。其次,异味严重时会引起驾乘人员眩晕,甚至有胸闷的不适感觉。这种空调异味下的不良反应称为"空调病"。

空调异味产生的最主要原因是因为蒸发器和空调管路中滋生的细菌和霉菌。蒸发器是一个片状铝制热交换器,形状就像一个加热器。鼓风机将新鲜空气(外循环时)或乘员区空气(内循环时)吹过蒸发器的散热片后可以将其冷却,然后再将冷却后的空气送入车厢内,从而起到制冷的效果。蒸发器除了具有冷却空气的作用外,其散热片还可起到空气滤清器的效果,过滤空气中的不洁物。一般情况下,空气流过蒸发器的散热片时空气中的不洁物被散热片从空气中滤出,然后通过空调冷凝水的排水管随冷凝水一起排出。但若空气中的不洁物和冷凝水滞留在蒸发器的散热片表面,则新鲜空气经过散热片时就会产生异味。汽车空调在工作时,空气里的水分在汽车空调蒸发器的表面形成冷凝水。一部分水会随着风排出空调系统,但另一部分水在空调关闭以后仍然留在蒸发器的表面。这些水分和在空气中的尘埃相结合,形成霉菌生长源。因为汽车空调系统具备了霉菌生长的三大条件:温暖、潮湿、营养源。长期下去,汽车空调的蒸发器就成为细菌和霉菌生长的场所。每次打开空调时,细菌和霉菌会随着风道进入密闭、狭小的车厢内部,对人体健康造成危害。空调异味产生的其他原因还有驾驶室内驾乘人员的体味、驾乘人员携带的异物带来的气味等。

空调异味的解决主要分为两种途径:一是通过空调外循环进风口直接喷入,清洗蒸发器,从根本上解决异味产生的根源;二是通过内循环风道将产品吸入清洗蒸发器和整个空调管路,进而解决异味产生的根源。

2)空调系统增效降噪深化保养

空调使用过程中的问题有许多种,最为常见到的现象有两个:一是空调的制冷效果不好,出风口温度高,制冷速度慢;二是空调开启过程中有不同程度的噪声出现,在驾驶室内也能有所感受。

出现上述现象的原因有许多种:制冷剂不足;冷凝器冷却不良;制冷剂过多;系统中有空气;系统中有水分;系统中有脏物;膨胀阀开度过大;压缩机传动带过松;压缩机阀片碎裂;轴承损坏;密封垫损坏等。如果仔细区分就会发现,抛除因为空调系统部件本身的故障或质量问题,其他可能都可以通过保养的方式来排除和解决。空调系统本身的质量水平能保证现在车辆的品质不会轻易出现问题,因此采用空调系统增效降噪深化保养就可以同时解决上面提到的制冷效果不好和制冷过程中噪声问题。

空调系统增效降噪深化保养后:

(1)产品会与制冷剂及冷冻油完全混合,它特有的表层活化剂,能抑制冷冻油产生油泡,解决制冷剂循环过程中油泡阻碍热交换的问题,提高系统制冷效果。

(2)产品在加入到空调系统后,与制冷剂一起循环,到达系统的各个部件,产品的活性极化分子与金属表面有极强的结合力,能快速穿透管道内的油膜组织,渗入金属表面晶格间隙中,逐渐分解、清除并溶解沉积在金属表面的油膜,且在空调系统内的压缩机、冷凝器、蒸发器、管路等组件内表面形成一层特有保护膜,从而恢复性的提高空调系统的热传递效率。

(3)产品内含调节剂,增强弹性组件的强韧性,提高制冷剂的导热系数,减小管道内部热量传递的温度速率,大幅提高管道的热交换效率,增加制冷剂和冷冻油的流动性,减小制冷剂与冷冻油的运动黏度,从而增加制冷量,能耗也随之下降,并有效防止组件老化,预防制冷剂渗漏,延长空调系统使用寿命。

(4)产品有两种抗磨成分:一种是黏附活性抗摩剂;另一种是摩擦活性抗摩剂。黏附活性抗摩剂是压缩机的第一层保护,它能吸附在金属表面上,形成一层强抗压保护薄膜,就像操作部件之间的一个润滑垫子,减少金属之间的摩擦和表面损耗。摩擦活性抗摩剂是对被磨损的表面进行适当的填补和修复,并提供保护作用,使压缩机的密封性能大大提高,从而避免因密封性能下降导致压缩机对发动机的负载增加,同时延长压缩机的使用寿命。

(5)产品添加特殊的防腐抗氧化剂,能在组件表面形成一层有防腐抗氧成分保护膜,使组件不被腐蚀及氧化,适当修复被氧化的金属表面,增加输气量,从而增加制冷剂与冷冻油在管路中流动性,减小制冷剂与冷冻油运动黏度,使空调系统压力损失明显下降而制冷量增加,能耗下降。从而达到延长空调使用寿命,实现养护、增效。

空调系统增效降噪深化保养能够实现:

(1)降低压缩机运转负荷,减少发动机动力输出。

(2)降低压缩机故障率30%以上。

(3)降低出风口温度2~8℃。

(4)降低摩擦损耗80%,提高润滑能力15倍。

(5)防止压缩机抖动和噪声的产生。

(6)提高金属抗氧化(抗锈蚀)能力78%。

(7)增强压缩机密封使用寿命81%。

二 技术标准与要求。

(1)检查空调系统工作是否正常。

(2)检查出风口温度在保养前后的区别。

三 实训时间

实训时间为5min+5min+10min。

四 实训教学目标

学生能够按照操作规程熟练地进行空调系统的清洗除臭保养,以及空调系统的增效降噪保养。

五 实训器材

实训器材包括实车、拆装工具、工具车、线手套、工作服、安全鞋、工作帽、产品和设备等。

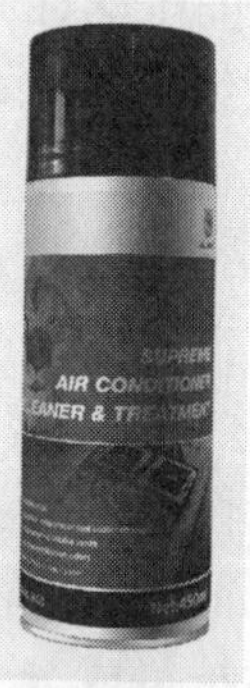 空调系统外循环油基杀菌除臭剂 WA62801	 空调系统内循环超声波杀菌除臭剂 WA30208	 超浓缩空调系统增效降噪保护剂 WA63301
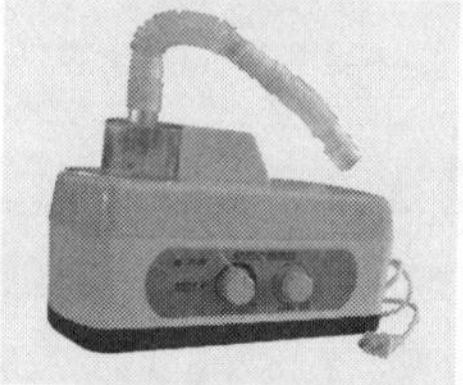	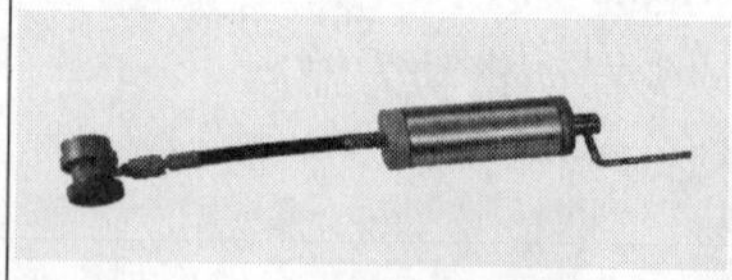	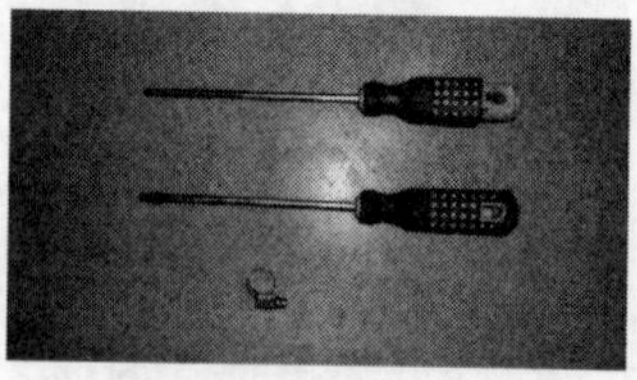
超声波空调系统清洗工具	KT1000 空调系统增效降噪保养工具	一字螺丝刀 十字螺丝刀

六 教学组织

❶ 教学组织形式

每辆车安排4名学生参与实训,两名学生为一组。一组操作,一组观察学习。

❷ 学生站位分工和要求

两名学生一组,按照1号、2号进行编号,1号为主,2号为辅助。

❸ 实训教师职责

讲解操作步骤和注意事项;下达“操作开始”口令;工位间巡视、检查、指导和纠正错误。

❹ 学生职责变换

2名学生实行职责变换制度,即第一遍1号为主,2号辅助;第二遍2号为主,1号辅助。

七 操作步骤

空调系统内循环杀菌除臭	
1. 将车辆停靠在车位处。	
2. 打开发动机罩。	
3. 拆下设备上盖(如右图),设备储水槽内加水到要求位置——浮子(如指示位置)上浮到顶部(垂直指示位置),盖好上盖。	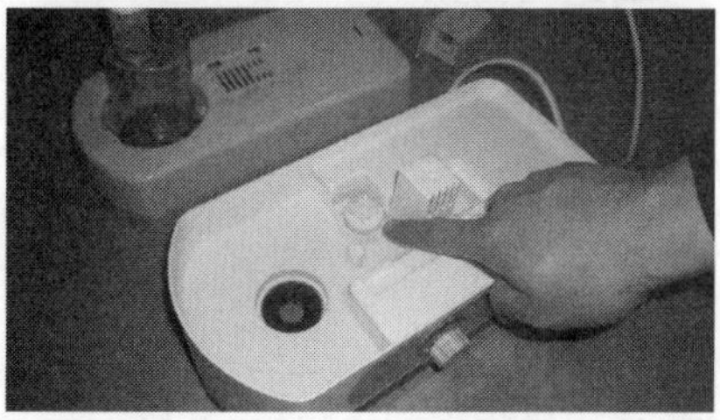

4. 取下设备的产品容器(中间指示),检查底部产品杯,确认只有一个,否则取下(底部指示),将产品(顶部指示)全部直接加入容器,重新装回原处。	
5. 雾化软管安装好(顶部指示),设备接好220V 直流电源(图右边指示)。	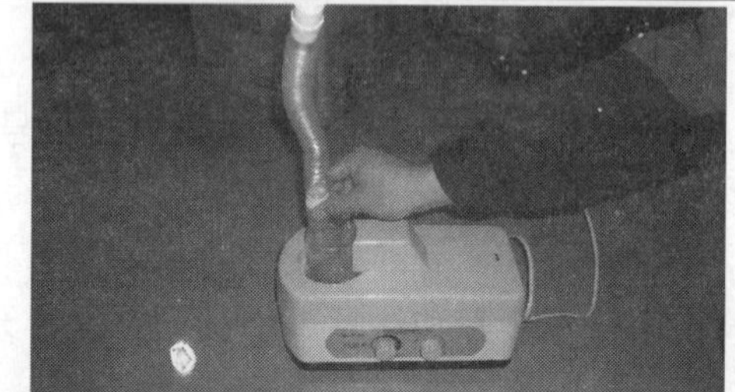
6. 设备放置于副驾驶脚部,确保平衡,无水溢出,雾化喷管对准蒸发箱(方便时拆卸杂物箱直接对准,效果更好)。	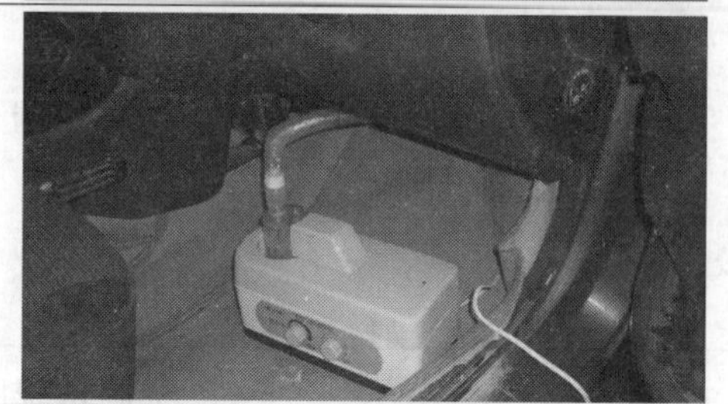
7. 着车,怠速。	
8. 打开空调(向下垂直左侧指示)。	
9. 打开内循环。	

<table>
<tr><td>10. 将鼓风机风速调至中速。</td><td></td></tr>
<tr><td>11. 设备雾化量调整旋钮调到最大(左侧垂直指示)。
设备定时开关调整到 20min(右侧垂直指示)。
提示:
门窗要关闭。</td><td>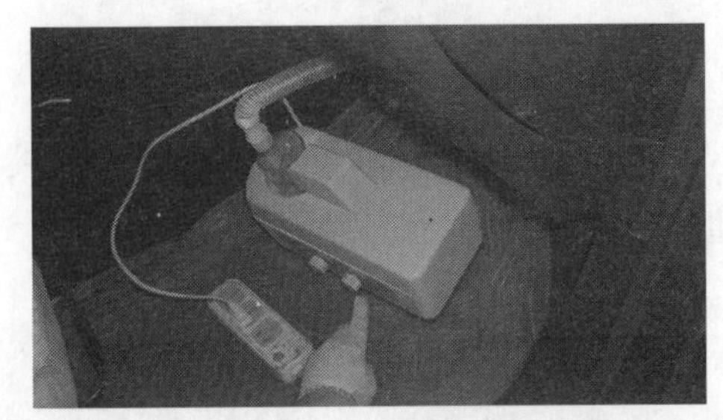</td></tr>
<tr><td>12. 时间到,设备自动停止工作,设备复原,车辆复原。</td><td></td></tr>
<tr><td colspan="2" align="center">空调系统外循环清洗除臭</td></tr>
<tr><td>1. 将车辆停靠在车位处。</td><td></td></tr>
<tr><td>2. 打开发动机罩。</td><td></td></tr>
</table>

3. 拆下空调外循环滤芯/花粉过滤器。 提示： 有的车没有。	
4. 产品准备：拔下产品附带的长管，插好，晃动产品数次。	
5. 着车，怠速。	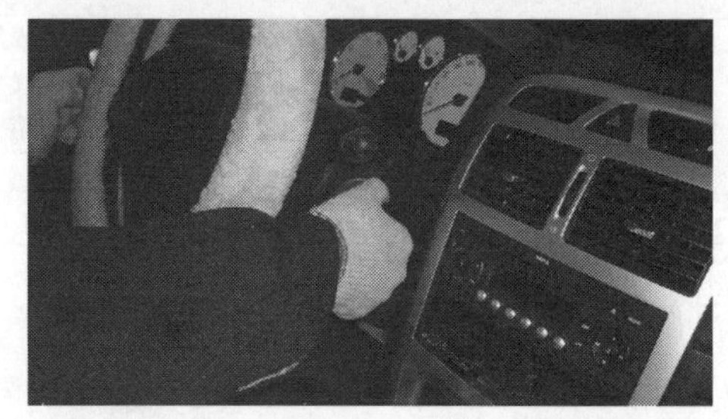
6. 打开空调。 提示： 自动空调，温度设置 15℃	
7. 空调打到外循环/外进风状态。	

8. 风机速度设为 2 挡或 3 挡。	
9. 产品直接对准进风口喷入，直到产品喷完。 提示： 保养时关闭门窗。	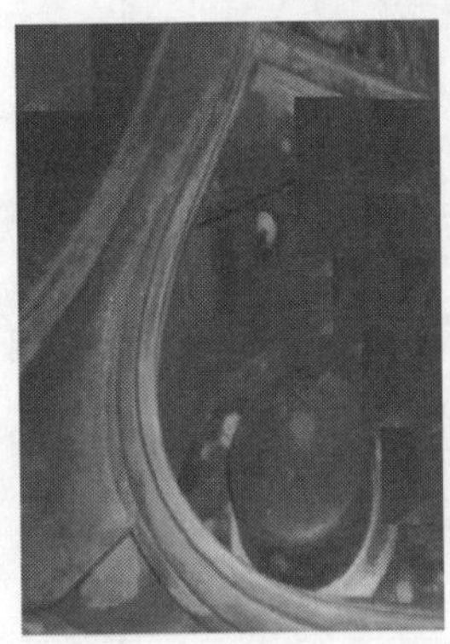
10. 正常保养至结束，车辆复原。 提示： 门窗打开 30min 通气。	
空调系统增效降噪保养	
1. 检查并确认空调低压管路上的检查口，确认空调低压检查口阀口。	
2. 着车 30min，打开空调，制冷。	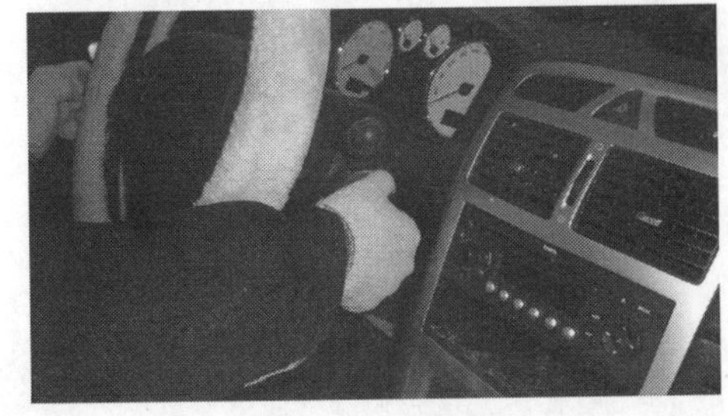

3. 用红外温度仪检测出风口温度。	
4. 产品与工具准备：产品打开，刺穿铝箔封口。	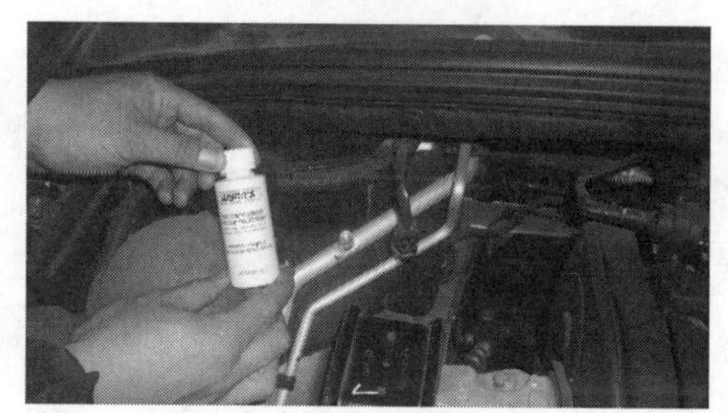
5. 将工具活塞全部旋到底部（从垂直右侧指示），将产品加入产品腔中（从垂直左侧指示处旋开）。	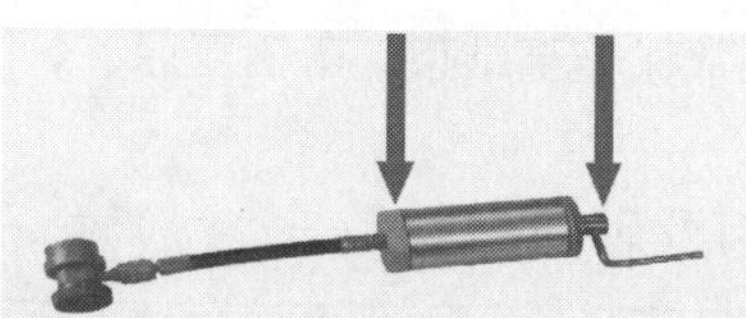
6. 旋下空调低压检测口盖，将工具合适接头连接好，旋转工具底部的手柄，将产品全部挤压进入管路。	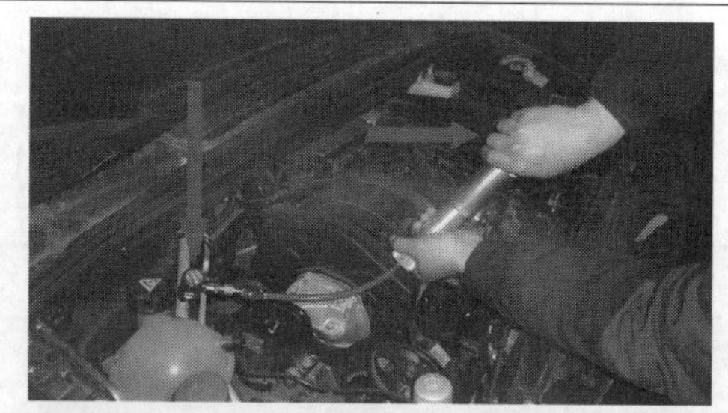
7. 着车，怠速。	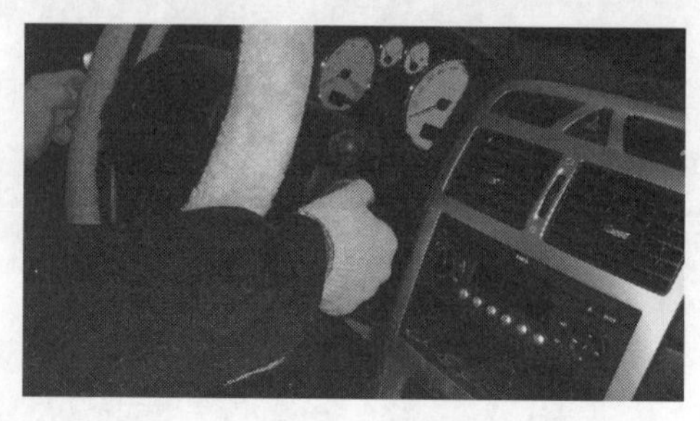

8. 空调打到制冷状态。 提示： 自动空调，温度设置15℃。	
9. 空调打到外循环/外进风状态。	
10. 风机速度设为2挡或3挡。	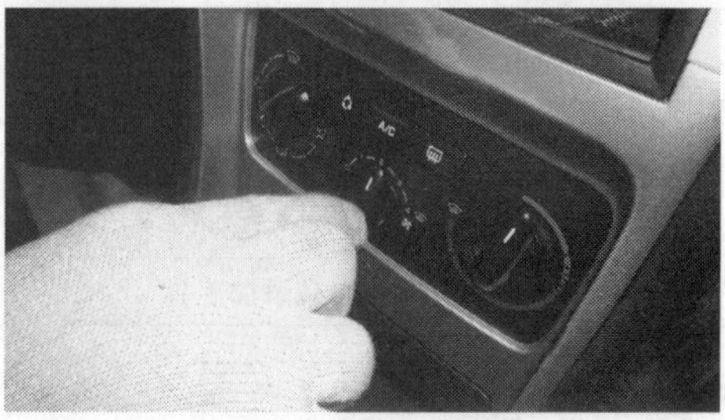
11. 复原。	
12. 用红外温度仪检测出风口温度，复原，对比保养前后温度，效果明显。 提示： 保养前后数据进行对比。	

操作组学生操作时，观察组学生应观察什么？记录什么？怎样对操作组学生操作进行评判？

八 考核标准

考核标准见表 2-7-1。

考核标准表(满分 100 分)(时间 40min)　　完成用时：________

表 2-7-1

考核时间	序号	考 核 项 目	满分	评 分 标 准	得分
40min	1	作业前整理工位	6	酌情扣分	
	2	安全防护用品的使用情况	4	操作时不戴手套扣 4 分	
			4	操作时不穿安全鞋扣 4 分	
	3	工具使用情况	2	未正确使用拆卸安装工具扣 2 分	
			2	未正确使用超声波工具扣 2 分	
			2	未正确使用增效工具扣 2 分	
	4	拆卸空调滤芯	7	未拆卸不得分,多次拆卸扣 4 分,损坏滤芯扣 4 分	
	5	空调外循环清洗保养过程	12	空调未开不得分,使用内循环扣 4 分,风速不对扣 2 分,门窗未开扣 4 分	
	6	外循环清洗后保持原状 10min	4	直接关空调不得分,时间每少 1min 扣 1 分,关门窗不得分	
	7	超声波产品添加工具	2	外溢不得分,添加位置错误不得分	
	8	超声波清洗杀菌	12	空调未开不得分,门窗未关不得分,空调在外循环扣 6 分,风机挡位不对扣 2 分,工具出液口位置不对扣 2 分,保养不对扣除 4 分	
	9	低压快速接口查找	3	位置不对不得分	
	10	产品加入工具	3	产品外溢不得分	
	11	增效保养	10	保养前未检查出风口温度不得分	
	12	红外检测出风口温度	8	未检测不得分,检测前时间不够,每少 1min 扣 1 分,检测位置不对扣 4 分,检测工具使用不对扣 4 分	
	13	着车检查渗漏	4	未检查不得此项分	
	14	盖上发动机罩	2	未正确安装装饰扣扣 2 分	
	15	整理产品、工具和工作环境	8	安装完成后,整理产品/工具/环境分别按 2/2/4 分扣除	
	16	超过规定操作时间	5	每超时 1min 扣 1 分,扣完为止	
	17	遵守相关安全规范		因违规操作造成人身和设备事故的,总分按 0 分计	
分数合计			100		

项目八
手动变速器系统深化保养

一 项目说明

❶ 手动变速器概述

汽车上装配的发动机输出的转矩和转速变化范围很小，而行驶中的条件又非常复杂，要求驱动力和车速在相当大的范围内变化。为解决这对矛盾，在汽车的传动系统中设置了变速器。

❷ 手动变速器作用

变速器的主要功用是：

(1) 改变传动比，可以在较大的范围内扩大汽车驱动轮转矩和转速的变化范围。

(2) 在发动机旋转方向不变的前提下，利用倒挡实现汽车的倒向行驶。

(3) 在发动机不熄火的情况下，利用空挡、中挡动力传递，便于发动机起动或怠速、变速。

❸ 手动变速器结构

手动变速器(图2-8-1)主要包括传动机构和操纵机构两部分。按变速器轴数划分，可以分为两轴式变速器和三轴式变速器。两轴式变速器主要配置于乘用车，而三轴式变速器主要配置于商用车。手动变速器主要分为前进挡、倒挡两部分。前进挡因车而异，有3挡、4挡、5挡等。

❹ 手动变速器深化保养项目介绍

手动变速器是最为忽视的系统，甚至于许多车主认为手动变速器油都不必要更换，可见误解至深。手动变速器在日常使用中最为常见的问题是换挡困难、发滞、挡位不清晰、工作噪声大、齿轮磨损大等。

图 2-8-1 手动变速器

手动变速器深化保养的目的与其他系统一样，就是对常规的换油深入细化为清洗、换油、增效保养。手动变速器深化保养的目的是为了实现：

(1)彻底清洗手动变速器里旧的油泥和污垢，使之悬浮分解，并易于被直接排放。

(2)彻底清除手动变速器中摩擦磨损产生的金属磨屑，使之分解悬浮不抱团，易于被直接排放。

(3)彻底清洗黏附在轴承、齿轮、同步器、变速杆等部件处的清漆胶质层，使之分解悬浮分解，易于被直接排放。

(4)增加手动变速器油的全面保护功能。

(5)特别改善手动变速器油的极压抗磨损能力，避免在极压情况下过度摩擦与磨损的产生。

(6)特别改善手动变速器油的抗剪切能力，保证其在使用过程中不易被转动的齿轮打断分子长链，保持良好的工作状态，为手动变速器提供有效的保护。

二 技术标准与要求

(1)检查确认手动变速器工作正常。

(2)检查确认手动变速器油质量和数量符合车厂要求。

三 实训时间

实训时间为 10min。

四 实训教学目标

学生能够按照操作规程熟练进行手动变速器系统深化保养。

五 实训器材

实训器材包括实车、拆装工具、工具车、线手套、工作服、安全鞋、工作帽。

发动机润滑系统清洗剂 WA61610	手动变速器保护剂 WA59419	手动变速器螺栓配套扳手
废油接收机	手动变速器油	

六 教学组织

❶ 教学组织形式

每辆车安排 4 名学生参与实训，两名学生为一组。一组操作，一组观察学习。

❷ 学生站位分工和要求

两名学生一组，按照 1 号、2 号进行编号，1 号为主，2 号为辅助。

❸ 实训教师职责

讲解操作步骤和注意事项；下达“操作开始”口令；工位间巡视、检查、指导和纠正错误。

❹ 学生职责变换

2 名学生实行职责变换制度，即第一遍 1 号为主，2 号辅助；第二遍 2 号为主，1 号辅助。

七 操作步骤

<table>
<tr><th colspan="2">第一步　清洗手动变速器</th></tr>
<tr><td>1. 添加清洗剂。
提示：
(1)拆卸齿轮油加注螺栓。
(2)将清洗剂借助滤斗加入手动变速器中。
(3)重新装回并旋紧加注螺栓。</td><td></td></tr>
<tr><td>2. 清洗 10 ~ 20min。
提示：
(1)着车，怠速。
(2)举升机。
(3)换挡，每个挡位 2min。</td><td>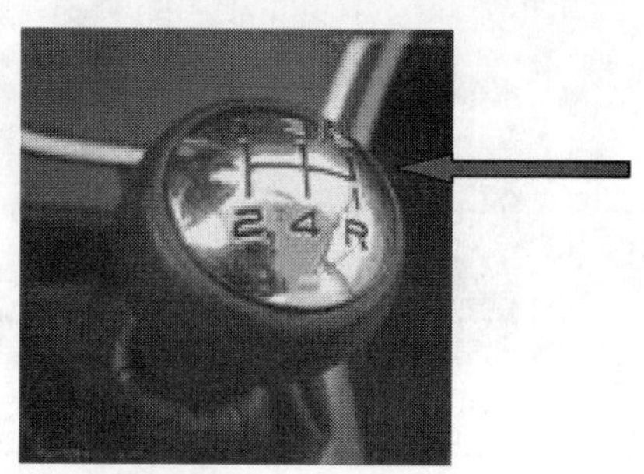</td></tr>
<tr><th colspan="2">第二步　更换齿轮油并加注保护剂</th></tr>
<tr><td>1. 拆下放油螺栓。
提示：
(1)拆下放油螺栓。
(2)排掉旧油。</td><td>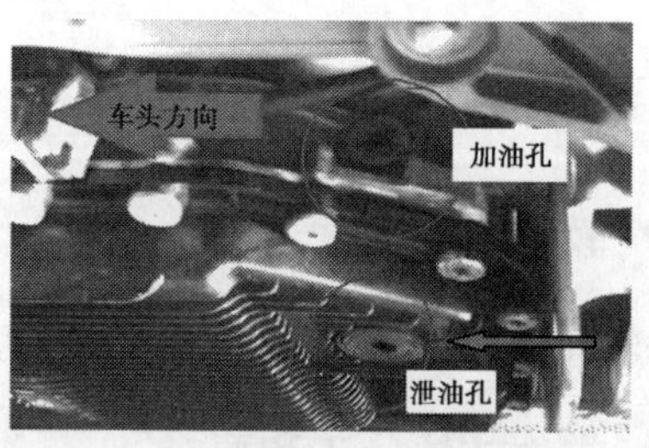
</td></tr>
<tr><td>2. 排掉旧油。
提示：
(1)将旧油直接排放。
(2)直到旧油完全排空。</td><td></td></tr>
</table>

3. 加注保护剂。	
4. 重新加注要求的齿轮油。 提示： (1)从加油孔加入要求的标准手动变速器油。 (2)加注至手动变速器油流出为止。 (3)检查确保油面符合厂家要求。	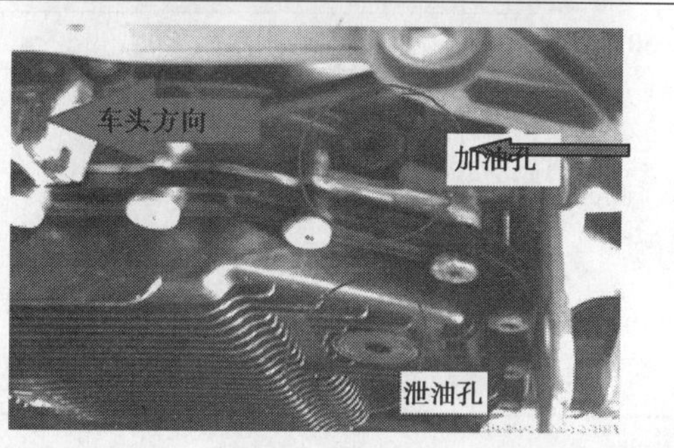

操作组学生操作时，观察组学生应观察什么？记录什么？怎样对操作组学生操作进行评判？

八　考核标准

考核标准见表2-8-1。

考核标准表(满分100分)(时间30min)　　完成用时：________

表2-8-1

考核时间	序号	考 核 项 目	满分	评 分 标 准	得分
30min	1	作业前整理工位	6	酌情扣分	
	2	安全防护用品的使用情况	4	操作时不戴手套扣4分	
			4	操作时不穿安全鞋扣4分	
	3	工具使用情况	2	未正确使用工具扣2分	
	4	拆卸放油螺栓	8	操作错误扣8分	
	5	正确使用接油工具	7	出现漏油不得分	
	6	打开清洗剂产品铝箔密封	2	未正确打开铝箔扣2分，未使用瓶盖打开铝箔不得操作分	
	7	加注清洗剂	6	未按比例加注清洗剂扣2分，异物进入变速器不得操作分	
	8	清洗手动变速器系统	10	加注清洗剂前未检查液面扣3分，清洗剂加注后未检查液面扣3分，清洗时未换挡扣6分，清洗时间不足或超过10min扣分，每1min扣1分，扣完为止	

续上表

考核时间	序号	考核项目	满分	评分标准	得分
30min	9	排旧液及清洗剂	10	旧油排到接油器外扣4分，车辆挡位不对扣4分	
	10	加注螺栓复原	12	复原后漏油不得分	
	11	加注保护剂	4	未加注不得分，加注前未检查液面扣4分，加注时进入异物扣4分	
	12	检查液面并合适	6	未检查不得分	
	13	着车检查渗漏	4	未检查不得此项分	
	14	整理产品、工具和工作环境	10	安装完成后，整理产品/工具/环境分别按3/3/4分扣除	
	15	超过规定操作时间	5	每超时1min扣1分，扣完为止	
	16	遵守相关安全规范	因违规操作造成人身和设备事故的，总分按0分计		
		分数合计	100		

项目九

Chap 9

三元催化转换器深化保养

一 项目说明

❶ 三元催化转换器概述

汽车三元催化转换器是利用催化剂(铑、铂、钯)的作用将排气中的 CO、HC 和 NO_x 转换成为对人体无害气体的一种排气净化装置。

三元催化转换器可以同时减少 CO、HC、NO_x 的排放,它以排气中的 CO 和 HC 作为还原剂,把 NO_x 还原为 N_2 和 O_2,而 CO 和 HC 在还原反应中被氧化为 CO_2 和 H_2O。

❷ 三元催化转换器作用

汽车燃油系统的主要作用是:供给发动机所需要的空气,根据空气量和其他参数,供给发动机需要的燃油,并保证在指定的时间和指定的数量,保证发动机能够正常工作。

❸ 三元催化转换器结构

三元催化转换器有两种结构。一种是颗粒型催化转换器,它由 100 个直径为 2 ~ 3mm 的多孔性陶瓷小球构成反应床,废气可以从反应床流过。另一种是整体型催化转换器,在它的外壳里有很多蜂窝状小孔的陶瓷块,排气从蜂窝状小孔流过,陶瓷小球或陶瓷块均装在不锈钢外壳内,小球或陶瓷块小孔表面有一层铂、钯和铑的镀层。与颗粒型催化转换器相比,整体型催化转换器体积小,与排气接触的表面积大,排气阻力也较小。两种不同的结构分别如图 2-9-1、图 2-9-2 所示。

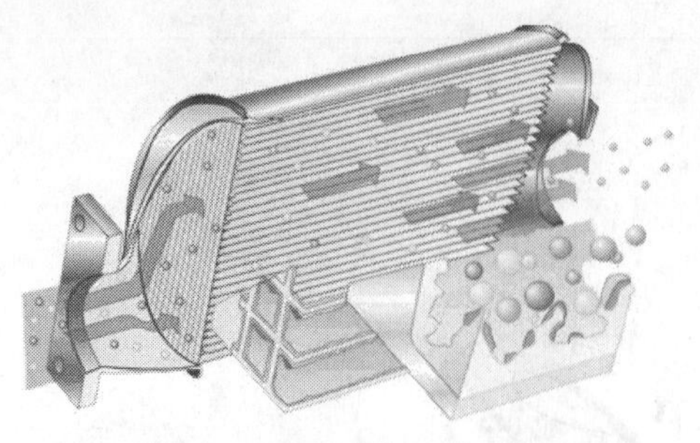
图 2-9-1 颗粒型催化转换器

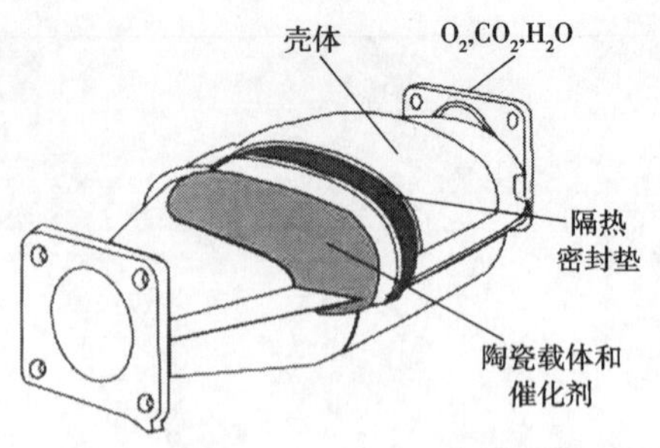

图 2-9-2 整体型催化转换器结构图

❹ 三元催化转换器深化保养项目介绍

三元催化转换器在使用过程中极易损坏,并对汽车的动力性、经济性产生极大的负作用。三元催化转换器损坏的主要原因见表 2-9-1。

三元催化转换器损坏原因及分析　　表 2-9-1

三元催化转换器损坏原因	三元催化转换器损坏分析	备　注
硫、磷中毒	汽油中的硫、润滑油中的磷等堵塞三元	次要原因
积炭失活	燃烧不完全的炭灰堵塞三元的表层并续燃	主要原因
锰沉积	汽油中的锰成分在三元表层堆积,并造成三元的芯子变酥	主要原因
高温失活	高温下,三元催化转换器芯子在高温下被烧结,并自内向外结块,内部完全烧完	少量
自然失效	三元催化转换器在使用一定时间后自然老化	少量
铅中毒	汽油中的铅成分进入三元催化转换器后堵塞其表层	极少量

目前市场中,三元催化转换器中毒失效的原因如上所列。问题最多的失效三元催化的芯子如图 2-9-3、图 2-9-4 所示。

图 2-9-3 锰中毒

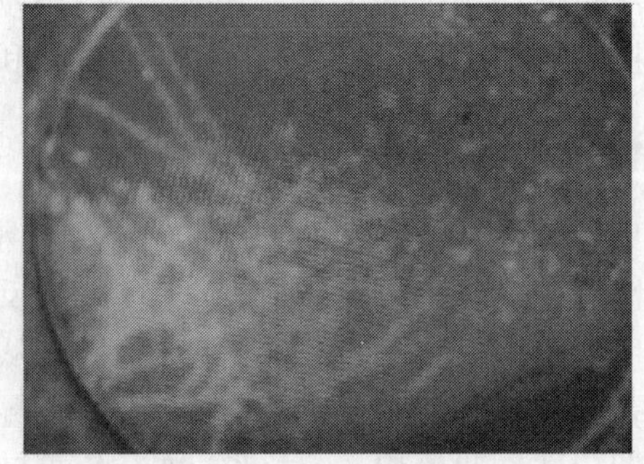
图 2-9-4 碳中毒

三元催化转换器锰中毒的产生原因是由于汽油中的 MMT。MMT 的英文是 Methylcyclopentadienyl Manganese Tricarbonyl,学名叫“甲基环戊二烯三羰基锰”,它属于燃油添加剂。

MMT 能有效地改善汽油品质，提高汽油辛烷值，抗爆效率高而添加量小，按万分之一添加，锰的含量不超过 18mg/L，可提高汽油 2～3 个辛烷值（按金属单位质量计的辛烷值高于四乙基铅的二倍以上）。

现实是：继大众汽车公司之后，Honda 公司也发现：在加拿大（加拿大是 MMT 的最大市场），汽车氧传感器故障率高于美国。所以汽车行业认为，MMT 会造成火花塞的堵塞、损坏催化系统和 OBD（车载诊断装置）。

三元催化碳中毒的产生原因是由于汽车长时间处于混合气过浓的工作状态。拥堵的城市道路、不良的驾驶习惯造成了长时间的低速行驶，加上汽油本身的品质不良。在燃烧不完全的情况下进入三元催化转换器，黏附在三元芯子网格上，形成炭堵。

三元催化深化保养的目的就是：

（1）清除硫磷络合物和其他沉积物，解决尾气排气不畅，以及由此引起的油耗增加，动力下降。

（2）将三元催化转换器表层的锰在一定的温度下反应并排出三元催化转换器。

（3）对于碳中毒的三元催化转换器，未燃清洗剂与三元网格表层的碳分子在高温下燃烧，以气体形式排出三元催化转换器。

（4）防止三元因络合物堵塞提前失效，延长其使用寿命。

（5）恢复催化剂活性，提高催化剂转换效率，恢复尾气净化功能，降低尾气排放。

三元催化转换器深化保养的工作原理请参阅图 2-9-5。

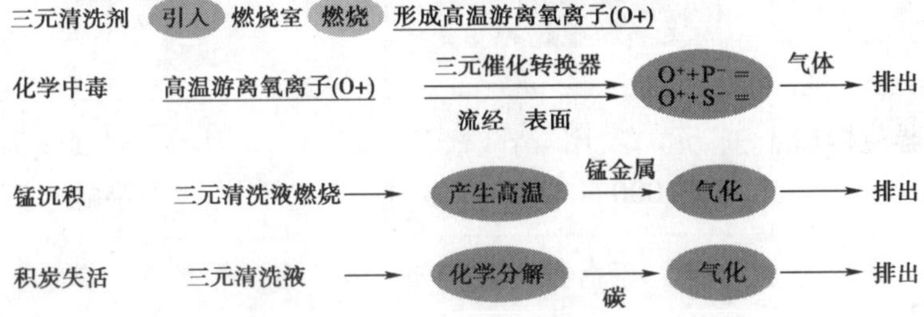

图 2-9-5　三元催化转换器深化维护工作原理

三元催化深化保养适合保养的三元催化失效原因为：三元催化化学中毒/硫、磷中毒；锰中毒、碳中毒。三元催化深化保养不适合开展的三元失效原因是：三元催化高温失活、三元催化自然老化失效、三元催化铅中毒。

二 技术标准与要求

（1）检查确认三元催化前后氧传感器的电压变化。

（2）检查三元催化内部是否有异响。

三 实训时间

实训时间为 30min。

四 实训教学目标

学生能够按照操作规程熟练进行三元催化免拆清洗保养，能够熟练检查确认保养前是否有异常，能够明确三元催化有问题时产生的原因。

五 实训器材

实训器材包括实车、保养工具、工具车、线手套、工作服、安全鞋、工作帽。

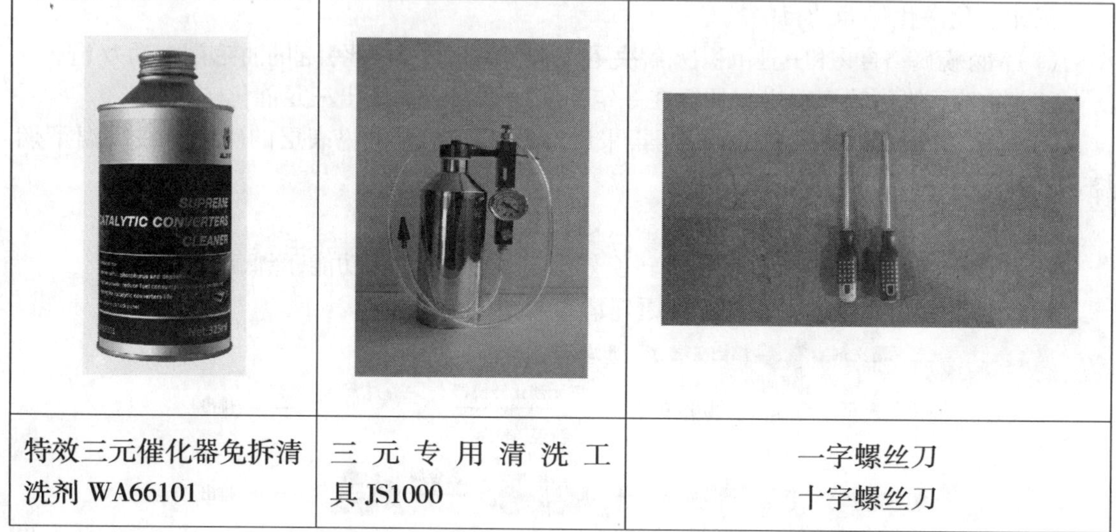

特效三元催化器免拆清洗剂 WA66101	三元专用清洗工具 JS1000	一字螺丝刀 十字螺丝刀

六 教学组织

❶ 教学组织形式

每辆车安排 4 名学生参与实训，两名学生为一组。一组操作，一组观察学习。

❷ 学生站位分工和要求

两名学生一组，按照 1 号、2 号进行编号，1 号为主，2 号为辅助。

❸ 实训教师职责

讲解操作步骤和注意事项；下达“操作开始”口令；工位间巡视、检查、指导和纠正错误。

❹ 学生职责变换

2 名学生实行职责变换制度，即第一遍 1 号为主，2 号辅助；第二遍 2 号为主，1 号辅助。

七 操作步骤

1. 将车辆停靠在车位处，起动发动机至正常工作温度后熄火。	
2. 打开发动机罩。	
3. 取下#JS1000 设备的储液罐。	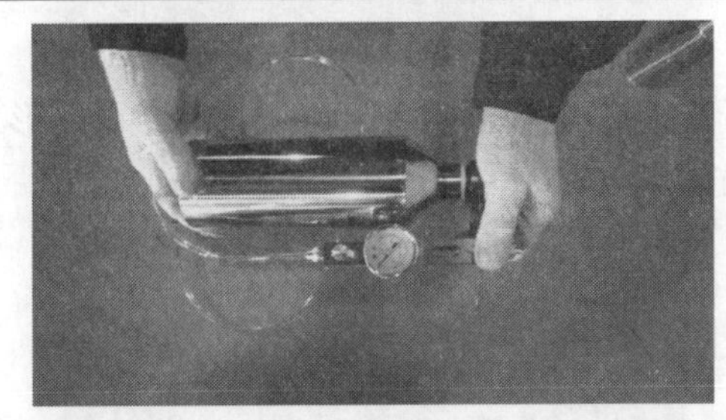
4. 将产品 WA60802 倒入储液罐中。	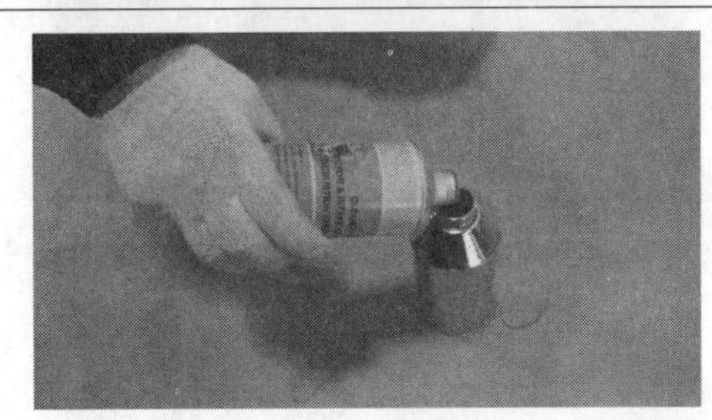
5. 将储液罐装入#JS1000 设备上。	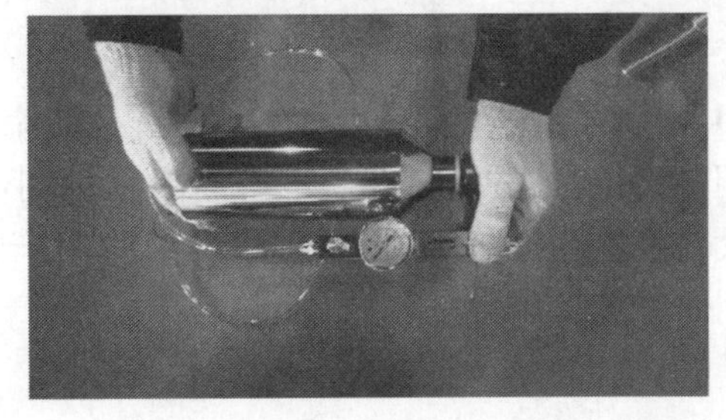

6. 把#JS1000 设备放置于发动机罩的顶部。	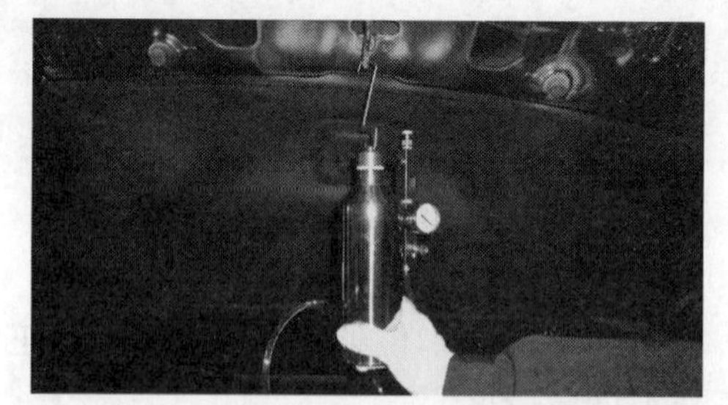
7. 在进气歧管上找一根合适的真空管。	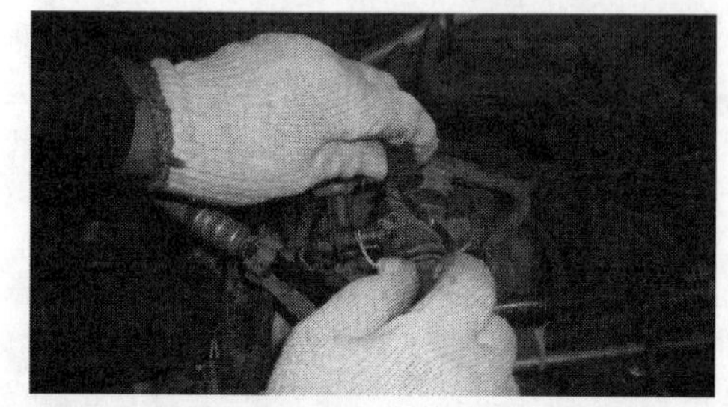
8. 拔下真空管,将#JS1000 设备上的锥形头插入真空管。	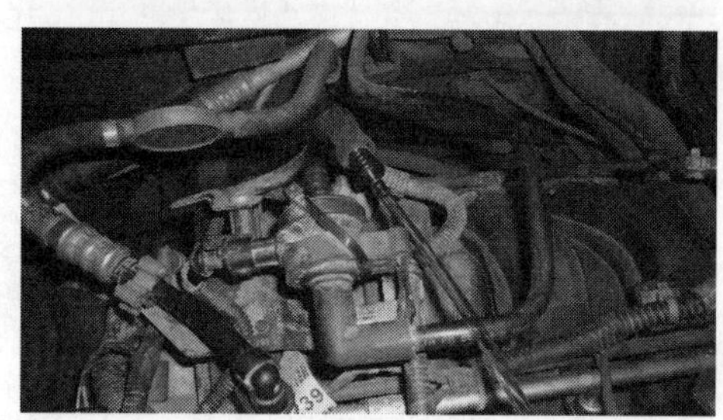
9. 起动发动机,怠速。	
10. 起动发动机,打开#JS1000 设备上的流量调节旋钮,通过流量孔观察产品流速,由小到大,流速不可成线状,怠速清洗直到产品用尽。	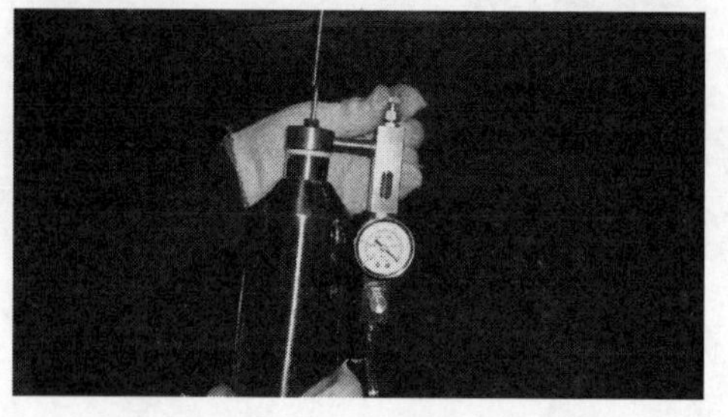

11. 清洗完毕后，关闭流量调节旋钮，将真空管从设备上取下。	
12. 将真空管插入发动机上，取下设备。	
13. 盖上发动机罩，进行 5 ~ 10min 高转速路试，以便将分解的积炭更快的排出。	
14. 保养结束。	

操作组学生操作时，观察组学生应观察什么？记录什么？怎样对操作组学生操作进行评判？

八 考核标准

考核标准见表 2-9-2。

考核标准表（满分 100 分）（时间 30min）　　完成用时：________

表 2-9-2

考核时间	序号	考核项目	满分	评分标准	得分
30min	1	作业前整理工位	6	酌情扣分	
	2	安全防护用品的使用情况	4	操作时不戴手套扣4分	
			4	操作时不穿安全鞋扣4分	
	3	工具使用情况	2	未正确使用拆卸工具扣2分	
			4	未正确使用专用工具扣2分	
	4	打开发动机罩	8	操作错误扣8分	
	5	确认真空软管	4	软管不对不得分	
	6	打开清洗剂产品	2	产品外溢不得分	
	7	加注清洗剂	2	产品外溢出工具不得分	
	8	发动机怠速	5	未进行此项不得分，热车时间不够，每少1min扣1分	
	9	工具与发动机连接	6	工具未关闭不得分，真空管另一端未堵塞扣3分，未悬挂扣2分	
	10	保养	12	发动机速度不对扣6分	
	11	保养后细节	20	先关发动机不得分，关掉工具后关机扣18分，关掉工具后未加速扣12分，加速转速不对扣6分，加速时间每少1min扣2分	
	12	着车检查渗漏	4	未检查不得此项分	
	13	盖上发动机罩	2	未正确安装装饰扣2分	
	14	整理产品，工具和工作环境	10	安装完成后，整理产品/工具/环境分别按3/3/4分扣除	
	15	超过规定操作时间	5	每超时1min扣1分，扣完为止	
	16	遵守相关安全规范	因违规操作造成人身和设备事故的，总分按0分计		
		分数合计	100		

参考文献

[1] 原阔.中国汽车养护行业及相关产品使用介绍[J].汽车维修与保养,2008,03.
[2] 原阔.自动变速器用油及其养护[J].汽车维修与保养,2008,10.
[3] 原阔.我国汽车深化保养行业发展概况[J].汽车维护与修理, 2008,06.
[4] 原阔.发动机润滑系统深化保养(一)[J].汽车维护与修理,2008,07.
[5] 原阔.发动机润滑系统深化保养(二)[J].汽车维护与修理, 2008,08.
[6] 原阔.发动机润滑系统深化保养(三)[J].汽车维护与修理,2008,09.
[7] 原阔.发动机润滑系统深化保养(四)[J]. 汽车维护与修理,2008,10.
[8] 原阔.发动机润滑系统的修复(一) [J]. 汽车维护与修理, 2008,11.
[9] 原阔.发动机润滑系统的修复(二)[J]. 汽车维护与修理, 2008,12.
[10] 原阔.发动机燃油系统深化保养(一)[J]. 汽车维护与修理,2009,01.
[11] 原阔.发动机燃油系统深化保养(二)[J]. 汽车维护与修理, 2009,02.
[12] 原阔.发动机润滑系统深化保养(一)[J]. 汽车维护与修理, 2009,01.
[13] 原阔.汽车添加剂漫谈[J].大众汽车,1997,1.
[14] 原阔.润滑系统保养[J].汽车维修,1998,4.
[15] 原阔.警惕防冻液选择不当造成冷却系统故障[J].汽车与驾驶维修,2009,01.
[16] 原阔.烟台威力狮公司的发展战略研究[D].天津:天津大学管理学院,2008.
[17] 江善钟.汽车润滑解码[M].北京:中国石油化工出版社,2009.
[18] 谭本忠.汽车维护与保养图解教程[M].北京:机械工业出版社,2009.